新疆特色的轨道交通类专业教学体系研究课题成果

Guidao Jiaotong Gailun
轨道交通概论

主　编　叶剑锋　牛云霞
副主编　魏　娜　张　荣
主　审　孙　亮［乌鲁木齐市城市综合交通项目研究中心］
　　　　段明社［新疆交通职业技术学院］

人民交通出版社股份有限公司
China Communications Press Co.,Ltd.

内 容 提 要

轨道交通概论是轨道交通类专业学生的基础课程，是建立轨道交通基本认识体系的必修课程。本书全面介绍了轨道交通各系统的基本概念、组成和原理，共分为八个项目，包括轨道交通工程、轨道交通车站、轨道交通车辆、电力牵引系统、城市轨道交通通信、城市轨道交通信号系统、城市轨道交通运营组织。

本书可作为高职院校城市轨道交通类专业教材，也可供从事轨道交通的相关工程技术人员参考。

图书在版编目（CIP）数据

轨道交通概论／叶剑锋，牛云霞主编．—北京：人民交通出版社股份有限公司，2016.11

新疆特色的轨道交通类专业教学体系研究课题成果

ISBN 978-7-114-13492-0

Ⅰ.①轨…　Ⅱ.①叶…　②牛…　Ⅲ.①城市铁路—轨道交通—职业教育—教材　Ⅳ.①U239.5

中国版本图书馆 CIP 数据核字(2016)第 280830 号

新疆特色的轨道交通类专业教学体系研究课题成果

书　　名：轨道交通概论
著 作 者：叶剑锋　牛云霞
责任编辑：司昌静　钱　堃　李　娜
出版发行：人民交通出版社股份有限公司
地　　址：(100011)北京市朝阳区安定门外外馆斜街 3 号
网　　址：http://www.ccpress.com.cn
销售电话：(010)59757973
总 经 销：人民交通出版社股份有限公司发行部
经　　销：各地新华书店
印　　刷：北京盈盛恒通印刷有限公司
开　　本：787×1092　1/16
印　　张：10.5
字　　数：254 千
版　　次：2016 年 11 月　第 1 版
印　　次：2016 年 11 月　第 1 次印刷
书　　号：ISBN 978-7-114-13492-0
定　　价：35.00 元
（有印刷、装订质量问题的图书由本公司负责调换）

序 PREFACE

2011 年 11 月 26 日,乌鲁木齐地铁正式得到国家发展改革委的批复,乌鲁木齐市步入轨道交通时代,掀开了地铁建设的热潮。为了适应市场需求,新疆交通职业技术学院于 2008 年申报开办电气化铁道技术专业,经过多年努力,形成了集轨道交通工程、机电、信号、运营为一体的技能型人才培养格局,与乌鲁木齐城市轨道集团有限公司签订订单培养 300 多人,在各地铁路部门就业 200 余人,轨道交通人才培养呈现良好的发展态势。

新专业的开办面临的是人才培养方案的修订、师资队伍的培养、实验实训条件的建设等一系列专业建设问题。为解决好这些问题,本人带领轨道交通专业教学团队,向新疆维吾尔自治区交通运输厅申报了《新疆特色的轨道交通类专业教学体系研究》科技重点课题,在自治区交通运输厅的大力支持下,于 2013 年 7 月正式开展相关研究。研究团队先后前往北京地铁、南京地铁、广州地铁等企业进行调研,在广东交通职业技术学院、北京交通运输职业学院、南京铁道职业技术学院等兄弟院校进行了人才培养方案论证和师资培养交流,进而形成了专业人才培养方案和课程标准,以期指导专业建设,同时形成了《轨道交通信号系统维护》等部分特色教材,用于相关专业的教学。现将相关成果进行集中出版,以期能够在更广的范围内获得应用,更是启发后续相关专业建设的关键。

课题研究得到了乌鲁木齐城市轨道集团有限公司的大力支持以及相关企业和兄弟院校的帮助,在此表示诚挚感谢。南京铁道职业技术学院林瑜筠教授,北京交通大学毛宝华教授,广东交通职业技术学院王劲松教授、吴晶教授、黎新华教授,乌鲁木齐城市轨道集团有限公司的徐平、邓超等专家给予了指导和支持,人民交通出版社股份有限公司相关编辑、课题团队成员为系列成果出版做了大量工作,在此一并致谢。

二〇一六年五月

前言 FOREWORD

轨道交通系统是一种具有专用或半专用路权、限定行驶轨迹、可以成列运行的运输系统。随着交通运输业的快速发展,轨道交通在运输能力、运营速度、运营成本、安全舒适、节能环保等方面显示出了明显的优势。为适应城市发展的需要,缓解城市交通拥堵的状况,20 世纪 90 年代以来,我国政府加大了对城市轨道交通的投入,城市轨道交通进入了快速发展的建设高峰阶段。

本书在专业建设之初即着手编撰,其意义有二:一是借助教材的编写,使参与教师能够提升对行业的认识;二是使轨道类专业能够有贴近区域特色的教材。本教材全面介绍了轨道交通各系统的基本概念、组成和原理,全书共分八个项目,包含:轨道交通概述、轨道交通工程、轨道交通车站、轨道交通车辆、电力牵引系统、城市轨道交通通信、城市轨道交通信号系统、城市轨道交通运营组织。叶剑锋、夏亮亮、刘焕海、秦文斌、曹永鹏、牛云霞、张荣、高原、杨柳青等多位学院教师参与了编写,其中项目一由牛云霞编写,项目二由曹永鹏编写,项目三由张荣编写,项目四由叶剑锋编写,项目五由刘焕海编写,项目六由秦文斌编写,项目七由夏亮亮编写,项目八由高原和杨柳青编写。

轨道交通概论是轨道交通类专业学生的基础课程,是建立轨道交通基本认识体系的必修课程。本书可作为轨道交通类专业学生的教材,同时也可作为从事轨道交通的工程技术人员和技术工人的学习资料,以及对轨道交通有兴趣者的读物。

在本书编写过程中,由于编者想将铁路和地铁的重要知识点融合在一起,但由于水平有限,内容会略显杂乱,因此,在学习过程中读者可积极上网查阅相关文献及图片,进行梳理和加深理解。

在编写之初,编者期望以轻松的语句来描述复杂的轨道交通系统,但受到了两个方面的限制:一是本专业办学历史不长,背景资料和素材不够，致使教材难免理论性较强，相对较为枯燥；二是参与本教材编写的教师从事该领域教学时间较短，对本专业的认识和知识点的把握尚欠火候。这也激励我们在后期要加强对教学和师资队伍的持续建设。同时也期望阅读本教材的同仁提出意见和建议，以使本教材能够日臻完善。

作　者

二〇一六年五月

目录 CONTENTS

项目一　轨道交通概述

学习目标：

1. 熟悉轨道交通的定义；
2. 了解轨道交通的发展历史；
3. 掌握轨道交通的优缺点和存在的问题。

任务一　轨道交通基本认知

一、轨道交通分类

轨道交通系统是一种具有专用或半专用路权、限定行驶轨迹、可以成列运行的运输系统。城市轨道交通主要有地铁、轻轨、磁悬浮列车、单轨列车及直线电机等形式，最常见的是地铁和轻轨。轻轨可分为普通轮轨式、独轨跨座式和独轨悬挂式3种类型。普通轮轨式轨道交通如武汉地铁1号线、广州地铁4号线、台北捷运1号线等。独轨跨座式轨道交通是指以单一轨道来支承车厢并提供导向作用而运行的轨道交通系统，如重庆地铁2号线。独轨悬挂式轨道交通类似于悬挂式的索道缆车，不同的是车辆不是挂在缆索上，而是挂在专门的钢梁上，跨距可以做得较大，适用于公园或旅游区，目前在我国还没有建设实例。

一般来说，地铁和轻轨可以用车辆的轴重来区分。从运营的角度来看，重型轨线路稳定性好、更耐磨。地铁的载客量大，车辆编组长，车辆轴重大，多采用较重的钢轨和轨道，而轻轨的载客量相对较小，车辆编组也较短，车辆轴重较轻，多采用轻型钢轨和轨道。从车型[参考《城市轨道交通工程项目建设标准》(建标104—2008)]来看，A型车轴重约16t，多用于地铁车辆；C型车轴重约11t，多用于轻轨车辆；B型车轴重约14t，介于A型车和C型车两者之间，地铁和轻轨均可采用。乌鲁木齐市建设的首条地铁线路——1号线就采用A型车。

穿行于城市中心区域的轨道交通线路，因承担的客流量较大，所以一般采用大型车、大编组、重型轨道，而且一般采用地下线位，即“地铁”；行驶于郊区和非繁华地区的轨道交通线路，客流量较小，所以一般采用小型车、小编组、轻型轨道，并且为降低造价一般选择建成高架线路或者地面线路，即“轻轨”。对一条城市轨道交通线路而言，可以根据需要选择建设为地下线路、地面线路或者高架线路。国内很多城市轨道交通线路在途经市中心区域的部分建设为地下线路，在延伸至市郊区域的部分(线路两端)建设为地面线路或者高架线路。

二、城市轨道交通的优缺点

随着社会经济的发展，城市化进程的加快，城市交通拥堵问题成为公众关注的热点。城市轨道交通被认为是现代化大城市解决交通拥堵问题的根本性手段。世界上一些繁华的大城市都建有发达的城市轨道交通系统。我国有多个城市建成或在建城市轨道交通系统，包括北京、上海、广州、天津、南京、武汉、重庆和深圳等建设城市轨道交通较早的城市，以及哈尔滨,沈阳、青岛、苏州、杭州等2000年之后开始修建城市轨道交通的城市。城市轨道交通系统相对于常规地面公交系统有很多的优点。

(1)安全

城市轨道交通系统(除有轨电车)不管是深埋地下、高架空中还是行驶于地面都是全封闭的;城市轨道交通均采用上下行双线独立运营,与地面交通之间完全是立交关系,因此其运营不受地面交通影响,十分安全。

(2)正点

城市轨道交通系统(除有轨电车)采取独立运营和立交方式,可以最大限度地避免交通事故和交通阻塞,因此可以确保其行车的正点率在98%以上。在国内建有城市轨道交通的城市,如北京、上海等,轨道交通已经成为"上班族"通勤出行的首选交通方式。

(3)快速

城市轨道交通系统的高安全性和高正点率保证了城市轨道交通系统运行的高速度。地铁车辆的设计速度为80km/h,旅行速度在35km/h左右。而常规地面公共交通的旅行速度很难在交通高峰时段确保达到25km/h。

(4)舒适

无论是在城市轨道交通车站里,还是在车厢里,城市轨道交通的设备系统可以提供冬暖夏凉的温度、柔和的色彩、明亮的光线、优雅的环境,给乘客舒适的感觉,能够较好地缓解旅途的疲劳或不适感。这种舒适性也是颠簸急转的地面公共交通望尘莫及的。

(5)节能

城市轨道交通车辆均采用电动车组,以电力为牵引动力。而通常的城市地面交通车辆(除电车外)都是以柴油、汽油或天然气为能源。一般来说,电能转换为车辆机械能的转换效率在60%~70%,而燃料转换为机械能的效率只能达到25%左右,两者相差1倍以上。所以说,现代化的城市轨道交通是一种节能型的交通。

(6)环保

因为现代城市轨道交通是以电力为能源,在行驶中不排放废气、废液,对周围环境不产生燃料能源燃烧对环境的有害影响。唯一可能带来负外部性的是列车在地面线路或高架线路上行驶时产生的噪声污染,所以在建设中需采取必要的措施加以防治,如采用减震道床、隔声屏障或胶轮车等。

三、城市轨道交通存在的问题

城市轨道交通相对于常规地面交通有安全、快速、环保等多种优点。但任何事物都有其两面性,城市轨道交通在众多优点背后是高造价和低收益的缺点。

(1)高造价

城市轨道交通的高造价和高投入使一般城市承受不起。20世纪80年代末,上海地铁的造价大约每公里6亿元。到20世纪90年代初,广州地铁的造价高达每公里人民币7.8亿元。一条地铁线路的建设要花上百亿元,这笔投资中有30%~40%是用来从国外购买城市轨道交通系统建设所需的车辆和机电设备。随后,国家出台了很多文件规定了城轨车辆国产化的要求,例如《关于城市轨道交通设备国产化实施方案》《关于加快振兴装备制造业的若干意见》等,主要内容是:车辆和信号系统是轨道交通设备中最为关键的两个部分,车辆国产化率不能低于70%,牵引系统国产化率不能低于40%,车辆和机电设备平均国产化率要达到70%及以上。这些文件的出台提高了城市轨道交通系统车辆和设备的国产化率,一定程度上降低了城市轨道交通系统的建设投入,各城市的地铁造价基本上都能控制在每公里5亿元左右。即便如此,对于经济实力不够雄厚的城市,建设城市轨道交通系统仍然是可望而不可即的事。

(2)低效益

城市轨道交通在高投入的同时并不能带来较高的经济效益。相反,一条地铁线路每年都可能造成上亿元的亏损。城市轨道交通是以社会效益为主的公益性基础设施工程,一般由政府投资建设,或者通过采取相应措施吸引大量的社会投资来建设。世界上只有少数几个城市的地铁是盈利的,我国的香港就是其中之一。但是香港地铁的盈利并不在于地铁本身的运营收入,而在于与地铁密切相关的房地产等综合物业的开发。所以,在地铁的设计阶段就要同时做好相关综合物业的规划与设计,并争取与地铁建设同步实施。

任务二 轨道交通发展历史与发展现状

一、总述

1. 轨道交通

"Rail"这个英语单词最初的含义是指"木栏杆""木栅栏"。英国人毕奥莫特(Beaumout)1630年将木头铺在地面上,以方便从矿山运输煤的车辆通行,当时车辆的动力是人力或畜力,这样的道路当时就称为"Rail"。而这个词现在的含义就是铁路。在那个时代,作为工业革命的物质基础——蒸汽机开始被发明出来。1680年,英国科学家牛顿(Isaac Newton)最早设想将蒸汽机用于运输。但"Rail"继铁路的革命性变化直到1819年才在英国达累姆的帕顿煤矿出现。1822年11月18日,英国人史蒂芬森(Stephenson)主持修建的蒸汽机车和铁轨相结合的铁路部分开通(史蒂芬森机车)。

1825年,英国人斯蒂芬森发明了蒸汽机车。1825年9月27日,世界上第一条具有现代意义的铁路(蒸汽机车开始使用,"木"路被"铁"路代替)在英国的斯托克顿(Stockton)和达灵顿(Darlington)之间开通,这条铁路最初的旅行速度为4.5km/h,后来达到24km/h。上述蒸汽机车作为煤炭运输工具,行驶在斯托克顿至达灵顿的全长约40km的铁路上,从而揭开了列车运输的序幕。1830年,世界上第一列铁路客车在英国的利巴普尔至曼彻斯特之间开始运营。

最初火车的烟囱比较高,所以早期的铁路上不能建有低矮的门式桥梁。但是这种高烟囱设计大大改善了火车的通风条件,提高了机车效率。蒸汽机车的出现促进了城市的扩张,很多城市人口规模逐渐超过百万。

我国国土上出现的第一条铁路是1876年7月开通的淞沪铁路(吴淞至上海,也叫吴淞铁路),全长14.5km。这条铁路是当时英国人用欺骗手段建成的,后经清政府出白银28.5万两赎回,并于次年拆除报废。

随着牵引动力的研发,1879年德国西门子公司和哈尔斯克公司为德国柏林世界工业博览会建成了世界上第一条电气化铁路,该铁路机车的输出功率仅有2.2kW,线路全长仅有300m。电力机车的功率大,爬坡能力强,更适用于山区路段行驶。目前,电气化铁路的拥有量已成为一个国家铁路先进程度的重要标志之一。我国的第一条电气化铁路是1975年建成的宝成(宝鸡至成都)线,该线路的建成大大缩短了翻越秦岭的时间。

自从1863年世界上第一列地铁在英国伦敦投入运行之后,由于其快速、准时等优势,地铁在各国大城市取得了快速的发展。轻轨交通作为一种快捷的短途客运方式,也获得了广泛的应用。

20世纪90年代,法国、德国、日本等国家在客运方面向高速铁路方向发展。从法国巴黎到里昂的高速列车车速达300km/h,并达到了515km/h的试验纪录。突破"轮轨黏着方式"运行列车模式的超导磁浮高速列车也在德国、日本相继出现。

世界上最早的高速铁路是法国于20世纪60年代建造的TGV 001(Turbotrain),其速度为270km/h。日本1964年建造的0系列高速列车速度可达220km/h。目前,国外高速铁路比较发达的国家有德国、日本和意大利。

1994年12月,我国建成第一条准高速铁路,速度为160km/h。据中国轨道交通网统计,随着近年来我国高速铁路的快速建设,截至2015年年底,我国高速铁路运营线路共计71条(段),运营总里程达2.36万公里,位居世界第一位。仅2015年新增运营线路共计18条(段),新增运营里程达到4407km。

2. 地铁

地铁是城市地下铁路交通的简称,是运用有轨电力机车牵引的交通方式。除为了方便乘客出入,在地面每隔一段距离建一个进出站口外,一般不占用城市的地面空间,并可为乘客候车乘车提供良好环境。地铁是一种独立的有轨交通系统,其正常运行不受地面道路交通拥挤的影响,能快捷、安全、舒适地运送旅客。城市轨道交通系统的建设是现代城市交通的主流和方向,其运量大,速度快,干扰小,能耗低,被誉为现代城市的大动脉,是一座城市具有国际大城市现代化公共交通体系的显著标志。它不仅是解决大城市交通拥堵状况的最有效的方式,而且是一个国家国力和科技水平的实力展现。与其他交通方式相比,地铁的主要特点如下:

(1)地铁是大型城市的基础设施,为城市居民的社会生产和生活提供基础服务,具有显著的公益性;

(2)地铁作为交通基础设施,其线路、车站和车辆等具有资产专用性,一经完成不能随意移动,不能移作他用;

(3)地铁建设成本高,规模大,回收周期长,但地铁系统具有比较明显的网络化经济特征,随着其规模的扩大,可以逐渐降低成本;

(4)地铁交通项目的规划、设计、建设和运营等各阶段,需多专业、多行业、多企业间相互协作与配合。

二、城市轨道交通发展历史

世界上首条地下铁路系统是1863年开通的伦敦大都会铁路(Metropolitan Railway),该铁路是为了解决当时伦敦的城市交通堵塞问题而建,因为当时电力尚未普及,所以即使是地下铁路也只能用蒸汽机车,由于机车释放出的废气对人体有害,所以当时的隧道每隔一段距离便要有和地面打通的通风槽,以方便通风。国外发达国家20世纪70年代开始进入城市轨道交通建设高峰期,到20世纪80年代全世界共建设了约1600km城市轨道交通线路,平均每年建设160km。而我国地铁建设事业起步较晚,总体来看,其发展的经历可分为以下三个阶段:

1. 开始建设阶段

本阶段为 20 世纪 80 年代末至 90 年代中期。我国真正以交通为目的的地铁项目开始建设，以上海地铁 1 号线（21km）、北京地铁复八线（13.6km）、北京地铁 1 号线改造、广州地铁 1 号线（18.5km）建设为标志。随着上海、广州等城市地铁项目的建设，越来越多的城市包括沈阳、天津、南京、重庆、武汉、深圳、成都、青岛等开始申请建设城市轨道交通项目，纷纷要求国家进行审批。

2. 调整整顿阶段

本阶段为 1995 年至 1998 年。随着我国地铁建设的迅猛发展，许多地方不考虑经济的承受能力和社会发展的需要，建设城市轨道交通项目带有很大的盲目性。针对城市轨道交通系统建设中存在的工程造价很高、轨道交通车辆全部引进、大部分设备大量引进等问题，1995 年国务院办公厅 60 号文件通知，除上海地铁 2 号线项目外，所有城市地铁项目一律暂停审批，并要求做好发展规划和国产化工作。这期间，近 3 年的时间国家没有审批城市轨道交通项目。1997 年年底开始，随着城市轨道设备国产化实施方案的提出，国家计划委员会 1998 年批复了深圳地铁 1 号线（19.5km）、上海明珠线（24.5km）、广州地铁 2 号线（23km）作为国产化依托项目立项，我国城市轨道交通项目又开始启动。

3. 蓬勃发展阶段

本阶段为 1999 年至今。一方面随着国家积极财政政策的实施，国家从建设资金上给予了有力地支持；二是通过技术引进，国际先进制造企业同国内企业紧密合作，实现了城市轨道交通车辆、设备的本土化生产，大大降低了城市轨道交通建设造价。国家自 1998 年批准了深圳、上海、广州、重庆、武汉、南京、杭州、成都、哈尔滨等 10 多个城市轨道交通项目开工建设，并投入 40 亿元国债资金予以支持。这标志着我国城市轨道交通建设进入高速发展期。

随着国民经济和社会的发展，我国城镇化进程加快，城市及城际轨道交通在未来几年将处于网络规模扩展时期。这就要求我国的城市轨道交通系统建设逐步完善结构，提高质量，快速扩充运输能力，不断提高装备水平。到 2020 年，我国将建成几千公里的城市和城际轨道交通系统，基本形成布局合理、功能完善、干支衔接、技术装备优良的城市及城际轨道交通网，实现城际客运专线、城市轻轨、城市地铁同铁路客运专线之间的有机衔接，方便乘客在不同公共交通方式间换乘，使广大群众得到更好的交通运输服务。

三、国内外城市轨道交通发展现状

截至 2014 年年底，全世界已有 55 个国家 148 多座城市开通了城市轨道交通系统，全世界城市轨道交通运营线路里程已超过 1 万 km，有 36 座城市的城市轨道交通线路里程超过了 100km，其中上海、北京和伦敦超过了 400km，紧随其后的莫斯科、首尔、东京和纽约也均在 300km 以上。

1999 年以来，随着我国城市规模扩大，基础设施落后问题显现，城市交通运输矛盾也日益突出。城市轨道交通因其安全、准时、快速、环保等优点，在拓宽城市空间、缩短城间时距，打造城市快速立体交通网络和改善城市交通环境等方面发挥着越来越大的作用。国内多个大城市根据城市可持续发展和城市交通健康发展的需要，都在积极规划申报建设城市轨道交通项目。截至 2014 年年底，国内已有 22 个城市累计建成 95 条城市轨道交通线路，运营里程达到 2900km。

城市轨道交通属于建设和运营成本都非常高的基础设施建设项目，世界各城市的城市轨道交通项目大多由政府财政投入、建设并运营，因投资大、盈利小、投资回收期长，因此社会投资者积极性不高。我国人口众多的国情决定了要长期坚持实施“公共交通优先发展”战略，城市轨道交通是大城市和城市群公共交通系统的发展重点。由于城市轨道交通具有一定程度的效用的不可分割性（城市交通环境）、消费的非竞争性（每个人均可选择乘坐）和收益的排他性（付费买票乘坐享受服务），这决定了城市轨道交通在一定程度上具有公共品属性。伴随着城市居民生活水平的提升、市民参与意识的增强，城市对轨道交通系统公益性的要求更加凸显。随着社会的发展，完善城市轨道交通的各项补贴、实行较低票价等政策将成为公共交通行业常态。

此外，城市轨道交通发展将带来巨大的正外部性效应，除城市环境改善、通达效率提高等正外部性外，其沿线土地增值收益也十分可观。香港地铁采用的“地铁 + 物业”开发模式、审慎商业原则等受到大多数城市的认可。城市轨道交通线路的开通能够对地铁上盖空间、站点周边以及沿线的土地资源带来高额的、直接的增值效用，为解决国内城市建设轨道交通所面临财政投入不足的困境提供了有效支撑。

练习与思考

1. 轨道交通的阶段式发展说明了什么？
2. 试述我国的城市轨道交通发展现状。
3. 轨道交通的主要形式有哪几种？
4. 你乘坐过什么样的交通工具？哪些是属于轨道交通？谈谈你对乘坐这些交通工具及其环境的体会。
5. 城市轨道交通的主要形式及其特点是什么？
6. 与其他交通方式相比，轨道交通具有什么优缺点？
7. 轨道交通的主要演变过程怎样？轨道交通的演变过程能够说明什么？

项目二　轨道交通工程

学习目标：

1. 熟悉轨道交通工程的基本组成；
2. 熟悉轨道交通线路的结构；
3. 了解限界的概念及其重要意义。

轨道交通工程包括土木（隧道）工程和机电工程两大部分（图 2-1），本项目重点为城市轨道交通工程，围绕土木及隧道工程展开，在后续学习的通信与信号、车站机电设备等项目内容均围绕机电工程展开，只重点讲解其运行原理，对其施工不详细展开。

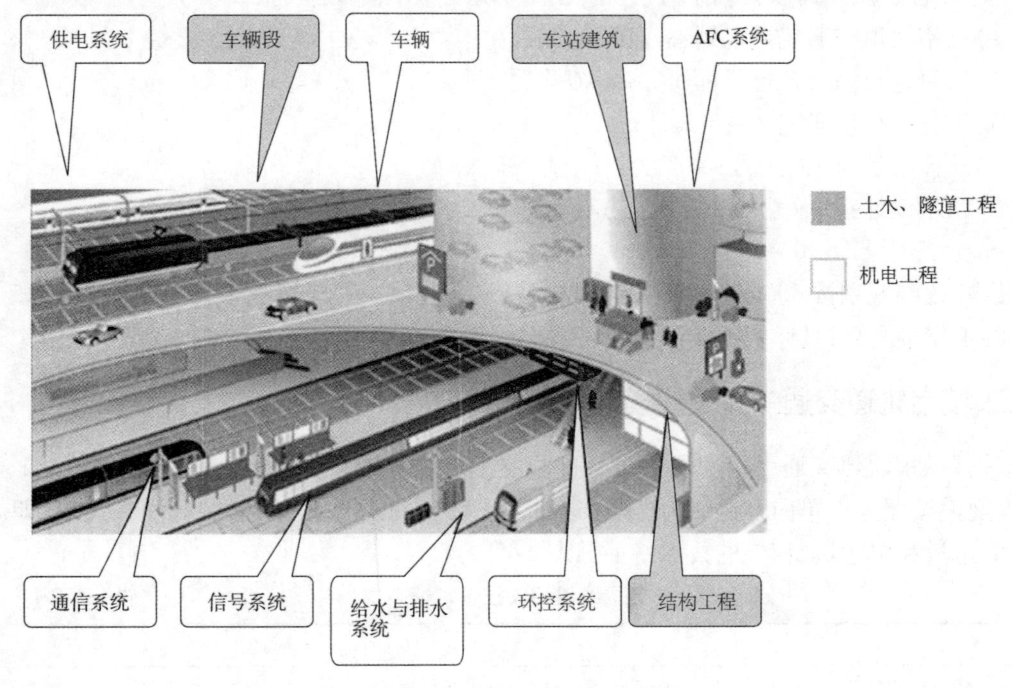

图 2-1　轨道交通工程组成

任务一　轨道交通工程基础

一、设计年限与设计阶段

1. 设计年限

城市轨道交通设计经常会涉及“设计年限”，不管是路网规划、线路建设，还是客流预测、车辆及设备配置均要分年限。根据《城市轨道交通工程项目建设标准》（建标 104—2008）的有关规定，城市轨道交通设计年限分为初期、近期和远期 3 个时期，具体的时段划分规定如下：

(1)初期,指建成通车后第 3 年;

(2)近期,指建成通车后第 10 年;

(3)远期,指建成通车后第 25 年。

以乌鲁木齐市地铁 1 号线为例,假设线路于 2018 年建成,则设计年限初期为 2021 年,设计年限近期为 2028 年,设计年限远期为 2043 年。

2. 设计阶段

城市轨道交通工程在完成了前期的预可、工可、立项工作后即转入工程设计阶段。一般来说,城市轨道交通设计可分为如下 3 个阶段:第一阶段为总体设计,是指总体性的方案设计,以优化总体方案为目的;第二阶段是初步设计,是指以落实具体专业方案为目的的专业性的方案设计;第三阶段是施工设计,是指提供施工图的详细设计。

由于各个城市的具体情况有所不同,所以其设计阶段也会不尽相同。比如广州、南京等城市均按三阶段设计,而北京、上海某些线路就采取两阶段设计,即无总体设计。

城市轨道交通是一项特大型的综合性系统工程,在工程开工之前必须做好前期工作。前期工作和各阶段设计以及编制、设计的工作周期,可参照下列指标:

(1)城市轨道交通线网规划:8 ~ 10 个月;

(2)项目建议书及预可行性研究:5 ~ 6 个月;

(3)工程可行性研究:6 ~ 8 个月;

(4)总体设计:5 ~ 6 个月;

(5)初步设计:6 ~ 9 个月;

(6)施工图设计:10 ~ 12 个月。

其中,线网规划按 $400km^2$ 面积的工作量测算;其他项按一般情况下 1 条线路长度 15 ~ 20km 的工作量测算;具体根据实际情况可适当调整。

二、城市轨道交通的建设规模

根据《城市轨道交通工程项目建设标准》(建标 104—2008)的规定,城市轨道交通工程的建设规模按照远期单向客运能力(断面运量)的大小可以分为 3 个运量等级和规模,即高运量、大运量和中运量,相应的技术特征见表 2-1。

各级线路相关技术特征 表 2-1

线路运能分类	Ⅰ	Ⅱ	Ⅲ	Ⅳ
	高运量	大运量	中运量	
	(钢轮钢轨)		(钢轮钢轨/单轨)	
线路形式	全封闭型			部分平交道口
列车最大长度(m)	185	140	100	60
单向运能(万人次/h)	4.5 ~ 7	2.5 ~ 5	1.5 ~ 3	1 ~ 2
适用车型	A	B 或 L_b	B、C、L_b 及单轨	C 或 D
最高速度(km/h)	80 ~ 100			60 ~ 80
平均站间距(km)	1.2 ~ 2			0.8 ~ 1.5
旅行速度(km/h)	35 ~ 40			20 ~ 30
适用城市城区人口规模(万人)	≥300		≥150	

按《城市轨道交通工程项目建设标准》(建标 104—2008)规定:V 级为有轨电车,旅行速度 15 ~ 20km/h,故不列入;线路建设规模应按不同设计年限的设计运量,分别进行合理确定。初期建设规模应符合下列规定:

(1)初期建设线路正线长度不宜小于 15km。

(2)地下车站及区间的桥梁、隧道、路基、轨道等土建工程宜按远期规模一次建成。在不影响正常运营的条件下,地面车站、高架车站及地面建筑可分期建设。

(3)初期车辆配置数量和编组应符合下列要求:

①满足初期设计年限的客流需求。

②初期高峰小时列车运营密度不少于 12 对/h。

③初期列车编组长度宜与近期编组长度一致;当近期与远期列车编组长度相近时,初期列车编组长度可与远期编组长度一致。

④车辆基地的规模应从城市轨道交通线网规划统筹考虑,用地范围按远期设计规模划定和控制;列车运用整备、检修设施、站场股道及其相关的房屋建筑宜按近期规模建设;其余的地面建筑应根据工艺要求和远期规模,确定分期建设方案。

⑤初期各系统运营设备宜按近期配置,合理兼顾设备适用寿命的周期。通过技术经济比较,也可按远期需求一次配置。

三、城市轨道交通项目组成

城市轨道交通线路的长度一般在 20km 左右,如北京地铁 1 号线、上海地铁 1 号线、广州地铁 1 号线、南京地铁 1 号线、深圳地铁 1 号线等。但轨道交通“麻雀虽小,五脏齐全”,为了保证其安全、快速、正点和高水平的服务,并保障其高密度的运营,许多设备及其技术方面比大铁路更加复杂、先进。城市轨道交通工程的设计项目可分为两大类,工程基本设施和运营设备系统。

1. 工程基本设施

(1)轨道:一般采用整体道床。

(2)路基:地面线及车场线多为路基。

(3)桥梁:高架区间桥梁。

(4)隧道:地下区间隧道。

(5)车站:地下车站和高架车站。

(6)主变电所:实现从城市电网到地铁用电的转变。

(7)控制中心:调度指挥城市轨道交通的运营管理。

(8)车辆基地:车辆维修停放等的综合基地。

(9)车辆(基地)段:往往与其他保障体系合建,包括材料总库、综合维修和技术培训基地等,有时控制中心也建在其中。

2. 运营设备系统

(1)车辆:输送旅客的载体。

(2)供电:为车辆、机电设备和车站提供动力及照明。

(3)通风:车站、区间隧道的换气降温。

(4)空调:用于车站环境温度的控制。

(5)通信:信息传输。

(6)信号:指挥行车、保障安全。

(7)给排水:供给生产生活用水,抽排废水污水。

(8)消防:水消防、气体消防、防灾报警、灾害事故的监测和报警。

(9)自动扶梯:进行各层间旅客输送。

(10)屏蔽门:保障站台旅客安全,屏蔽环控范围。

(11)自动售检票:直接为旅客服务的票务设施。

(12)监控设施:环境、灾害、电力等监控、信息采集和计算机管理系统等。

四、轨道交通路网规划

1. 路网的基本形态及路网规划设计的基本原则

1)路网的基本形态

路网的形态应根据城市的大小、地形特征、发展规模而定。其形态主要有以下几种。

(1)基本形态:十字形、Y 形、环形。

(2)变通形态:棋盘形、放射形、棋盘形 + 环形、放射形 + 环形、棋盘形 + 放射形。

2)路网规划设计的基本原则

路网规划设计要遵循以下基本原则:

(1)路网规划的线路走向应该和城市的主客流方向相一致;

(2)路网规划应与城市的总体规划密切结合,并适当预留发展延伸的余地;

(3)线网应布置均匀,密度适当,换乘方便,"时距"最短;

(4)轨道交通路网应与公交线网有机地衔接,优势互补;

(5)路网上各条线的客流力求均匀;

(6)环线的作用是避免集中在市中心区换乘,环不宜大,特别要注意环线本线要有一定的客流;

(7)车辆段选址应先近后远,避免过长的出入段线,要便于与大铁路相连接;注意节约用地,有条件时尽量做到统一规划,资源共享;

(8)进行路网规划时应考虑各条线的建设时序,与城市建设相结合,为城市建设服务,做到有序、持续地发展。

2. 路网规划

轨道交通路网规模与一个城市的面积大小、人口多少和其在公共交通中的地位有密切的关系,一般可以用下面的一些关系式来表达:

1)与城市公交的关系

$$L = \frac{\alpha Q}{q} \tag{2-1}$$

式中:L——路网总长(km);

Q——城市总交通量(万人次);

q——负荷强度[万人次/(km·年)];

α——轨道交通的相对密度,一般为 0.3 ~0.6。

2)与城市面积的关系

$$L = \frac{A}{\delta_1} \tag{2-2}$$

式中：A——城市面积(m^2)；

δ_1——路网密度指标(km/km^2)，一般为0.25～0.35。

3)与城市人口的关系

$$L = M\delta_2 \tag{2-3}$$

式中：M——城市人口(百万人)；

δ_2——路网人口指标(km/百万人)。

3. 规划步骤

(1)客流是公共交通规划设计的主要依据。路网规划前，应进行城市居民出行调查，根据OD分布图及地面道路规划资料初步拟定轨道交通路网。

(2)按初拟路网再预测路网客流量，验证路网的合理性，发现不合理的应调整路网，并做客流预测，反复调整和验证，直至合理。

4. 规划内容

1)网线规划

路网中各条线路走向的基本选定：沿城市主干道、主客流方向，尽量经过大的客流集散点，如商业中心、文化体育中心、城市交通枢纽等。先由点及线，再由线成网。规划时，每条线的起终点要预留将来发展延伸的余地。

2)车站分布规划

车站分布规划是和线路规划同步进行的，也就是由点到线。客流集中的处所、地面公交枢纽、线网交汇处等应该设站。车站的站间距在城市中心可以近一些，一般为1km左右；在郊区可远一些，为2～3km。车站规划时还应考虑周围环境，如出入口风亭是否有地方布置；对换乘站应考虑换乘线的走向、设站条件及换乘通道的设置。

3)联络线规划

虽然路网中各条线是独立运营的，但是为了行车调度的灵活，各条线间应能直接或间接地互相联络。不是所有相交的线都设联线，应根据路网情况、环境条件统一考虑。此外，还应考虑与大铁路的联络，城市轨道交通路网中至少要有一处与铁路接轨，便于大型设备、材料的运输。

4)铺设方式规划

轨道交通线路可以铺设在地下，也可铺设在地面(高架)，这要根据城市现状和远期规划而定。铺设方式一经确定，在城市建设上应做相应的规划控制。

五、轨道交通客流的预测和分析

客流是公共交通规划设计的主要依据。客流关系到轨道交通项目的社会必要性、投资效益、经济可行性、车辆选型、车站规模、设备容量和工程投资等。所以工程的前期客流预测是重中之重。客流预测需由专业人员与地方规划、交通、公安交管等部门共同完成。

1. 客流预测方法

目前，我国尚无成熟的统一的轨道交通客流预测方法。一般采用城市交通规划的“四阶段法”进行客流预测。

(1)出行生成预测。在研究分析沿线城市建设及土地开发变化、人口分布及就业情况的基础上做出行生成预测。

(2)出行分布预测。根据各交通小区的生成量、吸引量、小区间的阻抗和城市布局预测居民出行分布量。

(3)出行方式划分。居民出行可以选择多种交通方式:步行、自行车、公交车和轨道交通等。

(4)路网客流分配。按行程最短、时间最少和最舒适的原则分配路网客流。

2. 路网客流的预测成果

路网客流预测成果主要应包括以下六项内容:

(1)城市客流预测交通小区划分图;

(2)规划年居民全方式出行期望路线图;

(3)规划年全市客流分布图;

(4)规划年各线全日乘降及断面客流量表;

(5)规划年各线早、晚高峰乘降及断面客流量表;

(6)规划年换乘站各线间的换乘客流量。

六、轨道交通限界

轨道交通车辆是在固定的轨道上行驶的,根据车辆参数和轨道特性所确定的行驶空间,称为限界。各种建(构)筑物和设备均不得侵入限界。限界通常分为:车辆限界、设备限界和建筑限界。

1. 车辆限界

车辆限界是指车辆在平直线上正常运行状态下所形成的最大动态包络线,用以控制车辆制造,以及制定站台和站台门的定位尺寸。车辆限界应根据车辆外轮廓尺寸和技术参数,并考虑在运行中的静态和动态情况下的横向和竖向偏移量,按可能产生的最不利组合进行计算确定。

2. 设备限界

设备限界是指车辆在故障运行状态下所形成的最大动态包络线,用以限制行车区的设备安装。设备限界是在车辆限界的基础上,考虑由于轨道可能出现的最大允许误差,造成车辆的附加偏移量,以及设计、施工和运营中难以预计的因素在内的安全预留量后的特定空间。所有结构构件和固定设备都不得侵入设备限界(接触轨及站台边缘除外)。

3. 建筑限界

建筑限界是指在设备限界的基础上,满足设备和管线安装尺寸后的最小有效断面。城市轨道交通的建筑限界不同于铁路建筑限界,它实际上是建筑物允许的最小内轮廓。建筑限界与设备限界之间应能满足固定设备和管线安装的需要。建筑限界不随曲线超高旋转。

城市轨道交通车站站台的相关尺寸要求如下:

(1)直线站台边缘与车辆外侧的间隙以100mm为宜;

(2)站台面的建筑高度一般低于车辆地板面50~100mm;

(3)线路中心至边墙距离同区间隧道,其高度应考虑管线安装需要;

(4)设备区外墙在无管线等的情况下至线路中心应不小于1800mm。

另外,限界一般按平直线路条件制定,在曲线地段和道岔区建筑限界应作相应的加宽和加高。限界加宽(加高)一般在缓和曲线范围递变。

七、明挖地下结构的设计与施工

明挖车站结构形式较为简单,一般可分为以下几种:双层双跨框架标准的10m岛式站台车站、双层三跨框架标准的12m以上岛式站台车站和单层多跨框架侧式站台车站，其中多采用单层多跨框架。以下简单介绍基坑围护结构。

1. 土钉墙

土钉墙是以密布的锚杆加固土体，开挖表面辅以钢筋网和喷混凝土防护，组成类似于重力式挡墙的支挡建筑物。具有施工简单、进度较快、造价低廉等优点，一般适用于无水砂性土层，基坑深度以不超过10m为宜，个别工程条件允许也有做到12m以上的。土钉墙设计属经验设计，看似简单，但绝不是仅完成设计图即可，关键在于施工，特别应注重基坑变形监测，要根据反馈的信息随时修正支护参数。设计人员要有较高的责任心，应选用素质较高的施工队伍。

2. 地下连续墙

地下连续墙是在基坑开挖前用专用的成槽设备在泥浆保护下开挖成槽，然后下钢筋笼灌注水下混凝土，组成一幅一幅的连续支护墙体。地下连续墙的优点是结构刚度大、整体性强、水密性好。缺点是对硬地层的适应性较差、需要专用机具、造价较高。通常适用于基坑防护等级较高的情况。地铁基坑连续墙厚度一般采用60～80cm。连续墙的深度一般不超过50m。

3. 钻孔桩

钻孔桩通常用作建筑物的基础，作为基坑围护是以排桩的形式承受水平侧压力。钻孔桩也需要泥浆护壁和水下灌注混凝土，但钻孔桩具有设备相对简单、造价较低和对硬地层适应性强的优点。钻孔桩根据桩间关系的不同，有成排单桩和咬合桩之分。

分离桩的桩与桩之间有一定距离、互不相关，桩间土体采用锚喷防护，并用水泥搅拌止水。

咬合桩的桩间没有剩余土体，桩与桩有一部分是重合的。桩的施作要采用特殊的工艺，先灌的桩身混凝土要求缓凝（一般要求缓凝60h），使后钻的孔能钻掉一部分先灌的混凝土，从而达到两桩的混凝土能直接接触。咬合桩的优点是水密性好，不需要在桩间做止水搅拌桩。

4. 挖孔桩

挖孔桩是以人力代替机具成桩，适用于基本无水的地层。其最大的优点是基本不需要机具，能多桩同时施作，因此造价也最低廉。挖孔桩的基坑深度一般不宜大于10m，但很多情况下也有超过14m的。桩深小于10m时桩径可采用100cm，深度大于10m时桩径不能小于120cm。开挖过程中桩身一般应有护壁，护壁厚度不小于15cm。由于是人力开挖，所以比较容易做成咬合桩形式。

挖孔桩一般为圆形断面，在地质条件好、无地下水的情况下也可挖成矩形断面，有利于增加桩的刚度，有利于配筋和与衬墙的结合。

5. SMW桩

SMW桩可以简单地理解为加有型钢的搅拌桩墙。作为围护墙，受力的主要是内部的型钢，在型钢与水泥土结合牢固的情况下，桩的刚度习惯按型钢刚度的1.2倍考虑。水泥土的主要作用是传递桩间土压力和桩间止水。SMW中的型钢表面涂有以沥青和石蜡为主的减阻剂，内层主体结构完成后，型钢可被拔出回收，因此SMW是较经济的围护结构。SMW基坑的深度一般不大于12m，个别也有到15m以上的。

八、支撑体系

1. 冠梁

除土钉墙以外的围护墙顶部灌注有钢筋混凝土的连续梁叫冠梁。其作用:一是把单个(幅)的桩(墙)连成整体,二是便于架设第一道支撑,起围檩的作用,三是支护第一道支撑以上的土体。

2. 围檩

在冠梁以下,根据支撑设置情况间隔一定距离设一道水平腰梁叫围檩。围檩一般凸出在围护墙表面,可以采用钢筋混凝土或型钢。围檩的作用就是把墙(桩)传来的土压力传给水平支护。

地下连续墙一般可不设围檩,采用支撑处预埋钢板。有些地方(施工单位)考虑幅间接头刚度差、易变形而有仍采用钢围檩的做法。

3. 钢支撑

基坑支撑一般采用圆柱形钢支撑,直径约 600mm,壁厚 12 ~ 16mm。个别也有采用型钢的,可用 2 ×450mm 或更大,设计的轴力为 2000 ~ 2500kN。

钢筋混凝土支撑车站基坑两端采用钢斜撑有困难,或为满足盾构吊装要求多采用钢筋混凝土支撑(特别是第一道支撑)。钢筋混凝土支撑具有刚度大、布置形状随意性大的特点,多用于不规则形状的基坑。

当基坑宽度较大时,支撑能力受压杆的稳定控制。为提高支撑能力,往往要增加支撑的中间约束,减少自由长度,这需设支撑立柱和支撑间的联系纵梁。立柱多由 4 支角钢组成,纵梁可用槽钢或工字钢。

锚索工程地质和对基坑内空有特殊要求者可采用锚索拉锚围护墙。拉锚具有施工空间大、开挖立模速度快的优点,但锚索变形较大,一般不能重复使用,造价较高。

支撑体系的合理性关系到基坑的稳定。当地面建筑对沉降要求较高时,第一道支撑的位置应适当提高;基坑深、土压力大时,最下面的一道支撑应尽量放低。必要时,支撑应施预加顶力。

九、基坑底加固

基坑加固的目的在于增加基坑底部土体强度,从而增加桩前土体的被动土压力和提高基坑的稳定性。

基坑加固方法如下:

(1)降水。使土层固结,提高土的剪切强度,适用于砂性土、黏质粉土或淤泥中所夹的薄的砂层。降水井一般沿车站纵向布设两排,直径 400mm、间距 10 ~ 15m,100 ~ 130m^2 一孔,深度在基坑底以下 5 ~ 6m。

(2)注浆。在降水达不到稳定基坑和控制位移时可采用注浆,通过注浆或旋喷注浆,以水泥浆或化学浆液提高地层强度(现在认为旋喷桩对淤泥质土体扰动大、效果不好,已较少采用)。注浆通常有抽条注浆和跟踪注浆两种。

①抽条注浆。注浆材料为水泥粉煤灰,也有添加水玻璃的双液分层压密注浆,注浆范围为基坑底被动压力区。抽条宽一般不小于 3m,深 3 ~ 6m。

②跟踪注浆。基坑开挖可能造成邻近建筑物或管线沉降位移时,则根据施工监测情况

对围护墙与建筑物间的地层或管线下地层进行填充注浆。

对含水的砂质地层应检验其抗管涌能力，必要时应作注浆或旋喷全封底。胡志明市地铁处于含水稍密砂层，需做封底处理。

十、围护桩（墙）的设计计算

1. 结构内力计算

围护桩（墙）的设计计算一般应按施工开挖、内部结构回筑和使用阶段分三步进行计算。计算可借用成熟的软件进行。

施工开挖阶段的水土压力可以采用"总量法"或"增量法"；回筑阶段应采用"增量法"；使用阶段则可采用"总量法"。采用"增量法"时的当前内力应是前面各步计算内力之总和。按"总量法"计算时，应计入前面各阶段"先期位移"的影响。

2. 围护墙入土深度的确定

(1)抗坑底隆起。抗隆起可由围护墙底两侧土体的滑动力矩和抗滑动力矩（包括基坑底面处墙体的抵抗弯矩）的平衡，试算求出围护墙的入土深度。抗隆起安全系数的取值根据基坑等级而定：

①一级保护基坑 $K>2.0$；

②二级保护基坑 $K>1.5$；

③三级保护基坑 $K>1.2$。

(2)抗坑底管涌。当基坑底面以下处于松散的砂层，并作用有向上的渗透水压，且动水力坡度大于砂的极限动水力坡度时，砂粒就会随渗透水压涌动，这就叫"管涌"。增加墙体的入土深度，使流线长度增加，从而降低动水力坡度，有助于防止管涌的发生。

(3)抗坑底承压水。若基坑底有薄的不透水层，而其下方又有较大的承压水，当土体不足以抵抗水压力时，基坑底就会发生隆起。土体与水压的平衡，必要时可计及土体与墙体间的摩擦力，安全系数取1.2。当不能满足稳定条件时，可采用隔水帷幕隔断滞水层或用深井点降低承压水水头。有条件时也可将围护墙直接打入隔水层阻断承压水。

十一、盾构与盾构区间隧道

1. 盾构的组成

盾构是开挖建造隧道的专用机具。最早的盾构类似于一只无底的铁桶，凭借坚固的外壳支承地层，保护开挖工人的安全。近百年来，盾构和盾构技术得到了很大的发展。现代盾构大致包括切削环、支承环、盾尾、后配套系统4大部分。

支承环包括主轴承、电机和传动系统、螺旋输送机、管片拼装机和千斤顶等。盾尾是组装管片衬砌的地方，盾尾钢壳与管片间有两道或多道密封钢丝刷。后配套系统安装在20～30m长的可移动车架上，车架最前面靠盾尾是盾构操作控制室，后面是变电和供电系统，再后面是注浆系统，车架中心上面是出渣的皮带运输机，下面是运输轨道系统。

2. 盾构分类

实际上，盾构作为隧道施工专用机具，若按切削的围岩来分类，可以分为切削硬岩的隧道掘进机及切削软岩和松散介质（土）的盾构。盾构按其土石开挖和开挖面的支护方式一般可分为以下四大类：

(1)敞开式盾构，有前端敞开、前端有格栅和闭胸式之分。

(2)土压平衡盾构,通过调节土仓压力,控制地面沉降。对砂层和砾石层增设加泥装置,添加黏土和膨润土以增加土体的流塑性和水密性,故称加泥式土压平衡盾构。

(3)泥水加压盾构,在前仓加注泥水,由泥水压力平衡前方的水土压力,控制地面沉降。

(4)复合式盾构,同时具有切削土层和岩石的能力。

盾构设计、采购和制造应考虑的主要问题如下:

有效地控制地面沉降的能力;对线路平面曲线的适应能力;盾构壳体及刀盘的耐磨性能;不维修持续开挖掘进的能力;盾构尾部防止渗漏的密封性;盾构机电的可控和可操作性;盾构后配套设备的完备程度。

3. 盾构隧道管片衬砌

(1)管片分类

盾构施工的隧道采用拼装形管片衬砌。管片按材料可分为:钢管片、铸铁管片和混凝土管片;管片按形状可分为箱形管片和平板式管片;管片按对线路的适应性可分为标准管片和通用管片。所谓标准管片包括直线段管片和左、右转弯的管片。不同的曲线段隧道是由直线和转弯管片拟合而成;而通用管片无直、曲线和左、右弯之分,不同的线路都采用同一种管片拟合而成。因此,通用管片的最大优点是极大地节省了管片模具。一般常用的是混凝土平板式管片,在区间隧道联络通道口等特殊部位采用钢或铸铁的箱形管片。

(2)管片分块

地铁隧道管片衬砌圆环一般分为 6 块,即:下部 3 个标准块(A),上部 2 个相邻块(B),顶部 1 个楔形的封顶块(K)。

因为衬砌环是由若干"块"组成的,所以各环间又有通缝拼装和错缝拼装之分。错缝拼装无贯通的纵向接缝,整体刚度比通缝衬砌大,所以一般情况下都采用错缝拼装。但是,错缝拼装对管片制作的精度要求高,要防止推进过程中管片被顶裂、顶破。

4. 盾构施工与车站的关系

盾构工作井施工一般是从一个站出发,到下个站结束。前者叫出发井,后者叫接收井。因此,车站端头往往建有盾构工作井。工作井处车站主体结构要局部加宽、加深,中板和顶板要留吊装孔,便于盾构组装、拆卸或出土、进料。如果盾构的后配套系统也要在车站内组装,则工作井后方一定长度范围的主体结构还要适当加宽,相应的中板和顶板还要另留出土孔。

盾构掉头井也是工作井的一种。有时候要求盾构到了下一站后,又从另一条线转回来,转弯处就要设掉头井。盾构掉头是用千斤顶和钢丝绳使盾构打转,所以掉头井比一般工作井要长一些,并且该处主体结构的底纵梁和立柱应该后做。

盾构的组装、拆卸、转场是十分费时的,所以有时施工组织要求一台盾构连续施工两三个区间,这就需要盾构过站。盾构过站的车站主体结构不必全部加宽,但必须全部加深。

盾构施工与车站施工组织联系紧密。地铁施工往往工期很紧,不是车站控制工期,就是区间控制工期。没有盾构井,盾构隧道无法开工。要及时做好盾构井,车站需提前 7 ~ 8 个月开工,否则便会影响盾构工期。盾构要过站,盾构到了,车站没建好又不行。这些都必须周密考虑,做出切实可行的施工组织设计。

任务二　轨道交通线路

一、概述

轨道交道的道床可分为有砟道床和无砟道床两种。有砟道床维修工作量大,适用于地面线和车辆段线路;无砟道床线路平稳、维修工作量小,适用于地下线路及高架线路。

1. 无砟道床的主要形式

无砟道床又称整体道床,主要有以下几种形式。

(1)枕式整体道床

直接采用预制的混凝土长轨枕,以轨排法施工,适合于软土隧道。上海地铁和新加坡地铁都采用长枕式整体道床。

(2)短枕式整体道床

以分离预制短枕支承钢轨。北京、广州等地铁绝大部分采用短枕式整体道床。

(3)弹性短枕式整体道床

对振动有较高要求的地段,在短枕外面增设橡胶或塑料减振套构成具有一定弹性的短枕式整体道床。

(4)浮置板式整体道床

道床采用预制的高强度钢筋混凝土板,在道床板与基底之间和两侧设有橡胶垫层或支承弹簧,对隧道外及地面有良好的减振效果。

另外,在整体道床与碎石道床之间应设弹性过渡段,过渡段一般采用渐变道砟厚度的方法实现弹性过渡。其长度一般取 20 ~ 30m。为防止列车掉道坠落,桥上轨道应设与钢轨平行、等高的钢筋混凝土护轮墙或护轮轨。城市轨道交通的曲线超高与大铁路不同。其整体道床的超高采取内轨降 $h/2$,外轨抬 $h/2$ 来实现(h 为曲线超高)。

2. 线路设计

(1)线路的技术标准

线路的技术标准主要决定于建设条件、客运量、采用的车辆类型和行车速度,详见表2-2。

线路技术标准的影响因素　　　　表 2-2

基本车型		A	B	C/D	L	单轨
		一般地段/困难地段				
最小平曲线半径(m)	正线	350/300	300/250	100/50	150	100
	联络线	250/200	200/150	80/25	100	50
	车场线	150	110/80	80/25	65	50
最大坡度(‰)	正线	30/35	30/35	60	50	60
	联络线	40	40	60	70	60
	车场线	1.5	1.5	1.5	1.5	3
竖曲线半径(m)	正线	5000/3000	5000/2500	1000	5000/3000	2000 ~ 3000
	联络线	2000	2000	1000	2000	1000

续上表

基本车型		A	B	C/D	L	单轨
		一般地段/困难地段				
钢轨(kg/m)	正线	60	60	60	60	轨道梁
	联络线	50	50	50	50	轨道梁
	车场线	50	50	50	50	轨道梁
道岔(N_0/V_0)	正线	单开9/35	单开9/35	单开9/35	单开9/35	关节可绕型道岔/25
	车场	单开7/25	单开7/25或单开6/20	—	单开5/15	关节可绕型道岔/25

注:1. 正线包括支线范围,联络线包括车辆出入线。

2. N_0 系指道岔号,V_0 系指道岔侧向通过速度(km/h)。

3. 对特殊困难地段线路工程的技术标准,应按国家现行有关技术规范执行。

(2)线路设计的基本原则

①线路走向应与城市主客流方向相一致,符合路网规划要求;

②线路应该尽量沿城市主干道布设,以减少施工拆迁工程;

③线路平、剖面设计应充分考虑地形、文物、建筑、地下管线等情况,并与市政综合开发相结合;

④线路应贯穿沿线的商业、文化、体育、旅游、休闲等客流密集的地区,以最短捷的方式连接地面车站、码头等交通枢纽;

⑤轨道交通线路应与地面公共交通有机配合,优势互补;

⑥换乘节点线路设计除应考虑本线外,还应对换乘线前后1~2个区间的线路和设站条件做深入的研究;

⑦两端线路设计应根据规划留有延伸发展的条件。

(3)轨道交通线路设计的特点

①与大铁路相比,平、竖曲线半径都较小,而纵坡较大;

②因采用电动车组,爬坡能力强,不需要作各种坡度折减;

③除碎石道床外,一般平曲线和竖曲线可以重叠设置;

④因行车密度大,线路交叉时一般应采用立交;

⑤线路平面和纵断面的设计受高层建筑、文物古迹和道路桥梁等建(构)筑物基础的控制,城市下水道埋置深、迁改难,往往影响线路及区间施工方法和车站的方案;

⑥一般情况下为高站位低区间,多设计成节能坡的形式。出站和进站前后以20‰~25‰的大坡度急下急上,以利行车。

3. 辅助线与车站配线

(1)辅助线

轨道交通的辅助线包括出入段(停车场)线和联络线。因车辆段和停车场多设在地面,出入段线要完成从地下到地面或高架到地面的过渡。出入段线应连通上、下行正线。当出入段线与正线需交叉连接时,一般应采用上跨或下穿等立交方式。

路网中交叉或重叠的线路间应统筹考虑设置联络线,便于各线路间的联络和车辆的调度。联络线虽然长度短，但往往受周围建筑物的限制，布置时会有一定困难，在地质不良地区一般采用明挖施工。

(2)车站配线

一条线路的起、终点站或区段折返站应设折返线或折返渡线。《地铁设计规范》(GB 50157—2013)规定："当两个具备临时停车条件的车站相距过远时，根据运营需要，宜在沿线每隔 3 ~ 5 个车站设停车线或渡线。"所谓车站配线即包括上述折返线、折返渡线、停车线和渡线。

设计中采用前折返还是后折返，单折返线还是双折返线，单渡线还是交叉渡线？应根据行车需要确定。一般说来，前折返、双折返线、交叉渡线的能力比后折返、单折返线、单渡线的能力强，使用更灵活方便。

在出入段线、折返线、停车线和岔线上应根据情况设置安全线，安全线长度一般不小于 40m。

4. 线路的铺设方式

轨道交通线路的铺设一般分为高架、地面和地下三种方式。其中高架线和地下线为全封闭式，地面线为半封闭式。一般城市有轨电车多采用敞开式。

(1)高架线

线路铺设在高架桥梁上，武汉轨道交通 1 号线、上海明珠线一期工程和北京城市铁路 S2 线即属于高架方式。

(2)地面线

线路铺设在地面，如上海地铁 1 号线的新龙华站以南和北京地铁 13 号线。

(3)地下线

线路铺设在隧道里，北京、上海、广州等地铁大部分均为地下线。一条轨道交通线采用什么铺设方式，决定于城市道路条件、周围建筑物、人口密度、建设环境和建设资金情况，应该因地制宜地规划和设计。根据情况，地下铁道一般铺设在地下，但也可以驶出地面走在高架桥上，最典型的是上海地铁明珠线，一期工程(西半环)利用老沪杭铁路路基的土地采用高架，二期工程(东半环)从溧阳公园以东钻入地下两过黄浦江走浦东，一直到宜山路与一期工程闭合才驶出地面，恢复高架；轻轨一般采用高架方式，如武汉轨道交道 1 号线，但在人口集中、建筑密集的市中心也可以采用地下模式，如重庆市跨座式轻轨就有相当长一段建在隧道里。一般来说，市区中心宜采用地下线，线路两端靠近郊区可采用高架线或地面线。地下线为全封闭方式。

二、轨道交通线路的平面和纵断面

铁路线路在空间的位置是用它的线路中心线表示的。从运营的观点来看，最理想的线路是既直又平的线路。但是天然地面的情况复杂多变(有山、水、沙漠、森林、矿区、城镇等障碍物和建筑物)，如果把铁路修得过于平直，就会造成工程数量和工程费用大，且工期长，这样既不经济，又不合理，有时也不现实。从工程角度来看，为了降低造价，缩短工期，铁路线路最好是随自然地形起伏变化。但是这会给运营造成很大困难，甚至影响铁路行车的安全与平稳。

因此，选定铁路线路的空间位置，应该综合考虑工程和运营的要求，通过方案比较，在满足运营基本要求的前提下，尽量减少工程量，降低造价。如图 2-2 所示，某铁路线路要从 A、

B、C 三点经过，方案一是走最短路径，可将 A、B 和 B、C 分别用直接相连。这样在 AB 线段上要修两座桥梁跨越河流，在 BC 线段上要开挖隧道穿越山岭；方案二是用折线 ADB 和 BEC 来代替。

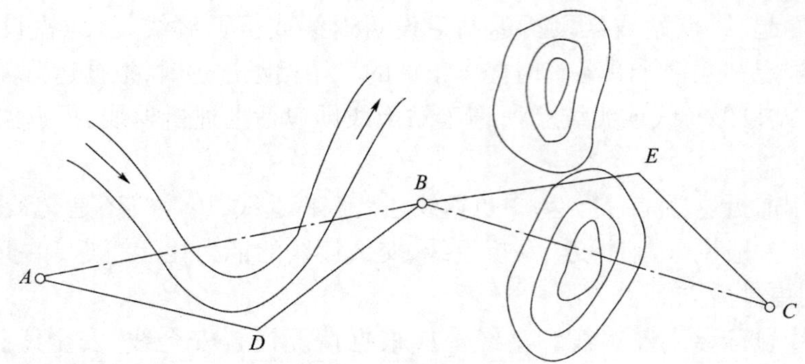

图 2-2　轨道交通线路绕避地形障碍示意图

为使其绕避障碍，在折线 ADB、BEC 的转角处，则用曲线连接。曲线的设置可用来绕避地面障碍或地质不良地段，从而减少工程量，缩短工期，降低造价，获得较好的经济效益。

1. 轨道交通线路的平面

(1)圆曲线

铁路线路在转向处所设的曲线为圆曲线，其基本要素有：曲线半径(R)、曲线转向角(α)、曲线长度(L)、切线长度(T)，如图 2-3、图 2-4 所示。

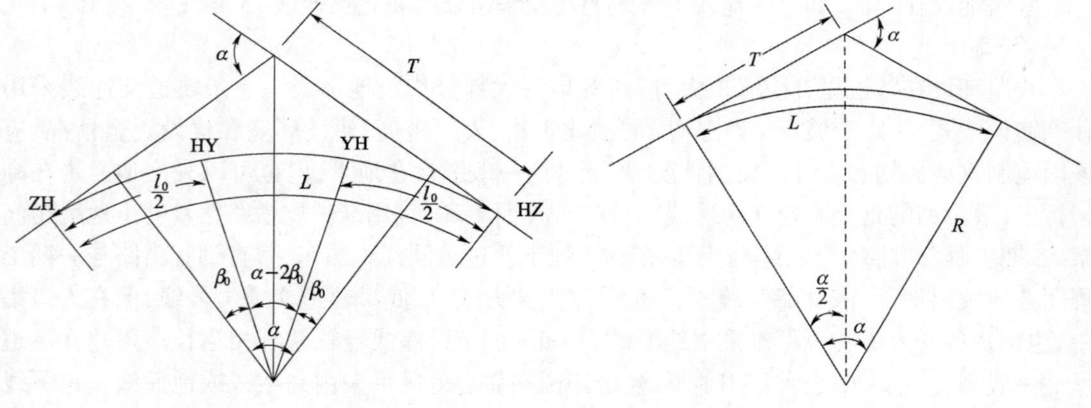

图 2-3　线路曲线　　图 2-4　圆曲线组成要素

曲线转向角的大小由线路走向、绕过障碍物的需要等确定。

圆曲线半径的大小，反映了曲线弯曲度的大小。圆曲线半径越小，弯曲度越大。一般情况下，曲线半径越大，行车速度越高，但工程费用也越高。而小半径曲线具有容易适应困难地形的优点，对工程条件有利。

因此，正确地选用曲线半径就显得十分必要。设计线路时，可根据具体条件，因地制宜合理选用曲线半径。为了测设、施工和养护的方便，曲线半径一般应取 50m、100m 的倍数。为了保证线路的通过能力，并有一个良好的运营条件，还对区间线路的最小曲线半径值做了具体规定，如表 2-3 ~ 表 2-5 所列。

列车在曲线上行驶的速度越快，所产生的离心力也就越大，为了保证列车运行的安全、平衡和舒适，必须限制列车通过曲线时的速度。

客货共线Ⅰ、Ⅱ级铁路区间线路最小曲线半径(m) 表 2-3

铁路等级	Ⅰ			Ⅱ	
路段设计行车速度(km/h)	200	160	120	120	80
一般(m)	3500	2000	1200	1200	600
特殊困难(m)	2800	1600	800	800	500

客运专线铁路区间线路最小曲线半径和最大曲线半径 表 2-4

设计速度(km/h)	最小曲线半径(m)		最大曲线半径(m)	
	一般	困难	一般	困难
200	2200	2000	10000	12000
250	4000	3500	10000	12000
300	4500		12000	14000
350	7000		12000	14000

地铁线路圆曲线最小曲线半径(m) 表 2-5

车型	A 型车		B 型车	
	一般地段	困难地段	一般地段	困难地段
正线	350	300	300	250
出入线、联络线	250	150	200	150
车场线	150	—	150	—

(2)缓和曲线

为保证列车安全,使列车平顺地由直线过渡到圆曲线或由圆曲线过渡到直线,以避免离心力的突然产生和消除,常需要在直线与圆曲线之间设置一条曲率半径变化的曲线,这个曲线称为缓和曲线,如图 2-5 所示。

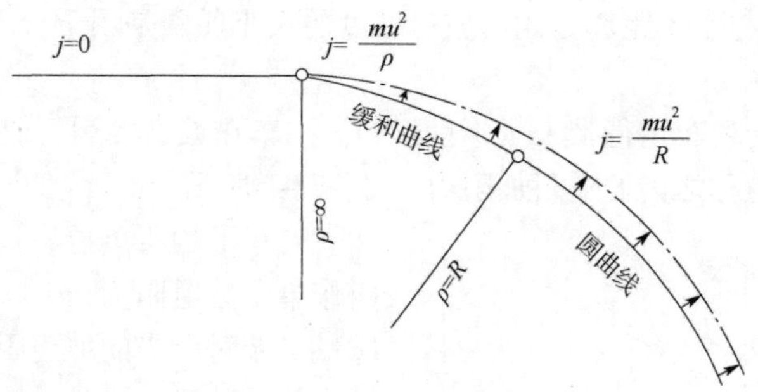

图 2-5 缓和曲线图

缓和曲线的特征为:从缓和曲线所衔接的直线一端起,它的曲率半径 ρ 由无穷大逐渐减小到它所衔接的圆曲线半径 R。它可以使离心力逐渐增加或减小,不至于造成列车强烈横向摇摆,有利于行车平稳。

(3)曲线附加阻力

线路平面上有了曲线(弯道)后,给列车运行造成阻力增大和限制行车速度等不良影响。列车通过曲线时,由于离心力的作用,使得外侧车轮轮缘挤压外轨,摩擦增大;同时还由于外轨长于内轨,内侧车轮在轨面上滚动时产生相对滑动,从而给运行中的列车带来一种附加阻力,称为曲线附加阻力。

(4)线路平面图

用一定比例尺,把线路中心线及两侧的地形地貌投影到水平面上,就得到线路平面图,如图 2-6 所示。

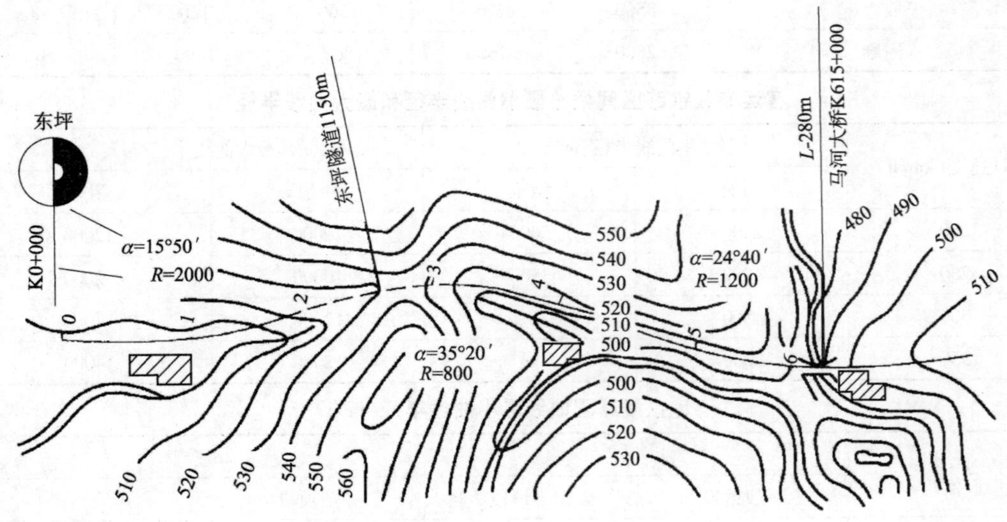

图 2-6　线路平面图

线路平面图是铁路勘测设计的重要设计文件,表明了线路中心线的曲直变化和里程,沿线车站、桥隧建筑物等数量和位置,以及用等高线(地面上高程相等的各点连线)表示的沿线地形、地物等情况。

2. 纵断面

(1)坡道的坡度

坡道的陡与缓常用坡度来表示。坡度是指坡道线路中心线与水平夹角的正切值,即一段坡道两端点的高差与水平距离之比。坡道坡度的大小通常是用千分率来表示。

(2)坡道附加阻力

由于有了坡道,给列车运行带来了不良影响。列车在坡道上运行时,会受到一种由坡道引起的阻力,这一阻力称之为坡道附加阻力。如图 2-7 所示。

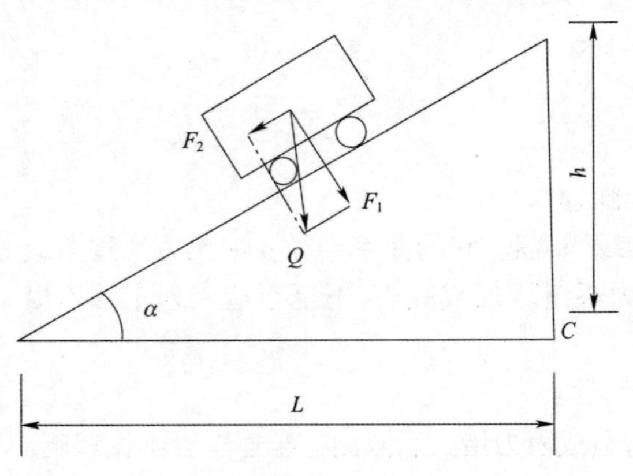

图 2-7　坡度与坡道阻力示意图

列车平均每单位质量所受到的坡道阻力,叫作单位坡道阻力(w_1)。即机车车辆每单位质量上坡时所受的坡道阻力,等于这一坡道的坡度数。列车上坡时,坡道阻力规定为“+”,而下坡时,坡道阻力规定为“-”。

可见,坡度越大,列车上坡时的坡道阻力也就越大,同一台机车(在列车运行速度相同的条件下)所能牵引的列车重量也就越小。

(3)限制坡度

每一铁路区段都是由许多平道和不同坡度的坡道组成的。坡道的坡度不同,它们对列车牵引重量的影响也就不同。在一个区段上,决定一台某一类型机车所能牵引的货物列车重量(最大值)的坡度,叫作限制坡度(‰)。一般情况下,限制坡度的数值往往和区段内陡长上坡道的最大坡度值相当。

如果在坡道上又有曲线，那么这一坡道的单位坡道阻力值和单位曲线阻力值之和，不能大于该区段规定的限制坡度的阻力值。限制坡度的大小，会影响一个区段甚至全铁路线的运输能力。限制坡度越小，列车重量越大，运输能力越大，运营费用就越省。但是限制坡度过小时，就不容易适应地面的天然起伏，特别是在地形变化很大的地段，使工程量增大，造价提高。因此，限制坡度的选定是一个很重要的问题，要经过仔细的综合研究，才能得出合理的结论。我国《铁路技术管理规程》（以下简称《技规》）规定的最大限制坡度的数值，如表 2-6所列。

客货共线Ⅰ、Ⅱ级铁路区间线路最大限制坡度（‰） 表 2-6

铁路等级		Ⅰ		Ⅱ	
		一般	困难	一般	困难
牵引种类	电力	6.0	15.0	6.0	20.0
	内燃	6.0	12.0	6.0	15.0

在个别线路的越岭地段，由于地形障碍显著而集中，若仍采用表 2-6 所列规定的限制坡度，实际上有困难或工程造价太高时，在经过详尽的技术经济比较后，允许采用大于限制坡度的加力牵引坡度。加力牵引坡度是指在大于限制坡度的坡道地段，为了统一全区段的列车重量标准，保证必要的线路通过能力，而进行多机牵引的坡度。内燃牵引的加力牵引坡度可增至 25‰，电力牵引的可增至 30‰。

（4）变坡点

平道与坡道、坡道与坡道的交点，叫作变坡点。列车经过变坡点时，由于坡度的突然变化，车钩内产生附加应力；坡度变化越大，附加应力越大，两车钩上下错移量过大，容易发生断钩、脱钩等事故。为了保证列车的运行平稳和安全，我国铁路规定，在Ⅰ、Ⅱ级线路上，相邻坡段的坡度代数差的绝对值大于 3‰、Ⅲ级铁路大于 4‰时，应以竖曲线连接。

（5）线路纵断面图

用一定的比例尺，把线路中心线（展直后）投影到垂直面上，并标明平面、纵断面的各项有关资料，就成为纵断面图，如图 2-8 所示。

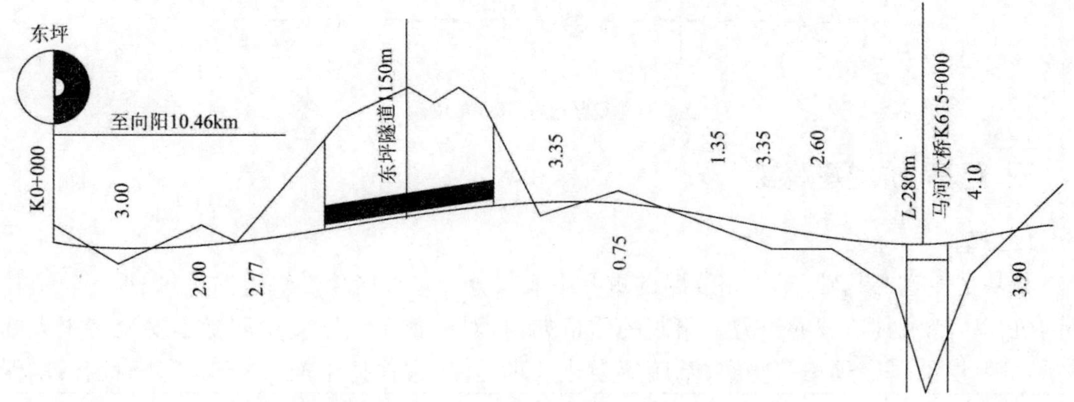

图 2-8 线路纵断面图

图 2-8 主要表明了线路中心线（即路肩设计高程的连线）、地面线、车站、桥隧建筑物等有关资料及其他有关情况。

轨道线路平面图和纵断面图是全面、正确反映线路主要技术条件的重要文件,也是指导线路施工工作和在线路交付运营后仍需使用的技术资料。

(6)线路标志

为了线路的维修和养护以及司机和车长等工作上的需要,在线路沿线设有各种线路标志。其中,常见的有公里标、半公里标、曲线标(图 2-9)、圆曲线与缓和曲线始终点标、桥梁及坡度标等。公里标、半公里标是线路的里程标。公里标表示从铁路线路起点开始计算的连续里程,每整公里设一个。半公里标设于线路的每半公里处。曲线标设在曲线的中点处,标明曲线中心里程、半径大小、曲线和缓和曲线长度、超高等。圆曲线和缓和曲线始终点标,设于直线与缓和曲线、圆曲线与缓和曲线的连接处,表明缓和曲线的起点与终点。在该标上分别写有“直缓、缓圆、圆缓、缓直”字样。坡度标(图 2-10)设于变坡点处。它的正面和背面分别表示两边的坡度和坡段长度,并用箭头表示上坡或下坡,侧面则标明它所在的里程。

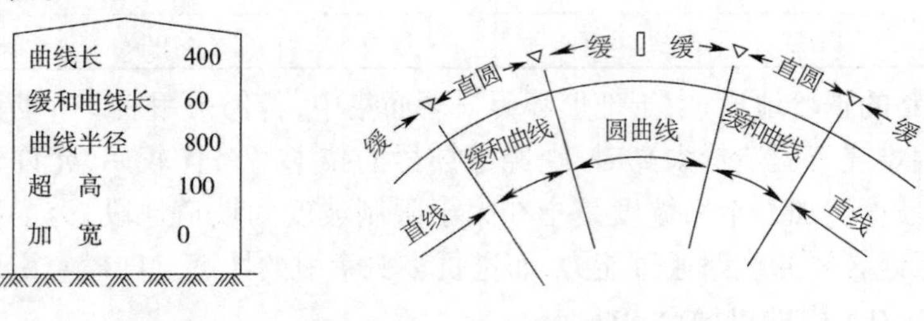

图 2-9 曲线标(单位:m)　　图 2-10 坡度标

桥梁标一般设于桥头处,标明桥梁编号、中心里程和长度。线路标志内侧应设在距线路中心线不小于 3.1m 处。线路标志(图 2-11)按计算公里方向设在线路左侧。双线区段须另设线路标志时,应设在列车运行方向左侧。

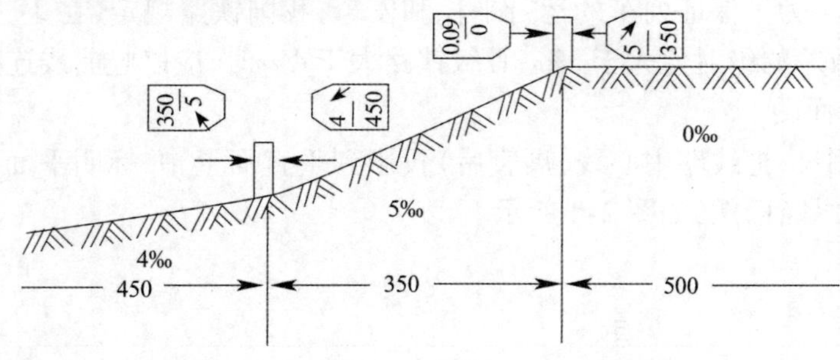

图 2-11 线路标志(尺寸单位:m)

三、路基、桥隧建筑物

1. 路基

路基是轨道的基础,是铁路线路的重要组成部分。它直接承受轨道的重量,承受轨道传来的机车车辆及其荷载的压力。路基的质量如何,对于整个线路质量和行车安全有很大的关系。因此,路基必须填筑坚实,基床应强化处理,并经常保持干燥、稳定和完好状态,以保证运输安全畅通。路基面应有足够的宽度,符合轨道铺设、附属构筑物设置和线路养护维修作业的要求。同时,路基两侧应留有足够宽度的铁路用地,以保证路基稳定,满足维修检查通道、栅栏设置及绿化带建设的需要。路基工程主要由路基本体、路基防护和加固建筑物、路基排水设备三部分建筑物组成。

(1)路基的基本形式

在铁路线路工程中,路基常见的两种基本形式是路堤和路堑,如图2-10所示。

①路堤

当路肩设计高程高于天然地面时,路基以填筑方式构成,这种路基称为路堤。路堤的组成包括路基面、边坡、护道、取土坑或纵向排水沟等。

②路堑

当路肩设计高程低于天然地面时,路基以开挖方式构成,这种路基称为路堑。路堑的组成包括路基面、边坡、侧沟、弃土堆和截水沟等。

(2)路基的排水和防护措施

路基必须坚实而稳固,才能承受沉重的压力。我国铁路单线路基的路拱断面做成梯形,双线路基做成三角形,对于岩石和渗水性土质的路基面可做成水平的。路基的宽度,应考虑远期发展的铁路等级、维修和机械化作业,并根据路拱断面、轨道类型、道床标准形式及尺寸和路肩宽度计算确定。

①路基排水

为保持路基经常处于干燥、坚固和稳定状态,路基上设有一套完整的排水设备。如纵向排水沟、侧沟和截水沟是为了排除地面水而设置的,如图2-12所示。

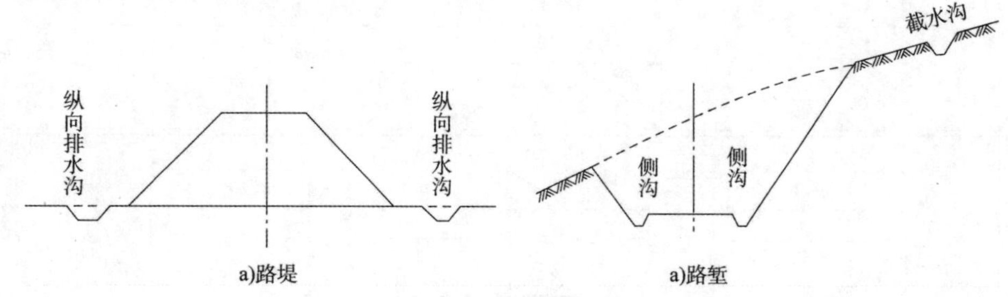

图2-12 路基地面排水设施

除了地面水以外,地下水也是破坏路基坚实、稳固的一个重要因素。为了拦截地下水,降低地下水位,常采用渗沟和渗管等地下排水设备,如图2-13所示。地下水渗入渗沟后,可通过渗管纵向排出路堑。

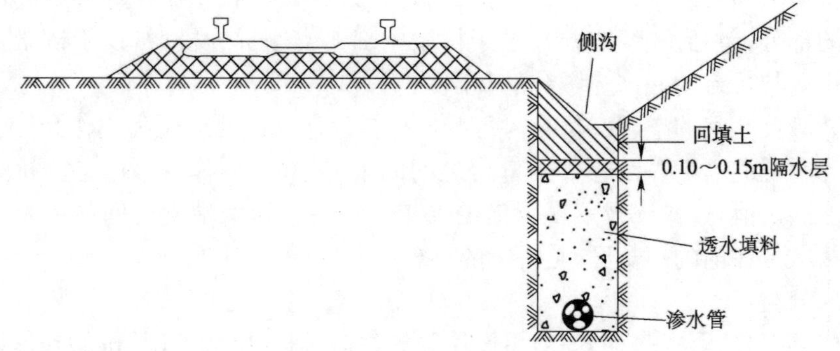

图2-13 渗沟和渗管

②路基的防护

路基坡面的地表水流沿山坡呈片状流动,它与边坡坡度及坡面状态等有关。缓坡、粗糙或有草木生长时流速小,反之流速大。路基坡面地表水流对坡面有洗蚀破坏作用,时间长了还会把坡面冲成纹沟、鸡爪沟,进而破坏路基边坡的稳定性。因此,对路基坡面地表水流的

图 2-14 挡土墙

洗蚀应及时进行坡面防护,并修筑排水设备,保证排水通畅。常用的坡面防护措施有:种草、铺草皮、植树、抹面、灌浆和砌石护坡等。此外,还可以设置挡土墙或其他拦挡建筑物。挡土墙如图 2-14 所示。

2. 桥隧建筑物

当铁路线路要通过江河、溪沟、谷地以及山岭等天然障碍,或要跨越公路、铁路时,就需要修建桥隧建筑物,以使铁路线路得以继续向前延伸。桥隧建筑物包括桥梁、涵洞、明渠、隧道等。在修建铁路时,桥隧建筑物的工程量一般占相当大的比重,而大桥和长隧道的施工期限,有时还成为新建铁路能否按时通车的关键。

(1)桥梁

①桥梁的组成

桥梁主要由桥面、桥跨结构、墩台及基础三部分组成,如图 2-15 所示。

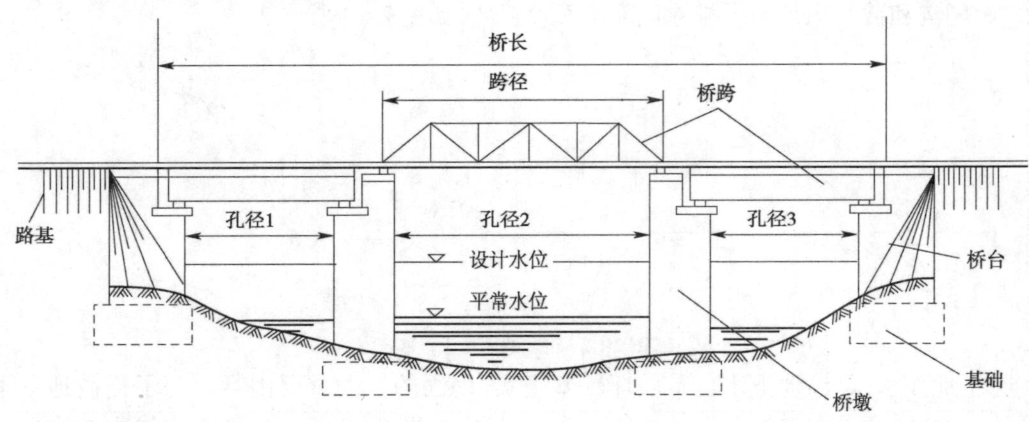

图 2-15 桥梁的组成

桥面是桥梁上铺设的轨道部分;桥跨结构是桥梁承受荷载、跨越障碍的部分;墩台是支承桥跨结构的部分,包括桥墩和桥台,设于桥梁中部的支座称为桥墩,设于桥梁两端的支座叫作桥台。桥墩与桥台的底部为墩台的基础。

两个相邻墩台之间的空间叫桥孔。每个桥孔在设计水位处的距离叫作孔径。从桥跨结构底部到设计水位的高度以及相邻两墩台之间的限界空间,叫作桥下净空。桥梁的孔径和桥下净空应能满足泄洪、排水及船舶通航的要求。每一桥跨两端支座间的距离,叫作跨径。整个桥梁包括墩台在内的总长度,是桥梁的全长。

②桥梁的分类

桥梁的种类很多,形式多样,一般可按桥梁的建造材料、桥梁长度、桥梁外形以及桥梁跨越障碍等加以区分。

a. 按建造材料分:有钢桥、钢筋混凝土桥、石桥等。

钢桥的质量轻、强度大、安装较方便,多用于跨径较大的桥梁。钢筋混凝土梁具有造价低、经济实用、坚固耐用、易养护和噪声小等优点,因而在跨径为 20m 以下的桥梁中得到了广泛的采用。各国大量采用钢筋混凝土结构。石拱桥亦有造价低、经久耐用、养护费用省等优点，可就地取材，节省大量的钢材和水泥。

b. 按桥梁长度（L）分：有小桥（$L < 20$m）、中桥（20m $\leqslant L <$ 100m）、大桥（100m $\leqslant L <$ 500m）和特大桥（$L \geqslant$ 500m）等。

c. 按桥梁外形分：有梁桥、拱桥、斜拉桥等形式，如图 2-16 所示。

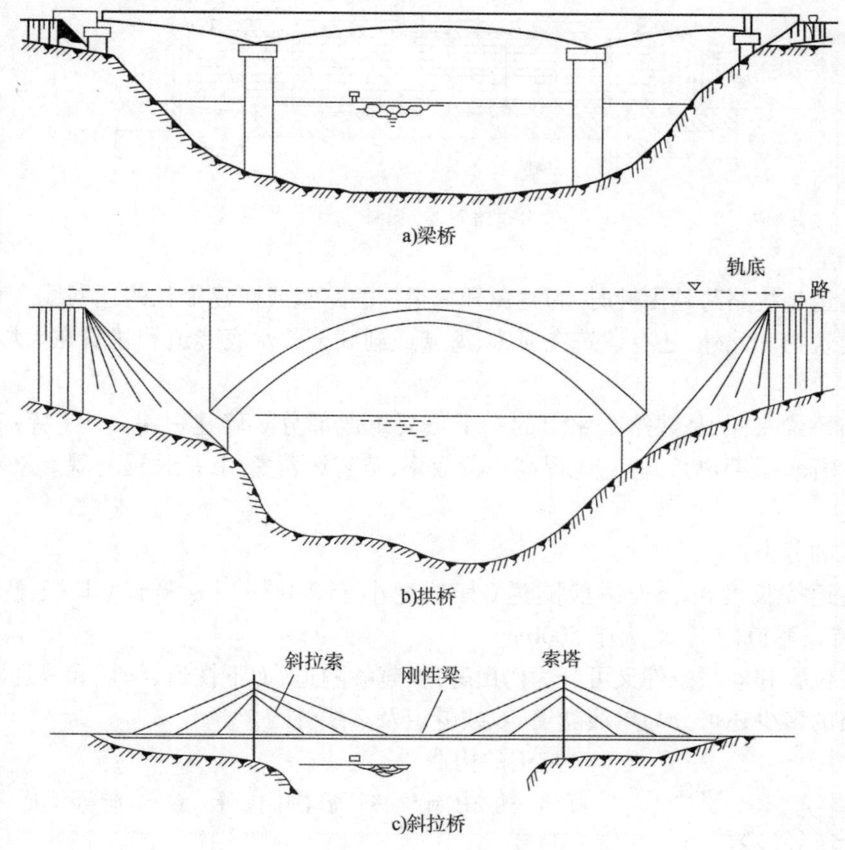

图 2-16　各式桥梁

d. 按桥梁跨越的障碍分：有跨河桥——跨越江河、湖泊；跨线桥——又称立交桥，铁路、公路相互交叉时所建的桥梁；高架桥——又称栈桥或旱桥，跨越宽谷、深沟，如图 2-17 所示。

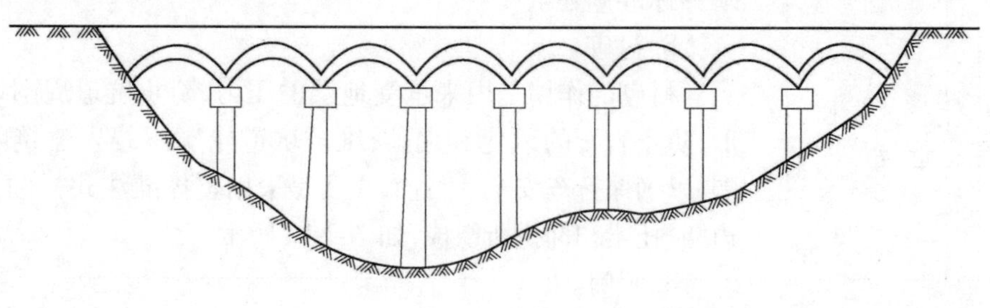

图 2-17　高架桥

(2)涵洞

涵洞设在路堤下部的填土中，是用以通过水流或行人的一种建筑物。

涵洞主要由洞身（由若干管节所组成）、基础、端墙和翼墙所组成，如图 2-18 所示。管节埋在路基之中，它具有一定的纵向坡度（从进口向出口），以便排水。端墙和翼墙的作用，是便于水流进出涵洞，同时还可以保护路堤边坡，使它不受水流的冲刷。

按照建筑材料的不同，涵洞有石涵、混凝土涵、钢筋混凝土涵、铁涵等多种。涵洞的截面有矩形、圆形、拱形等不同形式。涵洞的孔径一般是0.75～6.0m。

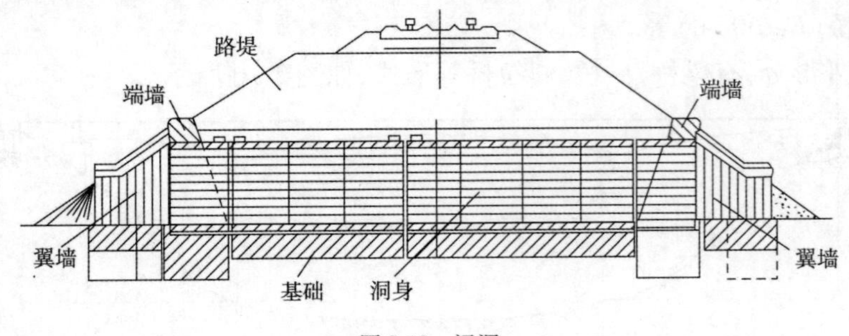

图2-18 涵洞

(3)隧道

铁路隧道是线路跨越山岭时，为避免开挖很深的路堑或修建很长的迂回线，而修建的穿越山岭的建筑物。此外，还有建筑在河床、海峡或湖底下的水底隧道和建筑在大城市地下的地下铁道。

隧道与桥梁一样，是铁路线路上的一个重要组成部分。修建一座隧道(特别是长大隧道)的造价很高，工期也长，但它能提高运营效率，节省运营费用，从长远的观点来看，在经济上是合理的。

①隧道的分类

铁道隧道按长度可分为一般隧道(其长度小于2000m)、长隧道(其长度为2000～5000m)和特长隧道(其长度大于5000m)。

按所在位置和埋藏条件又可分为傍山隧道、越岭隧道、地下铁道、深埋和浅埋隧道；按洞内行车线路的多少还可分为单线隧道、双线隧道及多线隧道。

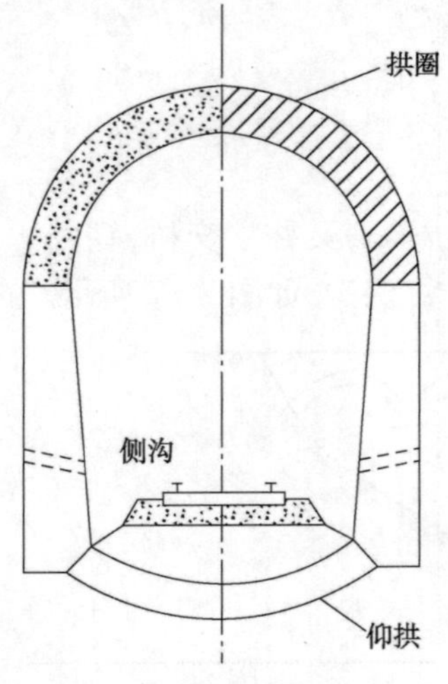

图2-19 衬砌结构

②隧道的构造

隧道一般由洞身、衬砌、洞门、避人(车)洞等组成。

a. 洞身。

洞身是隧道的主要组成部分，其长度由两端洞门的位置决定。洞身是列车通过的通道，为保证行车安全，洞身必须按建筑限界标准修建。

b. 衬砌。

衬砌的作用是用来承受地层的压力，防止坑道周围地层的变形，防止岩石的风化和塌落，维护坑道轮廓不侵入建筑限界的范围，以确保行车安全。目前，主要是采用整体灌注式衬砌，由拱圈、边墙、托梁和仰拱所组成，如图2-19所示。

c. 洞门。

洞门是隧道进出口处，其主要作用是用来保证洞口土体仰坡和边坡的稳定，并通过洞门位置的排水系统将仰坡流下的雨水引离隧道，以防止水流冲刷洞门，如图2-20所示。

d. 避人洞和避车洞。

为使工作人员、行人及运料小车避让列车，在隧道的两侧互相交错修建了避人洞和避车洞。它们是隧道的附属建筑物。

图 2-20　隧道洞门

四、道口、交叉及线路接轨

1. 道口、交叉

轨道道口和人行过道均应设置道口标志、道口路段标线、司机鸣笛标及护桩，根据需要设置栅栏或其他安全防护设施。有人看守道口时应根据需要修建道口看守房，设置照明灯、警示灯、遮断色灯信号机和道口自动通知设备，并督促地方道路管理部门设置齐全道口警示标志。根据需要设置列车无线调度通信设备。站内平过道必须与站外道路和人行道路断开，禁止社会车辆、非工作人员通行，平过道不得设在车站两端咽喉区内。

在电气化铁路上，铁路道口通路两面应设限高架，其通过高度不得超过 4. 5m。道口两侧不宜设置接触网锚段关节，不应设置锚柱。栏杆（门）以对道路开放为定位。特殊情况下需要以对道路关闭为定位时，由铁路局规定。

一切车辆、自动走行机械和牲畜，均须在立体交叉或平交道口处通过铁路。铁路工作人员发现有违反上述情况时，应予制止。特别笨重、巨大的物件和可能破坏铁路设备、干扰行车的物体通过道口时，应提前通知铁路道口管理部门，采取安全和防护措施，并在其协助指导下通过。

2. 线路接轨

新建的岔线，不准在区间内与正线接轨；特殊情况必须在区间内接轨时，须经铁路总公司批准，并在接轨地点开设车站（线路所）或设辅助所管理。因路内施工临时性的区间出岔，应按期拆除。站内铺设及拆除道岔、线路时，应由铁路局批准。各种建筑物、电线路、管道及渡槽跨越铁路，横穿路基，或在桥梁上下、涵洞内通过铁路时，应提出设计、施工方案和安全措施等文件，征得铁路局同意，在铁路有关单位派人协助指导下进行施工，不得妨碍铁路运输。

列车运行速度 120km/h 及以上线路和重载运煤专线等线路应全封闭、全立交，线路两侧按标准进行栅栏封闭，并设置相应的警示标志。

3. 轨道

在路基、桥隧建筑物修成之后，就可以在上面铺设轨道。轨道由钢轨、轨枕、连接零件、道床、防爬设备和道岔等主要部件组成。它起着机车车辆运行的导向作用，直接承受由车轮传来的巨大压力，并把它传递给路基或桥隧建筑物。轨道的基本组成如图 2-21 所示。

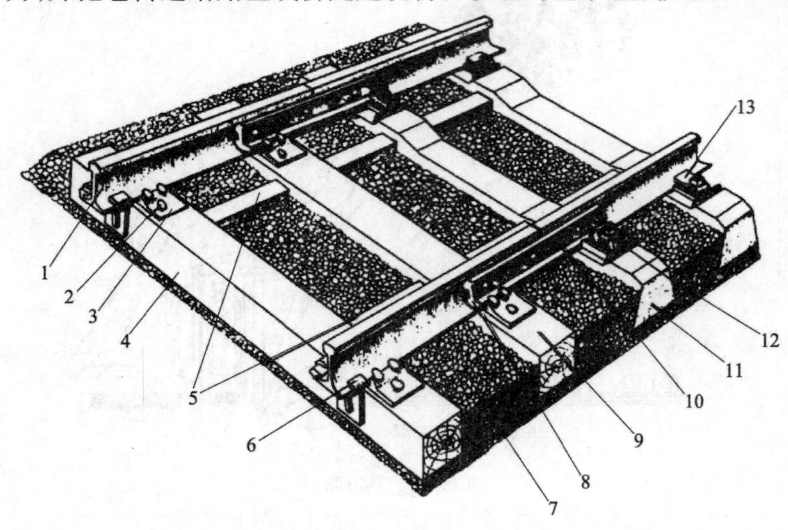

图 2-21 轨道的基本组成

1-钢轨；2-背通道钉；3-垫板；4，9-木枕；5-防爬撑；6-防爬器；7-道床；8-双头夹板；10-螺栓；11-钢筋混凝土轨枕；12-扣板式中间连接零件；13-弹片式中间连接零件

注：图中扣件是为示例之用，并非现场线路中的实际使用情况。

轨道是一个整体性工程结构，经常处于列车运行的动力作用下，所以它的各组成部分均应具有足够的强度和稳定性，以便保证列车按照规定的最高速度，安全、平稳和不间断地运行。

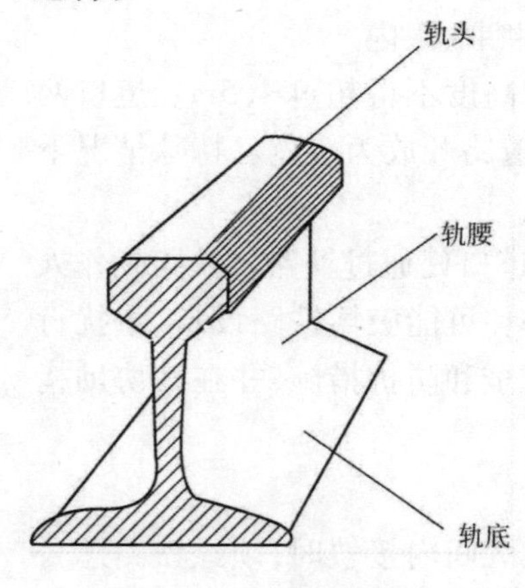

图 2-22 钢轨断面形式

轨道主要由钢轨、连接零件、轨枕组成。

(1)钢轨

钢轨的作用是直接承受车轮的巨大压力并引导车轮的运行方向，因而它应当具备足够的强度、稳定性和耐磨性。为了使钢轨具有最佳的抗弯性能，钢轨的断面形状采用"工"字形，如图 2-22 所示，由轨头、轨腰和轨底组成。在我国，钢轨的类型或强度以每米长度的大致质量(kg/m)表示，现行的标准钢轨类型有：75kg/m、60kg/m、50kg/m 及 43kg/m。新建、改建铁路正线应采用 60kg/m 钢轨的跨区间无缝线路(重载运煤专线线路可采用 75kg/m 钢轨轨道结构)。钢轨的长度应大一些，这样可以减少接头的数量，列车运行平稳，并可节省接头零件和线路的维修费用，但是由于加工条件和运输条件的限制，一根钢轨的轧制长度是有限的。目前我国钢轨的标准长度有 25m 和 12.5m 两种，对于 75kg/m 钢轨只有 25m 一种。此外，还有专供曲线地段铺设内轨用的标准缩短轨若干种。

(2)连接零件

连接零件包括接头连接零件和中间连接零件两类。

接头连接零件(图 2-23)是用来连接钢轨与钢轨之间的接头的，包括夹板、螺栓、螺母和弹性垫圈等。钢轨接头处必须保持一定的缝隙，这一缝隙叫作轨缝。当气温发生变化时，轨缝可满足钢轨的自由伸缩。钢轨接头是线路上最薄弱的环节，它使行车阻力和线路维修费用显著增加，因此它是线路维修工作的重点对象。

图 2-23　接头连接零件

中间连接零件(又称扣件)(图 2-24)的作用是将钢轨紧扣在轨枕上。中间连接零件因轨枕的不同,有钢筋混凝土枕用的扣件和木枕用扣件两类。木枕用扣件包括普通道钉和垫板。垫板置于轨底与木枕之间,其目的在于增加木枕与轨底的接触面积,使木枕经久耐用。同时,由于它的顶面做成 1∶40 的斜度,使线路上的钢轨具有适当的内倾度(叫作轨底坡),以有利于防止和减轻轮对的蛇行运动。钢筋混凝土用的扣件有扣板式、拱形弹片式和 ω 形弹条式三种。ω 形弹条式扣件不仅比前两种使用的零件少,结构简单,而且弹性好,扣压力大,因此在主要干线上大量采用。

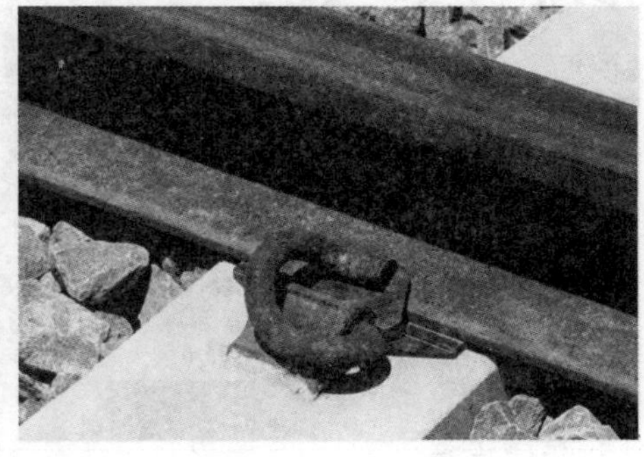

图 2-24　中间连接零件

(3)轨枕

轨枕(图 2-25)的作用是支承钢轨,并将钢轨传来的压力传递给道床,保持钢轨位置和轨距。轨枕应具有必要的坚固性、弹性和耐久性,并且造价低、制作简单、铺设及养护方便。轨枕按照制作材料分,主要有钢筋混凝土枕和木枕两种。木枕具有弹性好,形状简单,加工容易,重量轻,铺设和更换方便等优点。主要缺点是消耗大量木材,使用寿命较短。经过防腐处理的木枕,一般可用 15 年左右。为了保护生态平衡和森林资源,木枕的使用将越来越受限制。钢筋混凝土轨枕使用寿命长、稳定性能高,养护工作量小,加上材料来源较广,所以在我国铁路上得到广泛采用,不仅可以节省大量木材,还有利于提高轨道的强度和稳定性。

我国普通轨枕的长度为 2.5m,道岔用的岔枕和钢桥上用的桥枕,其长度有 2.6 ~ 4.85m 多种。

每公里线路上铺设轨枕的数量,应根据运量及行车速度等运营条件确定,一般在

1 520～1 840 根之间。轨枕根数越多,轨道强度越大。

图 2-25 轨枕

4. 道床

道床(图 2-26)是铺设在路基面上的石砟(道砟)垫层。主要作用是支承轨枕,把从轨枕上部的压力均匀地传递给路基,并固定轨枕的位置,阻止轨枕纵向或横向移动,缓和机车车辆轮对对钢轨的冲击,调整线路的平面和纵断面。道床的材料应当具有坚硬,不易风化,富有弹性,并有利于排水的特点。常用的材料有碎石、卵石、粗砂等。其中以碎石为最优,我国铁路一般都采用碎石道床。道床的断面呈梯形,其顶面宽度、边坡坡度及道床厚度等均按轨道的类型而定。

图 2-26 道床

5. 防爬设备

因列车运行时纵向力的作用,使钢轨产生纵向移动,有时甚至带动轨枕一起移动,这种现象叫轨道爬行。轨道爬行经常出现在单线铁路的重车方向(运量大的方向)、双线铁路的行车方向、长大下坡道上及进站前的制动距离内。

轨道爬行往往引起轨缝不匀、轨枕歪斜等线路病害,对轨道的破坏性极大,严重时还会危及行车安全。因此,必须采用有效措施加以防止。通常的做法是,一方面加强钢轨与轨枕间的扣压力和道床阻力;另一方面设置防爬器和防爬撑等防爬设备。

6. 道岔

道岔是一种使机车车辆能从一股道转入或越过另一股道的线路连接设备,大量铺设在车站内,以满足各种作业需要,最常见的是普通单开道岔。

(1)普通单开道岔

普通单开道岔由转辙器、辙叉及护轨、连接部分所组成。图 2-27 为普通单开道岔组成示意图。

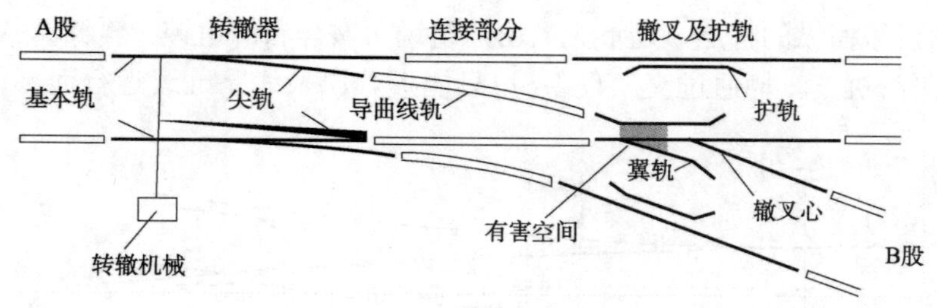

图 2-27　普通单开道岔组成示意图

①转辙器

转辙器由两根尖轨、两根基本轨和转辙机械组成。尖轨是转辙器的主要部件,通过连接杆与转辙机械相连,所以操纵转辙机械可以改变尖轨的位置,以确定道岔的开通方向。

②辙叉及护轨

辙叉及护轨包括辙叉心、翼轨及护轨。其作用是保证车轮安全通过两股轨线的相互交叉处。从两翼轨最窄处到辙叉心实际尖端之间,存在着一段轨线中断的空隙,叫作辙叉的有害空间。当机车车辆通过辙叉有害空间时,轮缘有走错辙叉槽而引起脱轨的可能,因此,必须设置护轨,对车轮的运行方向实行强制性的引导。道岔上的有害空间是限制列车过岔速度的一个重要因素。为了消灭有害空间,减轻车轮对翼轨和心轨的冲击,适应列车高速运行的要求,国内外都发展了各种活动心轨道岔。一般来说,辙叉心轨和尖轨是同时被扳动的,当尖轨开通某一方向时,活动心轨的辙叉心轨就与开通方向一致的翼轨密贴,与另一翼轨分开,从而消灭了有害空间。它是由长心轨、短心轨拼装成的可动心轨和翼轨、辙叉跟基本轨、帮轨等组合而成,此种辙叉利用心轨可摆动与翼轨密贴的特征,消除了有害空间,不仅避免了车轮对心轨和翼轨的冲击,而且提高了列车直向过岔速度,广泛用于高速行车的线路上。运营实践证明,由于消灭了有害空间,活动心轨道岔具有行车平稳、直向过岔速度限制较少等优点,因此适合运量大、高速行车的线路使用。

③连接部分

连接部分是连接转辙器和辙叉及护轨的部分,使之成为一组完整的道岔。它包括两根直轨和两根导曲线轨。在导曲线上一般不设缓和曲线和超高,所以列车在侧向过岔时,速度要受到限制。

(2)道岔号数

道岔因其辙叉角的大小不同,有不同的道岔号(N),道岔号数表明了道岔各部分的主要尺寸。道岔号数是用辙叉角(α)的余切值来表示的。辙叉角越少,N值就越大,导曲线半径也越大,机车车辆侧线通过道岔时就越平稳,允许的侧线过岔速度也就越高。所以,采用大号码道岔对于列车运行是有利的。然而,道岔号数越大,道岔全长就越长,铺设时占地就越多。因此,采用几号道岔来连接线路,要根据线路的用途来决定。

目前,我国铁路的主要线路上大多使用9、12、18、30号道岔,它们所允许的侧向通过速度分别为30km/h、45km/h、80km/h、140km/h。

(3)其他类型道岔与交叉设备

除了普通单开道岔以外,按照构造上的特点及所连接的线路数目,还有对称双开道岔、对称三开道岔、复式交分道岔和菱形交叉等。为了简明起见,在作图时,通常用道岔所衔接的中心线来表示道岔,如图2-28所示。对称双开道岔的特点是与道岔相衔接的两条线路各自向两侧对称分岔。对称三开道岔的特点是可以同时衔接三条线路,所以具有两套尖轨分别用两组转辙机械操纵的特点。菱形交叉由两组锐角辙叉和两组钝角辙叉组成。菱形交叉没有转辙器部分,机车车辆通过交叉设备时,只能沿着原来线路继续运行而不能转线,如图2-29所示。

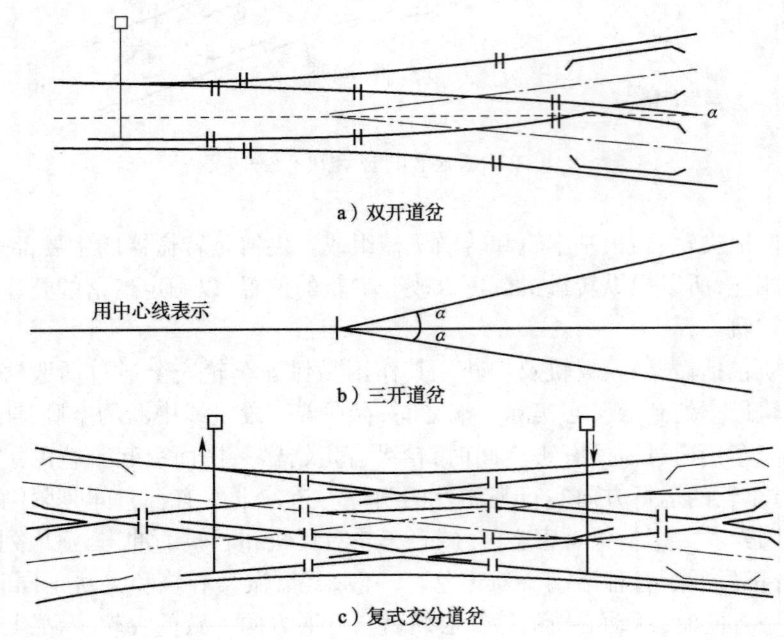

图2-28 几种常用道岔

复式交分道岔相当于四组单开道岔和一副菱形交叉设备的结合体,但它需要占用的地面却小得多。如果将四副单开道岔和一副菱形交叉设备组合在一起时,则称为交叉渡线。交叉渡线不仅可以开较多的方向,而且可以节省用地,是车站内使用较多的一种连接设备,如图2-28c)所示。

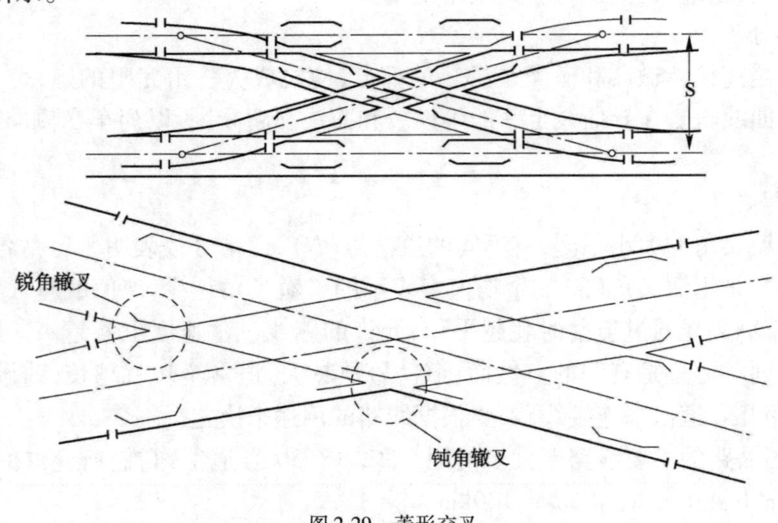

图2-29 菱形交叉

五、无缝线路和新型轨下基础

1. 无缝线路

无缝线路也叫长钢轨线路,就是把若干根标准长度的钢轨经焊接成为1000～2000m而铺设的铁路线路。通常是在焊轨厂将标准轨焊接成 250 ~ 500m 的轨条,再运到现场就地焊接后铺设。与普通线路相比,无缝线路在其长钢轨段内消灭了轨缝,从而消除了车轮对钢轨接头的冲击,使得列车运行平稳,旅客舒适,延长了线路设备和机车车辆的使用寿命,减少了线路养护维修工作量,并能适应高速行车和重载的要求,是轨道现代化的发展方向。

轨温变化将直接影响无缝线路的伸缩、轨道的稳定。如果钢轨两端被固定住,不能自由伸缩,那么随着轨温的变化,钢轨内部就产生了力,这个力是由轨温变化引起的,叫作温度力。夏季轨温升高,钢轨内部受温度压力;冬季轨温降低,钢轨内部受温度拉力。钢轨内部的温度力,仅与轨温变化幅度和钢轨断面积成正比,而与钢轨长度无关。根据这个原理,无缝线路可以铺得很长。但在实际工作中,铺轨长度还应考虑施工、养护维修等技术条件。

铺设无缝线路的关键是设法克服长钢轨因轨温变化而产生的温度力问题。为此,无缝线路上长钢轨的两端是用钢轨连接零件和防爬设备加以强制性固定的,其他部分也是采用强度大的中间连接零件和防爬设备使之紧扣于钢筋混凝土轨枕之上,称为锁定线路。当温度变化时,钢轨不能自由伸缩,只能在钢轨内部产生应力,它均匀的作用在钢轨的全长上。可见,选择适当的锁定轨温,对无缝线路的强度和稳定性具有很大影响。锁定线路时(即铺设或维修时)的轨温称为锁定轨温。此时,钢轨内的纵向应力为零。

选择锁定轨温是一件十分重要的工作,锁定轨温偏高,冬季产生的温度拉力大,易造成钢轨折断;反之,锁定轨温偏低,夏季产生的温度压力大,易使线路胀轨跑道,给行车带来危害。根据多年来铺设无缝线路的经验,在实际铺设时,无缝线路的锁定轨温,一般以稍高于当地历年最高轨温与最低轨温的中间值,作为锁定轨温。

无缝线路在 19 世纪 30 年代开始出现,50 年代以后逐步得到推广。我国自 1958 年开始铺设,经过几十年的运营实践,在设计、施工和养护维修方面积累了不少经验,无缝线路技术得到了迅速推广和广泛采用。

2. 宽混凝土轨枕和整体道床

宽混凝土轨枕(又称轨枕板)外形和普通钢筋混凝土轨枕相似,但比普通混凝土轨枕宽而且稍薄,它在线路上是连续铺设的,如图 2-30 所示。采用宽混凝土轨枕的轨道沉陷小,也不易出现坑洼不平和道床的脏污现象。同时,由于它的底部和道床、上部和轨底的接触面积增大了,因而提高了线路的稳定性,改善了钢轨的受力条件,有利于高速行车。我国已在隧道内、大桥桥头、大客运站上采用,并在主要干线上逐步扩大使用。整体道床就是用碎石加水泥浆,或者用混凝土、钢筋加混凝土直接在路基面上筑成坚固的轨道基础,用以代替通常的碎石道床。这是一种刚性轨下基础,平顺稳定、坚固耐久,线路的强度高、维修工作量少,适合于高速运行,但造价贵,技术要求高。目前我国大部分是在隧道内铺设。

3. 轨道上两股钢轨的相互位置

为了确保行车安全,轨道除了应具有合理的组成外,还应保持两股钢轨的规定距离(图 2-31)和钢轨顶面的相对水平位置。

(1)轨距

轨距是钢轨头部踏面下 16mm 范围内两股钢轨工作边之间的最小距离。我国铁路主要采用 1435mm 的标准轨距。轨距小于 1435mm 的铁路统称为窄轨铁路,轨距大于 1435mm 的统称为宽轨铁路。我国台湾省就采用 1067mm 窄轨距,昆明铁路局部分线路采用 1000mm 的窄轨距。此外,世界其他国家还有采用 1520mm 等宽轨距。为使机车车辆能顺利通过轨道,轨道的轨距必须略大于轮对宽度,有一定的游间。

图 2-30　宽混凝土轨枕线路

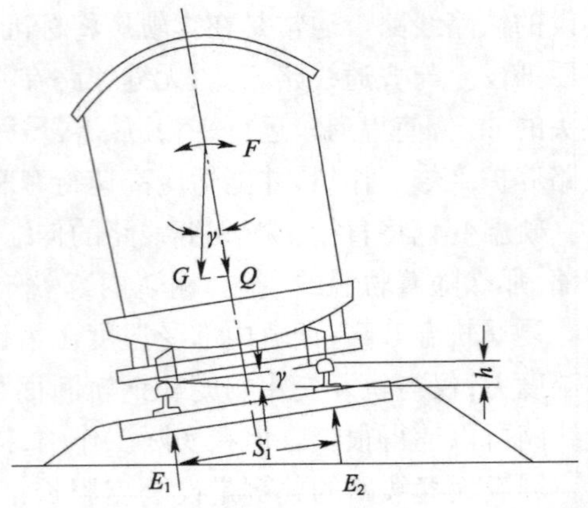

图 2-31　钢轨的相互位置

(2)水平

直线地段两股钢轨的顶面应保持在同一水平。如有误差,在正线和到发线上,应在规定的距离范围内。

六、限界

为了确保机车车辆在铁路线路上运行的安全,防止机车车辆撞击邻近线路的建筑物和设备,而对机车车辆和接近线路的建筑物、设备所规定的不允许超越的轮廓尺寸线,称为限界。铁路基本限界可分为机车车辆限界和建筑限界两种。

1. 机车车辆限界

机车车辆限界是机车车辆横断面的最大极限,它规定了机车车辆不同部位的宽度、高度的最大尺寸和底部零件至轨面的最小距离。机车车辆限界是和桥梁、隧道等限界起相互制约作用的,当机车车辆在满载状态下运行时,也不会因产生摇晃、偏移等现象而与桥梁、隧道及线路上其他设备相接触,以保证行车安全。机车车辆上部限界如图 2-32 所示。

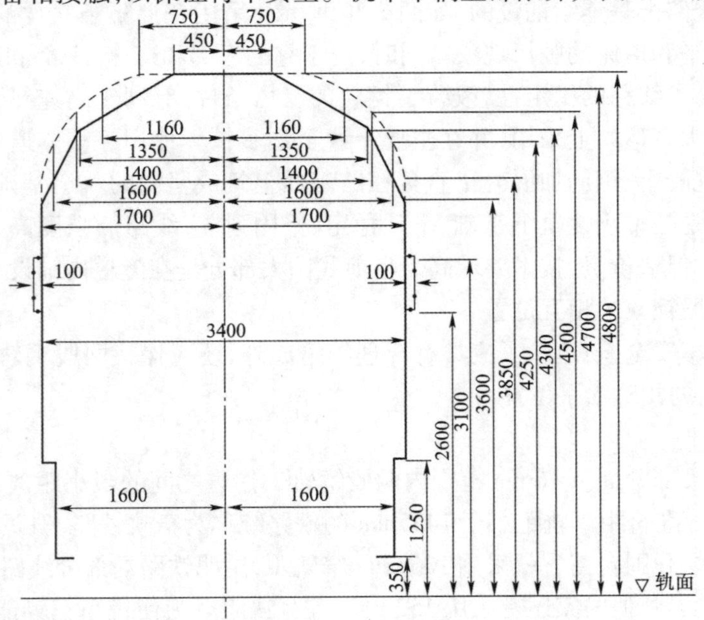

图 2-32　机车车辆上部限界(尺寸单位:mm)

机车车辆的任何部位,在任何情况下(除特殊情况)都不得超出机车车辆限界规定的尺寸。机车车辆的中心最大高度为4800mm。因此,机车车辆顶部的任何装置,如加高烟囱或天窗的开度等均应在4800mm之内,以防机车车辆顶部与桥梁、隧道上部相撞。机车车辆在钢轨水平面上部1250~3600mm范围内其宽度为3400mm,但为悬挂列车尾部的侧灯,在2600~3100mm范围内允许两侧各加宽100mm。

2. 建筑限界

建筑限界是一个和线路中心线垂直的横断面,它规定了保证机车车辆安全通行所必需的横断面的最小尺寸。凡靠近铁路线路的建筑物及设备,其任何部分(和机车车辆有相互作用的设备除外)都不得侵入限界之内,建筑限界与机车车辆限界之间的空间为安全空间。留有安全空间的目的:一是为组织"超限货物列车"运行;二是为适应运行中的列车横向晃动偏移和竖向上下振动,防止与邻近的建筑物或设备发生碰撞,如图2-33所示。

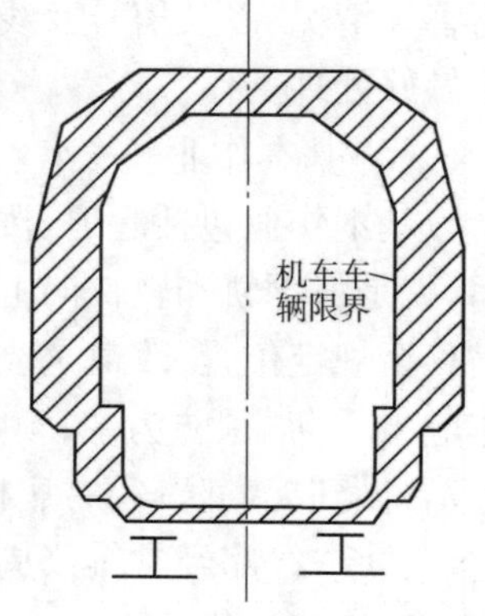

图2-33　铁路限界和安全空间

七、工务工作

由于列车不间断地运行以及自然界和人为的作用,轨道在机车车辆动力作用下,在风、沙、雨、雪和温度变化等自然条件的侵袭下,逐渐产生各种变形或损坏,以致发生病害,如钢轨磨损、轨枕腐朽、损坏、道床脏污、路基松软、下沉、翻浆、轨道爬行以及轨距等发生变化,从而削弱了轨道的强度和稳定性,影响列车高速、平稳运行,甚至威胁行车安全。因此,为了确保列车能按规定的最高速度安全、平稳、不间断地运行,延长线路的使用寿命,必须加强线路的养护与维修,保证线路设施经常处于完好状态,这就是铁路工务部门的基本任务。

工务段是工务部门的基层生产单位,负责领导线路维修工作。在铁路局下面,一般还设有线路、桥隧大修队,负责管内线路、桥隧的大中修以及无缝线路的铺设工作。线路的维修养护工作主要包括线路的经常维修和线路的大中修。

1. 线路经常维修

线路经常维修的基本任务是经常保持线路状态的完好,使列车能以规定速度安全、平稳和不间断地运行,并尽量延长设备使用寿命。线路经常维修工作包括综合维修(计划维修)、紧急补修、重点病害整治和巡道工作等。

(1)综合维修

综合维修是按周期对线路进行综合性修理,以改善轨道弹性,调整轨道几何尺寸,整修和更换设备零部件,以恢复线路完好的技术状态。我国铁路规定所有正线、到发线、道岔和主要站线、专用线每年都必须做一遍计划维修,次要的站线、专用线可每两年做一遍计划维修。计划维修是预防病害、保持线路状态良好的重要方法。

(2)紧急补修

紧急补修是指在计划维修之外的个别地点,由于出现超过容许误差的线路质量问题而必须立即进行的紧急修理工作。

(3)重点病害整治

重点病害整治是指彻底消除线路上较长时期存在的、工作量大的某些病害,例如全面整治接头、整治线路爬行、彻底整治路基翻浆冒泥等。

(4)巡道工作

巡道工作是保证线路状态完好、维护行车安全所必需的重要措施。巡道工人的任务是在工区管内负责巡视钢轨、道岔以及连接零件等的状态;察看路基是否有沉陷、塌方、水害、雪害等情况,以及信号及线路标志是否完好等。此外,巡道工人还应对所发现的不良现象尽力做好处理工作。

(5)基本作业

基本作业包括起道、拨道、改道、调整轨缝、捣固、清筛道砟等。起道是矫正线路的纵断面,就是将钢轨和轨枕向上抬至必要高度;拨道是矫正线路的平面,就是将钢轨和轨枕一起横移至规定位置;改道是改正轨距;捣固是将钢轨底部轨枕下的道砟捣压密实。经常维修工作应当贯彻"预防为主,预防和整治相结合"的原则,全面安排计划维修、紧急维修、重点病害整治,做到无病防病,有病根治。由于线路残余变形与其运输繁忙程度、轨道类型及等级有密切关系,线路经常维修周期是按通过线路的列车总重计算的,且因线路而异。

2. 线路中修

中修的目的是消灭上次线路大修以后由于列车运行而积累下来的,但又不是经常维修所能消除的病害。中修的主要内容是加强道床,解决道床不洁及厚度不足问题,同时更换失效轨枕,整修钢轨,使线路质量基本上恢复到或接近于原来的标准,但工作量较少,标准较低。中修是在两次大修之间的修理,是延长大修周期的重要手段。

3. 线路大修

线路经常维修的特点是预防线路病害的发生,保持线路的完好状态。但是经过较长时间后,线路的各个部分还会发生磨损或变形。当这种磨损或变形达到相当程度时,单纯依靠经常维修就难以整治了;同时由于新技术的采用,有必要加强原有线路,提高线路质量。因此除经常维修以外,还必须进行线路大修。

线路大修工作和经常维修不同,要根据专门的勘测调查和设计文件对线路进行一次全面、彻底的翻修或加强。在安排大修工作时,要全面规划,有步骤地解决线路设备的薄弱环节。

线路大修施工的内容有:矫正并改善线路的平面和纵断面;全面更换或抽换、修理钢轨;更换或补充轨枕;清筛和更换道床、补充道砟,全面起道并捣固、改善道床断面;整治路基和安装防爬设备等。线路经过大修后,其质量标准应符合设计要求或得到加强。

4. 线路作业机械化

线路作业过去是一项既费时费工,又极为繁重的体力劳动,需要占用大量的人力、物力和财力。为了改变人工作业的落后面貌,提高维修质量和作业效率,节约劳动力和维修费用,世界各国都在努力研制各种养路机具。

目前养路机械已由小型到大型、由低级到高级、由单机到联合机械,逐步发展到采用先进技术设备的大型、高效、多功能的机械。例如,大型起道、拨道、捣固联合作业机,每小时可以捣固线路 600 ~ 1000m;清筛机每小时可清筛道砟 650m;线路大修列车能够完成拆卸旧轨排直到铺设新轨排的全部作业,每小时作业进度为 200m 以上等。实践证明,由于实现维修作业机械化,使线路质量和作业效率大为提高,维修费用和人力也得到大量节省。目前,我国线路作业机械化程度约为 30%。为了加快发展步伐,在工务段普遍设立了机械化工队和养路工区,配备了以单项、小型为主的养路机械,如电动捣固机、扒砟机、边坡回填机、液压起道机等,从而减轻了劳动强度,提高了作业效率。

2005 年，我国在引进、消化、吸收国外先进制造技术的基础上，成功地实现了对大型养路机械捣固车、清筛机、动力稳定车和配砟整形车等设备的国产化，使我国的大型养路机械装备规模、综合能力、作业水平都有了显著提高，为提速扩能，保证繁忙干线和快速线路的运输安全，实现养路机械的现代化，做出了巨大的成绩。机械化维修机具比较笨重，综合作业时占用线路的时间较久，往往需要封闭线路，《铁路主要技术政策》明确规定繁忙干线应在列车运行图上安排工务、电务、供电等设备综合维修“天窗”。“天窗”时间规定，采用中、小型养路机械的区段 90 ~ 120min；采用大型养路机械的区段 150 ~ 180min。双线区段的设备维修“天窗”应按上、下行设置，施工时可组织反方向行车。

目前，各国都在着重研究如何进一步强化线路结构的形式，以减少线路的维修作业量。

练习与思考

1. 线网规划的主要意义和原则是什么？
2. 线网规划的主要内容有哪些？
3. 城市轨道交通客流主要包括哪几个部分？
4. 简述“四阶段”客流预测的主要思路。
5. 组成城市轨道线网的基本集合单元有哪些？
6. 简单分析轨道交通线网结构特征对城市发展的相互影响。
7. 城市轨道交通线网规模的影响因素有哪些？
8. 线网规模用什么指标来定量表示？其具体表现形式是什么？
9. 简述线网综合评价的过程。
10. 线网综合评价的结构体系是什么？
11. 为什么要设立缓和曲线？如何设立？
12. 小半径曲线对行车有什么不利影响？影响最小曲线半径的因素有哪些？
13. 什么是坡段长度？什么是夹直线？如何设置？
14. 什么是限界？有哪几种？
15. 在纵平面设计时需考虑哪些问题？
16. 确定城市轨道交通线路走向应遵循哪些原则？
17. 城市轨道交通线路敷设形式有几种？
18. 辅助线按其使用性质，可分为哪些？
19. 轻轨线路为什么要采用重型钢轨？
20. 钢轨、轨枕各有哪些功能？
21. 钢轨有哪些病害？
22. 扣件的选用要考虑哪些因素？
23. 新建的轨道线路为什么采用了无砟轨道？
24. 城轨交通为什么要使用无缝线路？其有哪几种形式？
25. 道岔有几种类型？各有什么功能？
26. 单开道岔由几部分组成？要完成哪些功能？绘制右开单开道岔的示意图。
27. 轨道结构有哪几种形式？
28. 车挡的功能是什么？有哪些类型？
29. 钢轨的类型是以什么来近似表示的？我国的钢轨类型主要有哪些？

项目三　轨道交通车站

学习目标：

1. 铁路车站与地铁车站分类的不同点；
2. 各类车站的功能；
3. 车站线路的特点。

任务一　概　　述

在地铁中，车站是一个办理客运的基地，在铁路系统当中，车站既是轨道交通办理客、货运输的基地，又是一个基层生产单位。在车站上，除办理旅客和货物运输的各项作业以外，还办理和列车运行有关的各项工作，如列车的接发、会让、越行，列车的解体与编组，机车的换挂与车辆的检修等。

为了完成上述作业，车站上设有客货运输设备及与列车运行有关的各项技术设备，还配备了客运、货运、行车、装卸等方面的工作人员。设备较完善的车站，还进行列车解体和编组等工作。在本项目中重点讲述铁路的车站，在项目八中将针对地铁车站做相应的补充。

一、车站的定义及分类

1. 车站的定义

为了保证行车安全和必要的线路通过能力，以满足人们对运输的需要，须通过分界点将一条线路划分成若干个区段和许多个区间及闭塞分区。

车站上除了正线以外，还配有到发线、牵出线等其他线路，所以把车站定义为在铁路线上设有配线的分界点。

2. 车站的分类

目前，我国铁路网上有大小车站几千个。这些车站因所担负的任务量、业务性质和技术作业的类型不同，而有不同的分类。

(1)按业务性质分类

车站按业务性质分为客运站、货运站和客货运站。客运站是专门办理旅客运输业务的车站，通常设置在政治、经济、文化中心城市和旅游胜地等有大量旅客集散的地点。它的主要任务是组织旅客安全、迅速、准确、方便地上、下车，办理行包、邮件的装卸搬运，组织旅客列车安全、正点到发和客车车底取送，为旅客提供舒适的服务条件。

货运站是专门办理货物运输业务的车站，通常设置在大城市、工矿、林区、口岸等有大量货物到发、装卸的地点。主要担当货物列车的始发、终到和有关调车作业、货车装卸、取送作业，以及与货运有关的业务。客货运站是既办理旅客运输业务又办理货物运输业务的车站。铁路网上大多数的车站都属于客货运站。

(2)按技术作业分类

车站按技术作业分为中间站、区段站和编组站,区段站和编组站统称为技术站。中间站设置在技术站之间的区段内。它的主要工作是办理列车的接发、会让和通过作业,摘挂列车的调车和装卸作业。有些中间站还办理市郊列车的折返、补机摘挂、列车技术检查和凉闸、列车的始发和终到等各项作业。

区段站设置在划分货物列车牵引区段或区段车流集散的地点,它的主要工作是办理货物列车的中转作业,解体与编组区段、摘挂列车,更换货运机车和乘务人员,进行车辆技术检修和货运检查整理。编组站设置在大量车流集散的地点。它的主要工作是担当大量货物列车的解编作业,编组直达、直通、区段、摘挂列车,更换货运机车和乘务人员,进行车辆技术检修和货运检查整理。

(3)按担负的任务量和地位分类

车站按其所担负客货运量和技术作业量的大小及其在政治、经济上和铁路网上所处的地位,划分为特等站和一、二、三、四、五等站。车站等级是确定车站规模、设置和配备定员的依据。

(4)地铁车站的分类

①按运营的性质分类

按运营性质分为终点站、中间站、折返站和换乘站。

a. 终点站。即线路两端的车站。终点站除了供乘客上下车外,通常还具有列车折返、停留等运营功能。

b. 中间站。即线路上除两端终点站以外的车站。中间站是线路上数量最多的车站,一般只供乘客上下车。部分中间站设有存车线和折返线,可供列车折返或停留。

c. 折返站。即终点站或中间站中设有折返线、过渡线等折返设备,可供列车进行折返作业的车站。

d. 换乘站。即设在不同线路的交会点上,除了供乘客上下车外,还供乘客由一条线路的列车换乘到另一条线路的列车的车站。

②按站台的形式分类

a. 岛式站台。站台位于上、下行行车线路之间,这种站台布置形式称为岛式站台。具有岛式站台的车站称为岛式站台车站[图 3-1a)]。

b. 侧式站台。站台位于上、下行车线路的两侧,这种站台布置形式称为侧式站台。具有侧式站台的车站称为侧式站台车站[图 3-1b)]。

c. 岛、侧混合式站台。岛、侧混合式站台是将岛式站台及侧式站台同设在一个车站内,具有这种站台形式的车站称为岛、侧混合式站台车站[图 3-1c)]。

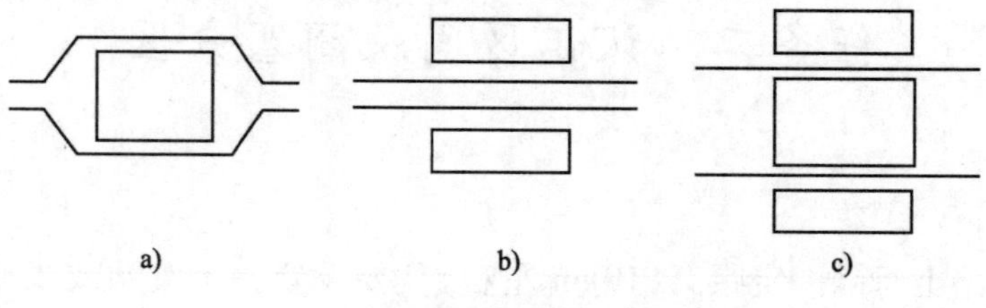

图 3-1 站台示意图

③按线路敷设方式分类

按照线路的敷设方式,地铁车站可分为地面车站、地下车站和高架车站。

a. 地面车站。它是指轨道交通线路设在地面上的车站。地面站的线路和站台、站厅、设备房等通常设在地面以上(图 3-2)。

b. 地下车站。它是指轨道交通线路设在地面以下的车站。通常,地下站站厅、站台和生产、办公用房均设在地面以下,通过出入口通往地面(图 3-3)。

c. 高架车站。它是指轨道交通线路架空在地面上的车站。高架站除了线路和站台架空在地面上以外,站厅、办公用房、生产用房等通常设在地面。高架桥车站的实物照片如图 3-4 所示。

(5)按车站与自然地面之间的关系分类

可将车站分为地面车站、地下车站和高架车站,如图 3-2 ~ 图 3-4 所示。

图 3-2　地面车站

图 3-3　地下车站

图 3-4　高架车站

任务二　认识区间及闭塞分区

一、区间

轨道交通线路上每隔一定距离(10km 左右)就要设置一个车站或线路所。车站和线路所把轨道交通线路划分成若干个长度不等的段落,这些段落就叫作区间。其中,两相邻车站之间的区间叫作站间区间,相邻两线路所间或线路所与车站之间的区间就叫作所间区间。

二、闭塞分区

两站之间的线路分为若干段，每一段称之为闭塞分区，其始端设信号机，实现对列车的自动控制。自动闭塞区间，指同方向相邻两通过色灯信号机柱的中心线间，或通过色灯信号机柱中心线与进站信号机柱中心线间，或出站信号机柱中心线与通过色灯信号机柱中心线间的一段线路空间。

三、区段

区段通常是指两相邻技术站间的轨道交通线段，它包含了若干个区间和分界点。区段的长度一般取决于牵引动力的种类或路网状况。

四、站界

为了保证行车安全和分清职责，在车站和它两端所衔接的区间之间应有明确规定的界限。在单线铁路上，车站的范围是以两端进站信号机机柱中心线为界，外方是区间，内方属于车站。在双线铁路上，站界是按上、下行正线分别确定的，进站一端以进站信号机机柱中心线为界，出站一端则以站界标中心线为界。

五、车站线路种类与线路间距

1. 线路种类

轨道交通线路按用途分为正线、站线、段管线、岔线及特别用途线，如图 3-5 所示。

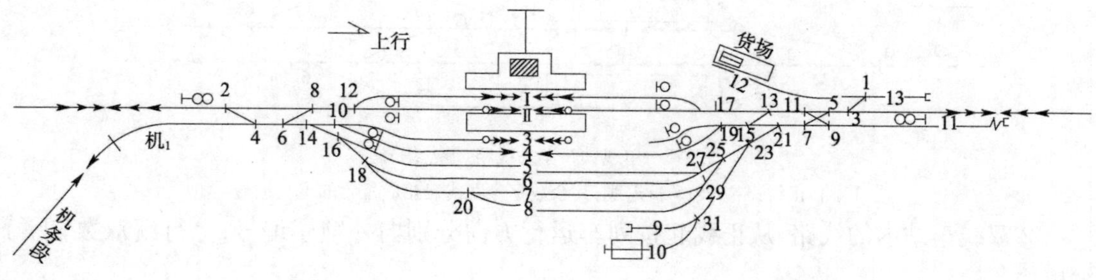

图 3-5　车站线路图

Ⅰ、Ⅱ-正线；1、2、3、4-到发线；5、6、7、8-调车线；9、10-站修线；11、13-牵出线；12-货物线；机$_1$-机车走行线；其余数字分别代表相应位置的道岔编号

(1) 正线

正线是指连接车站并贯穿或直股伸入车站的线路。

(2) 站线

站线包括到发线、调车线、牵出线、货物线及站内指定用途的其他线路。

①到发线：供接发旅客列车与货物列车的线路。

②牵出线：供列车解体、编组及转线等牵出使用的线路。

③货物线：供货物装卸车使用的线路。

④调车线：供列车解体和编组并存放车辆的线路。

⑤站内指定用途的其他线：主要有机车走行线、机车整备线、车辆站修线、驼峰迂回线及

驼峰禁溜线等。

(3)段管线

段管线是指机务、车辆、工务、电务等段专用并由其管理的线路。

(4)岔线

岔线是指在区间或站内接轨,通向路内外单位的专用线路。

(5)特别用途线

特别用途线是指安全线和避难线。岔线、段管线与正线、到发线接轨时,均应铺设安全线。为防止在长大下坡道上失去控制的列车发生冲突或颠覆,应根据线路情况,计算确定在区间或站内设置避难线。

2. 线路间距

线路间距是指两相邻线路中心线之间的距离。线路间距应能保证行车和车站工作人员工作时的安全,满足设置各项设备的需要。它通常由机车车辆限界、建筑限界、线间设备计算宽度和线间办理作业性质需要的安全余量等因素确定。

为便于车站生产指挥作业的联系和对设备的维修管理,应对站内线路和道岔进行统一编号。同一车站或车场内的线路和道岔不得有相同的编号。

(1)股道编号方法

站内正线规定用罗马数字编号(Ⅰ、Ⅱ、Ⅲ…),站线用阿拉伯数字编号(1、2、3…)。

①单线车站内的线路,由靠近站房的线路起向站房对侧依次顺序编号;位于站房左、右或后方的线路,在站房前的线路编完后,再由正线方向起,向远离正线顺序编号,如图3-6所示。

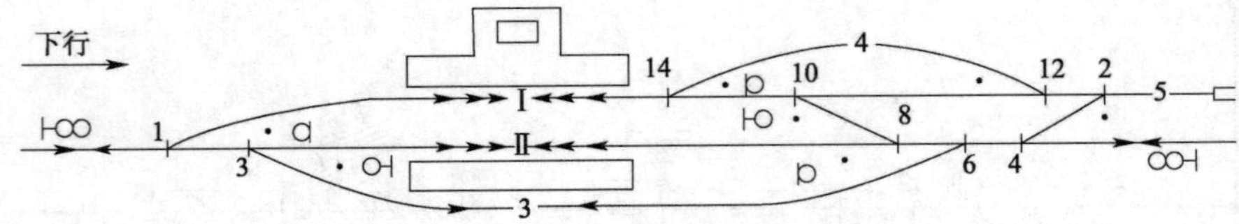

图3-6 单线铁路车站线路、道岔编号

Ⅰ、Ⅱ-正线;3-站线;5-折返线;其余数字分别代表相应位置的道岔编号

②双线车站内的线路,从正线起按列车运行方向分别向外顺序编号,上行编双数,下行编单数。

③大型车站当有数个车场时,应分别按车场编号。车场靠站房时,从靠近站房线路起,向站房对侧顺序编号;车场远离站房时,顺公里标前进方向从左向右顺序编号;且在线路编号前冠以罗马数字表示车场,如Ⅱ场3道,写为Ⅱ3。

(2)道岔编号方法

①用阿拉伯数字从车站两端由外向里依次编号,上行列车到达一端用双数,下行列车到达一端用单数。

②站内道岔,一般以车站站舍中心线作为划分单数号和双数号的分界线。

③每一道岔均应编为单独的号码,对于渡线、交分道岔等处的联动道岔,则应编为连续的单数或双数。

④当车站有几个车场时,每一车场的道岔必须单独编号,此时道岔号码应使用三位数字,百位数字表示车场号码,个位和十位数字表示道岔号码。应当避免在同一车站内有相同的道岔号码。

(3)股道有效长度

股道有效长度是指在线路全长范围内可以停留机车车辆而不妨碍信号显示、道岔转换、邻线行车的线路最长利用部分。股道有效长度的起止范围由下列因素确定：

①警冲标。警冲标是信号标志的一种，设在两会合线线间距为4m的中间，用来指示机车车辆的停留位置，防止机车车辆的侧面冲撞，如图3-7所示。

②道岔的尖轨尖端（无轨道电路时）或道岔基本轨接头处的钢轨绝缘（有轨道电路时）。对于逆向道岔来说，要保证机车车辆在道岔前的停留位置不影响道岔的自由转换。

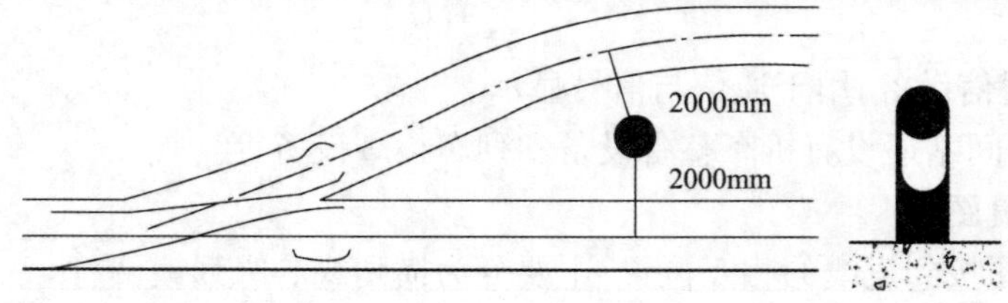

图3-7 警冲标

③出站信号机。出站信号机是用来指示列车可否进入区间的信号装置。

牵引列车的机车应停于出站信号机的内方，以便司机瞭望信号，保证停留的列车不影响信号的显示。对于顺向道岔来说，出站信号机应设于警冲标内方适当的位置；对于逆向道岔来说，出站信号机可设于道岔尖轨尖端或道岔基本轨接头的钢轨绝缘处或稍后一些的位置。车挡的位置表明为线路的尽头。

(4)车挡

线路为尽头式线路时，车挡会影响线路有效长。

任务三 认识相关车站

一、中间站

中间站是为沿线城乡人民及工农业生产服务，提高铁路区段通过能力，保证行车安全而设的车站。它主要办理列车的到发、会让和越行以及客货运业务。

中间站设备规模虽然较小，但是数量很多，它遍布全国铁路沿线中、小城镇和农村，在发展地方工农业生产，沟通城乡物资交流中起着很重要的作用。中间站的设置位置，既要符合线路通过能力的要求，又要适当满足地方工农业生产发展的需要，并应考虑地形、地质等自然条件。

我国铁路中间站可分为：无货场的中间站，一般只办理列车的通过、会让和越行以及少量的客货运作业，不设货场，不办理摘挂列车甩挂车组的作业；有货场的中间站，除办理与无货场的中间站同样的作业外，另设有货场，办理摘挂列车甩挂车组的作业。

1. 中间站的主要作业

(1)列车的到发、通过、会让和越行。

(2)旅客的乘降和行李、包裹的承运、保管、装卸与交付。

(3)货物的承运、装卸、保管与交付。

(4)摘挂列车的车辆摘挂和到货场或专用线取送车辆的调车作业。有的中间站如有工业企业线接轨或加力牵引起终点以及机车折返时，尚需办理工业企业的取送车、补机的摘挂和机车整备等作业。

2. 中间站的主要设备

为了完成上述作业，中间站应根据作业的性质和工作量大小而设置以下设备：

(1)客运设备，包括旅客站舍(售票房、候车室、行包房)、旅客站台、雨棚和跨越设备(天桥、地道、平过道)等。

(2)货运设备，包括货物仓库、货物站台和货运室、装卸机械等。

(3)站内线路，包括到发线、牵出线和货物线等，它们分别用于接发列车、进行调车和货物装卸作业。

(4)信号及通信设备，用于通信与信号显示。

此外，某些中间站还设有机车整备设备和列车检查设备等。

3. 中间站布置图

中间站布置图按到发线的相互位置，主要分为横列式和纵列式两种。

(1)横列式中间站布置图

横列式中间站布置的特点是到发线沿正线横向排列。这种布置图具有站坪长度短，工程投资省；设备布置紧凑，便于管理；到发线使用灵活等优点。因此在中间站上广泛采用此种布置图，如图3-8所示。

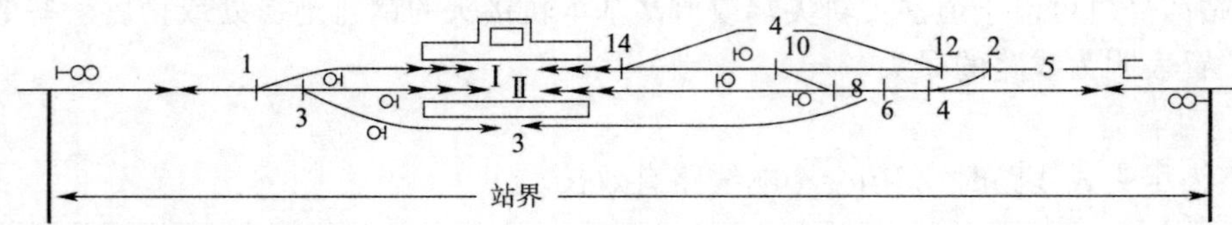

图3-8 单线横列式中间站布置图

I、II-正线；3、4-站线；5-折返线；其余数字分别代表相应位置的道岔编号

(2)纵列式中间站布置图

纵列式中间站布置图的特点是：到发线沿正线纵向排列，通常逆运转方向错移一个货物列下行。纵列式中间站布置图有利于组织列车不停车会车，提高区间通过能力；适应重载列车到发的需要；便于车站值班员与司机交接行车凭证。但这种布置图站坪长度长、工程投资大，且增加了中间咽喉，车站定员多，管理也不方便；车站值班员瞭望信号确认进路也不方便，车长与值班员联系工作走行距离长。因此这种布置图利少弊多，故一般只在山区因地势陡窄或需组织不停车会让时才采用，如图3-9所示。

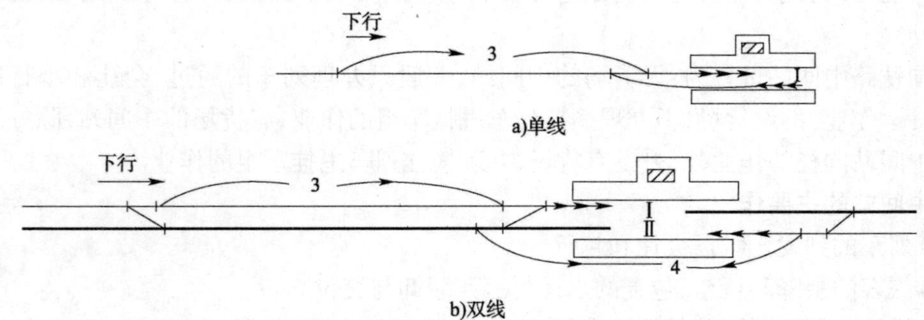

图3-9 纵列式中间站布置图

I、II-正线；3、4-站线

二、会让站和越行站

在我国铁路上,主要用来提高线路通过能力而设置的车站,称为会让站和越行站。根据《技规》规定,会让站和越行站均包括在中间站之内。

1. 会让站

会让站设在单线铁路上,主要办理列车的到发和会让,也办理少量的客货运业务。因此,会让站应铺设到发线、旅客乘降设备,并设置信号及通信设备、技术办公用房,但没有专门的货运设备。在会让站上,既可以实现会车,也可以实现越行。先到的列车在本站停车,等待反方向的列车到达本站,两个列车互相交会,叫作会车;先到的列车在本站停车,等待后一个同方向的列车通过本站或到达本站停车后先开,叫作越行。

2. 越行站

越行站设在双线铁路上,主要办理同方向列车的越行业务。因此越行站应有到发线、旅客乘降设备、信号及通信设备、技术办公房屋等。

三、区段站

区段站多设在中等城市和铁路网上牵引区段(机车交路)的起点或终点。区段站的主要任务是为邻接的铁路区段供应及整备机车,为无改编中转货物列车办理规定的技术作业,并办理一定数量的列车解编作业及客货运业务。

1. 区段站的作业与设备

区段站的作业和设备尽管在数量和规模上都不是最大的,但是作业和设备的种类却是比较齐全的。

(1)区段站的作业

根据区段站所担负的任务,它要办理的作业可以归纳如下:

①客运业务。与中间站办理的客运业务基本相同,只是数量较大。

②货运业务。与中间站办理的货运业务大致一样,但作业量要大。

③运转作业。

a. 与旅客列车有关的运转作业。主要办理通过旅客列车的接发作业。有的车站还办理局管内或市郊旅客列车的始发、终到作业及个别车辆的甩挂作业。

b. 与货物列车有关的运转作业。主要办理无改编中转货物列车的接发和有关作业。对区段列车和摘挂列车,要进行解体和编组作业。同时还办理向货物、工业企业线取送作业车等。某些区段站还担当少量的始发直达列车的编组任务。

④机车业务。主要是换挂机车和乘务组,对机车进行整备、修理和检查等。

⑤车辆业务。办理列车的技术检查和车辆的检修任务。在少数设有车辆段的区段站上,还办理车辆的段修业务。

所有到达区段站的货物列车,按它在该站所进行的作业性质,可以分为两类:一类是到达本站不解体,只作技术检查和机车换挂等作业,然后继续运行的列车,叫作无改编中转列车;一类是到达本站后,要将列车解体,这种列车叫作改编列车或解体列车。

由上述可知,区段站所办理的作业,无论从数量上或种类上,都远较中间站繁多。而在所办理的解、编及中转列车中,又以无改编中转列车所占的比重为大。

(2)区段站的设备

为了保证上述作业的完成，在区段站上设有以下设备：

①客运业务设备，主要有旅客站房、站台、雨棚及跨越线路设备等。

②货运业务设备，货场及其有关设备。如装卸线、货物站台、仓库及装卸机械等。

③运转设备，主要有旅客列车到发线，货物列车到发线、调车线、牵出线（有时设简易驼峰）、机车走行线等。

④机务设备，机务段或机务折返段。在机务段所在的区段站上，如采用循环运转制时，在到发场应设有机车整备设备。采用长交路轮乘制时可设置机车运用段或换乘点。

⑤车辆设备，包括车辆段、列车检修所和站修所等。

除上述设备外，还有信号、通信、照明、办公房舍等设备。

2. 区段站的布置图

上述五项设备的合理布置，可从区段站的布置图上看出。由于地形、城市规划、运量及运输性质、正线数目等因素的影响，可以形成多种多样的布置图形。区段站图形的选择，是一项重要而复杂的工作。图形选择应讲求经济效益，满足运输需要，节省工程投资，便于管理，有利于铁路、城市和工农业生产等的发展。

区段站常见的布置图有横列式、纵列式及客货纵列式三类。

（1）横列式区段站布置图

当上、下行到发线（场）平行布置在正线一侧，调车场在到发场的一侧时，称为横列式区段站布置图，如图3-10所示。

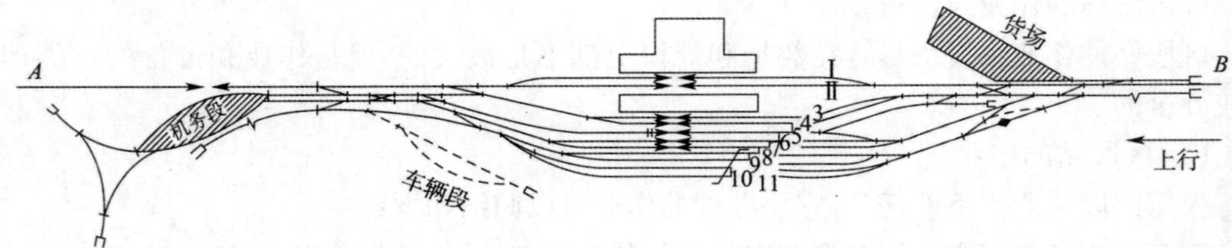

图3-10　单线铁路横列式区段站布置图

Ⅰ、Ⅱ-正线；3～11-站线

这种布置图的主要优点是布置紧凑，站坪长度短，占地少，设备集中，管理方便，作业灵活性大，对各种不同地形的适应性强。它的缺点是，一个方向的列车机车出入段走行距离长，对站房同侧的货物取送车和正线有交叉干扰。

（2）纵列式区段站布置图

在双线铁路上，当运量较大时，为了减少站内两端咽喉区上、下行客、货列车进路的交叉干扰，区段站可采用纵列式布置图。

在区段站上，当上、下行到发场分设在正线两侧，并逆运行方向全部错移，在其中一个到发场一侧，设一个双方向共用的调车场时，称纵列式区段站布置图，如图3-11所示。

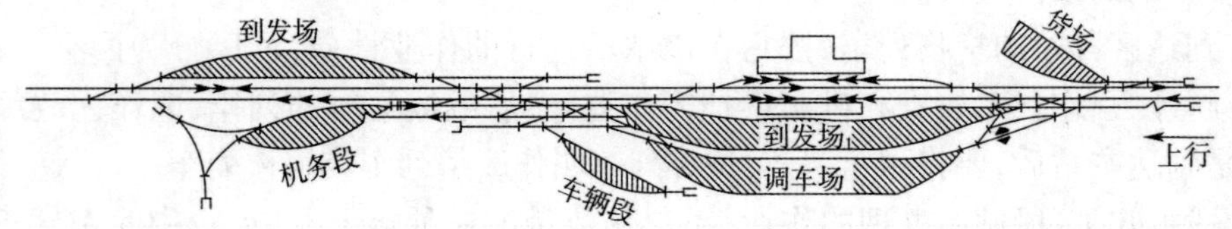

图3-11　双线铁路纵列式区段站布置图

纵列式区段站的优点是：作业上的交叉干扰较横列式少；机车出入段走行距离短，当机车采用循环运转制时，到发线上的整备设备比较集中；对站舍同侧的支线或工业企业线的接轨也比较方便。它的缺点是：站坪长度长，占地多；设备分散，投资大；定员较多，管理不便；一个方向货物列车的机车出入段要横切正线。

（3）客货纵列式区段站

这种区段站是客运运转设备（主要指旅客列车到发场）与货运运转设备（主要指货物列车到发场）纵向配列，如图3-12所示。

此种图形往往是改建时逐步形成的，故客、货运转设备和机务设备相互位置的配置形式很多。其优缺点与纵列式大致相同。

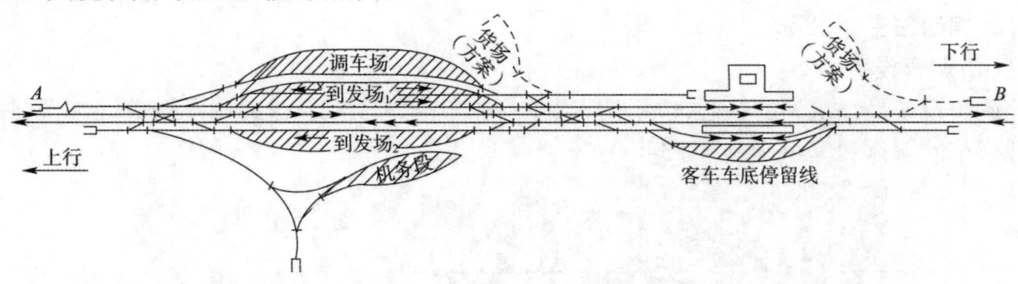

图3-12　客货纵列式区段站布置图

四、编组站

1. 编组站的任务及主要作业

编组站是铁路网上办理大量货物列车解体和编组作业，并为此设有比较完善调车设备的车站。编组站是按照列车编组计划的要求，编解各种类型的列车，而且多数是直达列车和直通列车，为合理的车流组织服务。从这个意义上讲，编组站实际上就是一个编组列车的工厂。

根据编组站在路网和枢纽内的作用和所承担的任务以及其作业对象可看出，编组站主要办理以下几项作业：

（1）改编货物列车作业

这是编组站最主要的作业，包括解体列车的到达和解体作业，始发列车的集结、编组和出发作业。这几项作业的数量既多而又复杂，是分别在相应的不同地点和车场办理的。

（2）无调中转列车作业

这种列车作业比较简单，其主要作业是换挂机车和列车的技术检查，时间短，办理地点只限于到发场（或专门的通过车场）。

（3）部分改编中转货物列车作业

部分改编中转货物列车除进行无改编中转货物列车的作业外，有时还要变更列车重量、运行方向或进行成组甩挂等少量调车作业，一般在到发场或通过车场进行。

（4）本站作业车的作业

本站作业车是指到达本站及工业企业线或段管线内进行货物装卸或倒装的车辆。作业过程比改编中转列车增加了送车、装卸及取车三项作业，其中重点是取送车作业。

（5）机务作业

这项作业与区段站相同，包括机车出段、入段、段内整备及检修作业。

（6）车辆检修作业

编组站上的车辆检修作业包括在到发线上进行的列车技术检查及不摘车维修；在列车

调车过程中发现车辆损坏,需摘车倒装后送往车辆段或站修所进行修理(即站修);根据任务扣车送车辆段维修(即段修)。

(7)其他作业

①客运作业,主要是旅客乘降。

②货运作业,包括货物装卸、换装,冷藏车加冰加盐,牲畜车上水、清除粪便等。

③军运列车供应作业。

为了减少对编组站解编作业的干扰,确保主要任务的完成,应尽量不在编组站上办理或少办理客、货运业务。

2. 编组站主要设备

(1)调车设备

调车设备是编组站的核心,包括调车驼峰、调车场、牵出线、辅助调车场等几部分,用以办理列车的解体和编组作业(图3-13)。

图3-13　编组站示意图

(2)行车设备

编组站的行车设备是指办理货物列车的到发线,用以办理货物列车的到达和出发作业。根据其作业量的大小和不同的作业性质,可设置到发场或到达场、出发场(包括通过车场)。

(3)机务设备

编组站的机务设备即机务段。编组站一般应设机务段,且规模比较大,供本务机车和调车机车办理检修和整备作业。为了减少另一方向列车机车出入段走行距离,必要时,还可修建第二套整备设备。

任务四　认识轨道交通车站的主要设施设备

一、自动售检票系统(AFC)

自动售检票系统(Automatic Fare Collection System),简称AFC系统,是实现轨道交通售票、检票、计费、收费、统计、清分、管理等全过程的自动处理。自动售检票系统是国际化大城市轨道交通运行中普遍应用的现代化联网收费系统,随着自动售检票系统的启用,乘客现在可以通过各车站入口处的自动售票机购买车票。目前上海、北京、广州、天津、深圳、南京等大城市的轨道交通地铁站都广泛使用了 AFC 系统作为重要客运管理应用。

自动售检票系统主要由以下几个部分组成:

(1)中央计算机(CC):Central Computer。

(2)车站计算机(SC):Station Computer。

(3)编码/分拣机(E/S):Encoder/Sorter。

(4)人工售票机(BOM):Booking Office Machine。

(5)人工补票机(EFO):Excess Fare Office Machine。

(6)自动售票机(TVM):Ticket Vending Machine。

(7)进/出口检票机(Gate):闸机。

(8)自动加值机(CVM):Card Vending Machine。

其中,闸机是一种通道阻挡装置(通道管理设备),用于管理人流并规范行人出入,主要应用于地铁闸机系统、收费检票闸机系统,主要功能是实现一次只通过一人。根据拦阻体和拦阻方式的不同,可以分为三辊闸、摆闸、翼闸、平移闸、转闸、一字闸等。

AFC 系统开通后增加了自助服务功能,一是在原有人工售票基础上,增设了自动购票机,实现了乘客自助购票,并可减少排队等候时间。二是增加了自动查询机的数量,方便乘客自助查询。三是增设了一卡通卡自动充值机,实现自助充值,方便乘客。主要由线路中央 AFC 系统、车站 AFC 系统、终端设备和车票四部分组成。终端设备包括出/入站检票闸机、自动售票机、车站票务系统、自动充值机、自动验票机等现场设备。车票有单程票、储值票、特殊票等。

二、乘客信息系统(PIS)

乘客信息系统(Passenger Information System)是依托多媒体网络技术,以计算机系统为核心,通过设置站厅、站台、出入口、列车的显示终端,让乘客及时准确地了解列车运营信息和公共媒体信息的多媒体综合信息系统;是地铁系统实现以人为本、提高服务质量、加快各种信息公告传递的重要设施,是提高地铁运营管理水平,扩大地铁对旅客服务范围的有效工具。

乘客信息系统在正常情况下,提供乘车须知、服务时间、列车到发时间、列车时刻表、管理者公告、政府公告、出行参考、股票信息、媒体新闻、赛事直播、广告等实时动态的多媒体信息;在火灾、阻塞及恐怖袭击等非正常情况下,提供动态紧急疏散提示。

三、屏蔽门

地铁屏蔽门是一项集建筑、机械、材料、电子和信息等学科于一体的高科技产品,使用于地铁站台。屏蔽门将站台和列车运行区域隔开,通过控制系统控制其自动开启。

地铁屏蔽门分为封闭式、开式和半高式,其中开式和半高式通常被叫作“安全门”,只起到安全和美观的作用。封闭式的通常才被人们叫作“屏蔽门”,也是最常用的一种。

除了保障列车、乘客进出站时的绝对安全之外,地铁站台安装屏蔽门还可以大幅度地减少司机瞭望次数,减轻了司机的思想负担,并且能有效地减少空气对流造成的站台冷热气的流失,降低列车运行产生的噪声对车站的影响,提供舒适的候车环境,具有节能、安全、环保、美观等功能。地铁屏蔽门系统,使空调设备的冷负荷减少 35% 以上,环控机房的建筑面积减少 50%,空调电耗降低了 30%,有明显的节能效果。

地铁通风与空调系统应结合地铁的运输能力、当地的气候条件、人员舒适性要求和运行及管理费用等因素进行技术综合比较,作为确定车站是否设置屏蔽门的依据。

练习与思考

1. 城轨交通车站有哪些功能?
2. 按运营性质分类,车站可以分为哪几类?
3. 岛式车站和侧式车站各有什么优缺点?
4. 车站规模是如何设置的?
5. 车站的平面建筑由哪几部分组成?
6. 车站出入口平面有哪几种基本形式?
7. 简述轨道交通线路之间各换乘形式的优缺点。
8. 轨道交通车站与地面公交配套枢纽换乘的困难有哪些?
9. 如何做好轨道交通车站与出租车之间的换乘接驳?
10. 如何布置轨道交通车站配套的停车场?
11. 按车站站台形式,城市轨道交通车站可分为哪几类?
12. 按车站埋深,城市轨道交通车站可分为哪几类?

项目四　轨道交通车辆

学习目标：
1. 了解轨道交通车辆的组成；
2. 熟悉地铁车辆的组成；
3. 了解车辆的标记及其重要指标。

任务一　概　　述

一、分类

1. 按用途分类

按用途分类，可分为速度较高的客运机车、牵引力较大的货运机车和机动灵活的调车机车。

2. 按原动力分类

按用途分类，可分为蒸汽机车、内燃机车、电力机车。

二、蒸汽机车

蒸汽机车是以蒸汽为原动力，通过蒸汽机把燃料的热能转换成机械能，而使机车运行的一种机车。它主要由锅炉、汽机、车架、走行部、煤水车、制动装置、车钩缓冲装置等部分组成。早期的火车车辆是从马车演变而来的，当载重加大，车辆长度加长，通过曲线半径就受限制，车辆制造的理念开始改变。图4-1为美国1930年的火车头。

图4-1　美国1930年的火车头

注：美国1930年的火车头De Witt Clinton号，由J-B. Jervis设计，西点基金会支助。

三、内燃机车

内燃机车是以柴油机为原动力的机车。它主要由柴油机、传动装置、车体车架、走行部、车钩缓冲装置及制动装置等部分组成。我国内燃机车主要是东风系列。

1. 柴油机

柴油机是内燃机车的心脏,安装在机车的中部。柴油机是利用柴油燃烧后所产生的热能作动力的一种动力机械。柴油机根据完成工作的循序分为二冲程和四冲程柴油机。大功率的内燃机车采用四冲程柴油机。

2. 传动装置

由于柴油机工作特性不能满足机车牵引特性要求,柴油机转速变化范围小、不能反向转动等原因,所以内燃机车必须设置一套传动装置。目前,内燃机车采用的传动装置有电力传动装置和液力传动装置两种。

1)电力传动装置

其工作原理是由柴油机带动发电机发电,将机械能转变为电能,再将电能供给牵引电动机,使电能转换成机械能,经齿轮驱动轮对运转。

2)液力传动装置

工作原理是利用工作油做介质,通过传动装置将柴油机曲轴输出的功率传递到机车动轮上,使机车运行。

3. 机车走行部

内燃机车走行部的作用是承受机车重力,传递牵引力和制动力,以及缓和并吸收运行中的各种冲击和振动,保证机车的运行平稳。

4. 车体与车底架

车体是铁路机车、车辆上用以容纳旅客或货物以及安装各种设备的部分。车体通常通过枕梁支承在车底架上。车体底架两端分别有车钩缓冲装置,用以实现相互连接并通过曲线线路。车体下部设有制动装置。

四、电力机车

电力机车就其构造而言,相当于不带柴油发电机组的电传动内燃机车(图4-2)。所不同的,就是电力机车的电源来自沿线的接触网。我国电力机车主要是韶山系列。

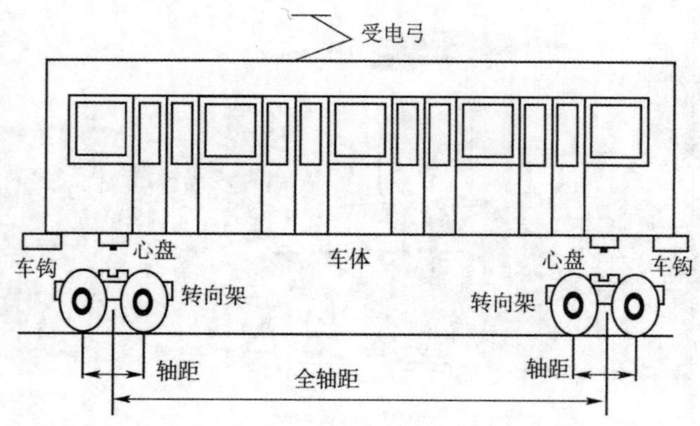

图4-2　机车结构图

1. 供电系统

发电厂发出的电流经升压变压器提高电压后，由高压输电线送到铁路沿线的牵引变电所。在电气化铁路上，一般每隔50km左右设一个牵引变电所。

它的主要任务是将高压输电线送来的110kV或220kV的三相交流电，变换成所要求的电流或电压后，再转送到邻近区间和站场线路的接触网上去，保证可靠而又不间断地向接触网供电。

2. 电力机车

电力机车主要由车体、车底架、走行部、车钩缓冲装置、制动装置和一整套电气设备所组成。

3. 受电弓

机车顶部装有两套受电弓，受电弓紧压接触网导线滑行摩擦从电网上取得电流。机车运行时机车只需升起一套受电弓，另一套电弓作为备用。接触网上送来的25kV工频单相交流电就由此引入机车。

五、机车的运用与检修

1. 维修单位

机务部门的基本任务是经济、合理地运用机车和质量良好地检修机车。铁路沿线负责机车运用和检修工作的基层生产单位是机务段。它们一般设在编组站和区段站上。

2. 机车的运用

配属给各机务段的机车，一般分配在一两个牵引区段里往返牵引列车或固定在某个车站上担任调车工作。机车运用上的一个特点是，机车只要离开机务段，就要受车站有关行车人员的调度和指挥。所以机务部门和行车部门的关系特别密切，必须协调配合才能安全、优质地完成运输任务。

1)机车交路

机车固定担当运输任务的周转区段，叫作机车交路(也叫牵引区段)。目前，我国铁路机车的运用主要有肩回运转制和循环运转制两种方式。

2)乘务制度

机车乘务制度基本上有两种；一种是固定由2～3个乘务组值乘一台机车的包乘制；另一种是由各个乘务组轮流值乘机车的轮乘制。三班包乘制由三组乘务员固定位用一台机车，轮流值乘。这种乘务制度的优点是乘务员对自己驾驶的机车很熟悉，便于操纵和维修保养，同时也有利于小组核算和开展劳动竞赛。但是，在机车运用和乘务员的组织工作方面比较复杂，常会因安排不当或运行秩序被打乱而影响机车的运用效率。

3)机车的整备作业

机车在牵引列车或调车工作之前，需要供应机车必需的物资和做好各项准备工作，这种物资供应和准备工作的总称，叫作机车整备作业。

3. 机车的检修

机车经过一定时期的运用以后，各部分构件都会发生磨耗、变形或损坏。为了保证机车正常工作，延长使用期限，除机车乘务员的日常检查和保养以外，还必须进行各种定期检修。

六、我国机车工业的发展及牵引动力改革

铁路是一个消耗大量能源的部门。蒸汽机车要用好煤，内燃机车要使用柴油，在世界能

源危机日益紧迫的今天,更显示出便于综合利用各种能源(煤炭、水力、地热、原子能等)的电力牵引的优越性。因此,无论是从当前还是从长远利益考虑,在运量大、运能紧张的主要干线上采用电力牵引,都是经济合理的。在次要干线上,目前可根据具体情况分别采用内燃牵引,保留蒸汽牵引,当条件具备时,逐步过渡为电力牵引。而在小运转列车和调车作业方面采用内燃牵引,更能发挥它的长处。

目前,我国干线铁路上蒸汽机车虽已停止生产,但它在机车总数中仍占较大比重,在相当长的时期内蒸汽机车仍将继续使用。因此,管好用好蒸汽机车,提高效率,节约能源,仍是铁路机务部门的一个重要课题。

此外,现在世界各国铁路上还大力发展动车组来进行旅客运输,特别是用在大城市郊区的旅客运输中。

任务二 铁路车辆

一、车辆分类及其用途

铁路车辆按用途可分为客车和货车两大类。

1. 客车

(1)运送旅客的车辆

①硬座车:硬座车是客车车厢的一种,中间有过道,两边是座位,每排可坐 2 ~3 人,两排座中间靠近车窗有固定茶几。

②软座车:车内设有带弹性的软席座位,有的做成可调节靠背斜度的可躺式活动座椅,可供旅客坐躺乘用的车辆。

③硬卧车:车内设上、中、下三层开敞式硬席卧铺和靠窗折叠硬席座椅。

④软卧车:靠窗折叠硬席座椅和单间内两层软席卧铺。

⑤双层客车:车内设上下层,可供旅客乘坐和旅途中躺卧休息的车辆。又分为双层硬座车、双层软座车、双层硬卧车、双层软卧车。

⑥合造车:包括软硬座车、软硬卧车、其他合造车三种。

(2)为旅客服务的车辆

①餐车。

②行李车。

(3)特种用途车辆

①邮政车:运送邮件。其产权一般属于国家邮政部门,常固定编挂于旅客列车中,由铁路车辆运营部门代管。

②公务车:供国家机关和铁路人员到铁路沿线执行公务之用。

③卫生车:供运送伤、病员之用。

④医疗车:车内设有医疗设备,到铁路沿线为职工和家属巡回医疗用。

⑤试验车:如轨道检查车、电力试验车、牵引试验车等供各种试验用。

⑥维修车:电务维修车、磅秤修理车。

⑦文教车:供铁路沿线进行文化、技术教育之用。

⑧特种车:凡按特种用途设计而与上述各车不同的客车,均为特种车。

2. 货车

(1)通用货车

能够装卸多种货物,具有很好的适应性和通用性的车辆称为通用货车。

①平车:用来运送木材、建材、汽车等货物。

②敞车:可用来装运煤炭、木材、钢材、集装箱等不怕湿的货物,必要时也可以加盖篷布装运怕湿的货物。

③棚车:可以防止风吹日晒和雨雪的侵袭,便于保管。主要用于运送比较贵重和怕湿的货物,如化肥、布匹、仪器及日常用品等。

(2)专用货车

专供装运某些指定种类货物的车辆称为专用货车。

①保温车:车体与棚车相似,但其墙板由两层壁板构成,壁板间充填绝热材料,以减轻外界气温的影响,车内设有制冷或冰箱等设备,主要用于运送新鲜蔬菜、鱼、肉等易腐货物。

②罐车:车体为圆筒形,是装运汽油、黏油、酒精、水和酸类等液体货物的专用车辆。在罐体上设有装卸口。为了保证液体货物运送时的安全,还设有空气包和安全阀等设备。

③集装箱车:用以运载可卸下的集装箱的专用运输车。货物运输中,符合集装箱运输条件的可以按集装箱办理托运。

④矿石车:供运送矿石、矿粉用的车辆,设有漏斗式下开门。

⑤大平车:运送长大货物的车辆。

⑥毒品车:用于装载整车有毒农药和放射性矿石、矿砂的指定专用车辆。

⑦家畜车:装运家畜和家禽使用的车辆。

⑧散装水泥车:装运散装水泥的罐车。

⑨粮食车:又称漏斗车。是一种适合装运散装谷物的自卸车辆。

⑩守车:编挂于列车尾部,供运转车长乘务工作使用,设有瞭望窗和行车安全设备,如紧急制动阀、风表等,

⑪特种车:具有特种用途的货车。如铺轨机车辆、长钢轨车组车辆等。

(3)特种车

如发电车、救援车、除雪车、专用宿营车等专供铁路特种作业的车辆。

二、车辆标记和技术经济参数

1. 标记的目的

为了表示车辆的类型和特征,并使人们能易于区别同一类型的各个车辆,满足使用、检修和统计上的需要,每一铁路车辆均应具备规定的标记。

2. 标记内容

(1)车号

车号包括型号及号码。型号又有基本型号和辅助型号两种:

①基本型号——代表车辆种类,用汉语拼音字母表示,如 Y2(硬座)、RW(软卧)、P(棚车)、N(平车)、XL(行李车)、UZ(邮政车)等。

②辅助型号——代表车辆的构造形式,用阿拉伯数字表示,如“Y222”中的“22”表示该硬座车是22型的结构。

车号为车辆的顺序号码,客车按车种分别编号,货车按车种及载重分别编号。例如:软

座客车为10000—19999，硬座客车为20000—46999；50t 棚车为500000—519999 和901001—925000、50t 敞车为520000—569999 和925001—969000；60t 平车为60000。

(2)自重

自重指车辆自身重量(不包括货物)。

(3)载重

载重指车辆的设计装载质量，客车标明载客定员。

(4)容积

容积指车辆内部的空间容积。

(5)换长和全长

全长为该车辆两端钩舌内侧间的距离，单位为 m。11m 为标准车辆长度，与其比值即为换长。

(6)车辆定位标记

车辆定位标记指表示车辆方位的标记，分别以阿拉伯数字 1 和 2 表示车辆的一位端和二位端。装有手制动机或制动缸活塞杆伸出方向为一位端，另一端为二位端。

(7)特殊标记

根据客货车构造及设备的特征，还需涂打各种特殊标记，例如：

MC——表示可以用于国际联运；

人——表示具有床托可以输送人员的棚车；

黄色横线——装运剧毒品的货车、棚车，在车体中部涂 300mm 宽的黄色色带。

红色横线——装运爆炸品的货车，涂 300mm 宽的红色色带，中间还要涂打“危险”二字。

(8)产权标记

国徽(国际联运客车在侧墙外中部悬挂国徽)、路徽、自备车标志、配属标记、制造厂及日期标牌。

(9)定期修理标记

定期修理标记包括段、厂修标记、辅修(制动检查)标记和轴箱检查标记等。

3. 技术经济参数

车辆技术经济参数是表明车辆结构上和运用上某些特征的一些指标，通常包括下列各项。

(1)自重系数

自重系数是车辆自重与标记载重之比。自重系数越小，说明机车对运送每一吨货物所做的功也少，比较经济，所以它越小越好。因而它也是衡量货车设计合理性的一个重要参数。

(2)轴重

轴重是车辆总重与轴数之比，即车辆每一轮对加于轨道上的重力。车辆的轴重受轨道和桥梁结构强度(允许的荷载)的限制，所以不允许超过规定数值。目前，我国线路允许的最大轴重为23t。

(3)单位容积

单位容积是车辆有效容积和标记载重之比。这是说明车辆载重力与容积能否达到充分利用的指标，可供铁路货运部门办理货物发送作业时参考。

(4)每延米轨道荷载

每延米轨道荷载是车辆总重与车辆全长之比(单位为 t/m)。它受线路和桥梁的允许载荷限制,我国规定一般不得超过6.6t/m。

(5)构造速度

构造速度是车辆结构强度和安全所允许的最高速度。车辆实际运行速度一般不允许超过构造速度。

4. 车辆业务

为了完成运输任务,铁路必须具有足够数量、性能良好的客货车辆。铁路车辆经过一定时期的运用之后,它的各组成部分及其零配件不可避免地会发生磨耗、锈蚀或损坏断裂等现象,当达到一定限度后,如果不能及时发现并加以修理,轻则影响正常使用,重则可能危及行车安全,造成不良的后果。因此应重视车辆状态的检查、维修和日常的保养工作,并为此而设有独立的车辆部门——车辆段。

(1)定期检修

车辆经过定检后应使它的运用性能在整个检修用期内保持良好状态。

(2)日常维修

车辆在定期检修周期内的运用过程中,还需要随时进行经常维修,其目的在于及时发现并消除车辆上的一切故障。

(3)旅客列车随车巡检

在旅客列车上还派有检车乘务员,负责巡视并检查车辆和车内设备的技术状态,防止因技术状态不良而造成晚点或途中甩车事件。

任务三　地 铁 车 辆

一、概述

地铁车辆是地铁用来运输旅客的运输工具,它属于城市快速轨道交通的范畴。现代城市轨道车辆有如下特点。

1. 构造方面

列车采用动力分散布置形式。根据需要由各种非动力车和动力车(或半动力车)组合成相对固定的编组,两头设置操纵台。由于隧道限界的限制,车辆和其各种车载设备的设计要求相当紧凑。

2. 性能方面

由于地铁的服务对象是高强度城市活动的人群,并且要与公交系统、小汽车形成竞争力,所以对其安全、正点、快速上有很高的要求。同时要提供给乘客适当的空间、安静的环境及空调,使乘客感到舒适、便利。

3. 结构制造方面

从结构上,车体朝轻量化方向发展,采用了大断面中空挤压铝型材全焊接或模块化车体结构设计,采用整体承载结构;悬挂系统具有良好的减震系统;采用电气(再生制动和电阻制动)和空气的混合制动;车辆连接采用密贴式车钩进行机械、电气、气路的全自动连接;车辆间采用封闭式全贯通通道,通过量大。

4. 运行方面

在运行方式上,地铁运行应用列车自动驾驶系统ATO。在主牵引传动上,采用当今世界先进的调频调压交流传动。在辅助系统中,采用先进的IGBT技术。

5. 其他方面

地铁列车具有先进的微机控制技术及故障自诊断功能。如:在列车的主要子系统、牵引控制单元(DCU)、辅助逆变器控制单元(DC/AC)、电子制动控制单元(ECU)、空调控制单元(A/C)及2号线车辆的车门控制单元(EDCU)均采用了微机控制技术。

而且设计上采用了一系列安全保证措施,如:列车自动保护(ATP)、采用"警惕按钮"、自动紧急制动、制动安全电路、高压电气设备安全防护措施、车门"不动"保护、车体具有240kJ大容量的撞击能量吸收功能等。

二、系统构成

车辆总体上由以下几个子系统构成。

1. 机械部分

包括车体、车钩及缓冲器、车门系统、转向架、空气制动、空调和通风等。

2. 电气部分

包括牵引及电制动、辅助系统、列车控制技术(SIBAS 32)、列车故障诊断(CFSU)、通信系统、列车自动控制(ATC)等。

车辆是地铁系统中最关键,也是最复杂的设备,是多专业综合性的产品,涉及机械,电气、控制、材料等多领域。总之,车辆是通过各个相对独立的子系统有机地构成在一起,共同来实现列车的安全,可靠、高品质运行。

三、车辆基本设计参数

1. 基本参数

车辆的总体设计寿命为:30年;

每辆车的平均轴重:≤16t;

牵引电机额定功率:190kW;

列车平稳性指标:2.7;

列车载客容量:见表4-1。

列车载客容量 表4-1

缩写	定 义	每车乘客数	列车乘客数
AW_0	无乘客(空载)	0	0
AW_1	座客载荷	56	336
AW_2	定员载荷(6人/m^2)	310	1860
AW_3	超员载荷(9人/m^2)	432	2592

车辆重量:见表4-2。

车 辆 重 量 表4-2

定义	乘客载荷(t)			车辆重量(t)			列车重量
	A	B	C	A	B	C	(t)
空载 AW_0	0	0	0	33	36	36	220
座客载荷 AW_1	3.36	3.36	3.36	37.36	41.36	41.36	240.16
定员载荷 AW_2	18.60	18.60	18.60	52.60	56.60	56.60	331.60
超员载荷 AW_3	25.92	25.92	25.92	59.92	63.92	63.92	375.52

注:乘客每人重量按60kg计算。

2. 轨道特性参数

标准轨距：1435 $^{+6}_{-2}$mm；

最小平面曲线半径（正线）：294.193m；

车辆段线路：150m（连接7号道岔135）；

最小垂直曲线半径：2000m；

最大坡度：35‰；

辅助线路（列车仅在空载AW0情况下运行）：40‰；

站台与直线轨道中心的距离：1600 $^{+10}_{-0}$ mm；

站台高度：1100mm；

轨道最大超高：120m；

钢轨类型：60kg（正线）；

轨底坡度：1∶40。

3. 供电参数

供电方式：架空接触网；

供电额定电压：DC1500V；

受电弓电压变化范围：DC1000V～1800V；

电气牵引及辅助设备从电源断开电压：DC2000V。

4. 车辆主要尺寸

车辆长度（车钩连接面之间）：A车为24.4m，B、C车为22.8m；

列车长度：140m；

车辆宽度：3.0m；

车辆高度：3.8m；

车辆最高点（含排气口）：3860mm；

受电弓工作范围：175～1600mm；

受电弓最大升起高度：1700mm；

接触网洞内高度：4040mm；

轨道至地板面高度（AW0）：1130 $^{-5}_{+15}$mm；

转向架中心距：15.7m；

转向架固定轴距：2500mm；

车门全开宽度：1400mm；

开、关门时间：(3±0.5)s

开、关门调整范围：1.5～4s；

贯通通道宽：1500mm；

窗宽度：1300mm；

车钩中心线距轨面距离：7200+8mm。

5. 车轮直径

新轮直径：840mm；

半磨耗轮：805mm；

磨耗轮：770mm；

轮对内侧距（AW0）：1353 $^{+3}_{-0}$mm；

轮缘厚度:32mm。

四、车辆动力性能

1. 牵引性能

在定员情况下(AW2),车轮半磨耗到805mm,在正线的平直轨道上和额定电压下的牵引性能如下:

加速度:

车速由0加速到35km/h平均初始加速度为$1.0m/s^2$;

车速由0加速到60km/h平均加速度为$\geqslant 0.6m/s^2$;

车速由0加速到80km/h平均加速度为$\geqslant 0.4m/s^2$;

冲击极限:$0.75m/s^3$;

计算用牵引黏着系数:0.165;

最高运行速度:80km/h;

设计/结构速度:90km/h;

车钩连接速度:3km/h;

反向牵引(倒退)最大速度:10km/h;

在车辆段的最大速度:25km/h。

当一辆运行的列车在15km/h的速度(在空载情况下)下与另一静止的列车相撞时,车钩能有效地吸收其碰撞能量。

动力撤除时间即主控制器从牵引位置移到惰行位置,直到电机电流为零的时间(包括冲击极限):

0~40km/h:1.5s;

40~80km/h:1.05s。

列车阻力为:

$$R = 27 + 0.0042V^2$$

$$G = 331.6t$$

式中:R——列车阻力(N/t);

G——定员载荷(AW2)时的列车重量(t);

V——列车速度(km/h)。

2. 制动性能

(1)概述

电制动(再生/电阻)与可控制的踏面制动融合(混合),再生制动和电阻制动能连续交替使用。在不能实现再生制动时,电阻制动应能单独满足常用制动要求。停车制动采用弹簧制动,空气缓解。

(2)常用制动

①第一优先:再生制动。

再生制动是与接触网线路吸收能力有关的,包括:网压高低、负载利用能力。

②第二优先:电阻制动。

承担不能再生的那部分制动电流;再生制动电流加电阻制动电流等于由牵引控制所要求的总电流。该电流由电机电压最大值所限制;当电机电压过高时,应关掉电制动,而后制动指令将自动地由摩擦制动来满足。

③第三优先:摩擦制动。

当没有再生制动或电阻制动时,所需要的总制动力必须由摩擦制动来提供。混合制动的控制原则,电动力制动和摩擦制动之间融和(混合)制动应是平滑的,并满足正常运行的冲击极限。摩擦制动用来填补所要求的制动指令和已达到的电动制动力之间的差额。

(3)制动力的分配

假如每节的制动力由自身提供,则需 300% 的制动力,此制动原则适合由 A、B 和 C 车组成的半列车。在此情况下,每节车的 ECU(电制动控制单元)根据每节车的重量(动车与拖车之间的差异)负责本车 100% 的制动力。

由于每三节车有两个 DCU(牵引控制单元),总共需提供 300% 的制动力。根据以上定义,每个 DCU 需通过牵引回路为常用制动提供 150% 的制动力。

为了清洁轮对踏面,使轮轨之间的摩擦力达到最大值,同时使机械制动的响应时间减到最小,制动闸瓦向轮对踏面施加一个接近零的制动力(制动缸压力为 30 ~ 50kPa)。

(4)在无故障状态下的制动原则

在常用制动情况下,DCU 始终起作用,提供所需的制动力及相应的防滑保护。制动指令值同时送至所有的 DCU 和 ECU,并由它们分别根据车辆的载荷情况计算所需的制动力。

在所有假定的恶劣条件下(电压低于 DC1500V、滑行影响及 AW3 载荷情况下),在 DCU 与 ECU 之间有适当的信号变换(DCU 的实际制动力),以提供所必需的 300% 的制动力。

(5)紧急制动

紧急制动能达到以下的制动距离,此制动距离的测量应从紧急制动指令信号输入开始到停车结束(包括响应时间)。

对 AW0 ~ AW2 载荷条件,制动距离≤204m,即 $a \geqslant 12\mathrm{m/s^2}$,制动初速度为 80km/h。

对 AW3 载荷条件,制动距离≤215m。

测量制动距离要在平直的、干燥的和设有道岔的轨道上进行(即当测量时,必须显示防滑阀没有触发)。

(6)停车制动

停车制动应选超员载荷(AW3)的列车,在 40‰的坡度上进行。

3. 列车故障对牵引系统的要求

当一节动车不能工作时,在定员载荷(AW2)下,列车可往返一个全旅程。

当两节动车不能工作时,在超员载荷(AW3)下,列车可在 35‰的坡道上起动,并使列车前进到最近车站,乘客下车后,列车空车返回车辆段。

五、列车编组及联挂方式

每一列车由六节车辆组成,六节车有 A、B、C 三种车型,其中 A 车是带驾驶室和受电弓的拖车,B 车和 C 车是带驱动电机的动车,动车结构基本相同。按 A-B-C-C-B-A 的方式组成。车辆之间以半自动车钩和半永久牵引杆相连。如图 4-3 所示。

编组形式:- A * B * C = C * B * A -。其中,“ - ”、“ = ”、“ * ”分别表示自动车钩、半自动车钩、半永久牵引杆连接。

列车两端备有自动车钩,实现机械、电气、气路的整体连接。每一个 A-B-C 车组构成独立的动力单元,自成体系,但司机可在一端 A 车上通过贯通全车的列车线控制六节车同步运行。编组方式不可互换。

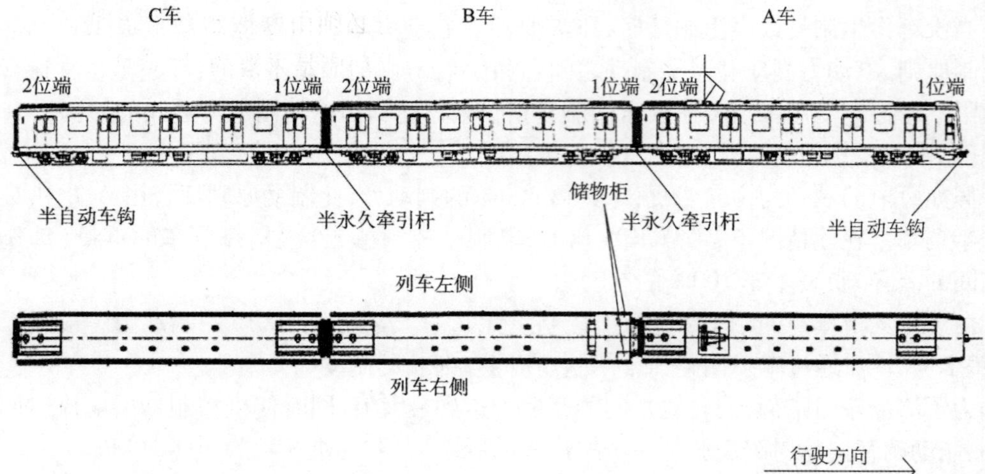

图 4-3　列车编组

六、车辆基本构造

地铁车辆种类很多,性能各异,如广州地铁的 1 号线车辆及上海地铁几条线的车辆其性能都各有差异。但是,它们的基本构造都是由以下几个主要部分组成:车体与车内设施、牵引装置、走行部、车钩缓冲装置、制动装置、其他辅助设备等。

1. 车体及附属设备

(1)车体

车体由底架、侧墙、车顶、车门、端墙、车门、车窗等组成。A 车前端部为驾驶室中间设有安全疏散门等。如广州地铁 1 号线车体的底架、侧墙、车顶、端墙分别组焊后再在总焊装台上被焊接成整个车辆壳体,采用整体承载结构,充分发挥了车体各个构件的强度,并大大提高了车体的整体刚度。

车体采用铝合金大断面挤压型材制造。由于此种先进的结构材料的"强度重量"比较大,这样大大降低了车辆自重,不仅提高了车体的承载能力,对于降低能源消耗,节约运营成本和延长线路钢轨的使用寿命等也有着重要的意义。国内许多专家、学者、科研部门为达到以上目的,正在致力于车辆轻量化的研究。

(2)车底架

车底架是车体中一个重要的部件。车辆的大部分设备都是安装在车底架上,底架的主要作用是承受车体上部荷载并传递给整个车体,承受因各种原因而引起的横向力和走行部传来的各种振动和冲击,牵引梁连挂组成列车,并在车辆间传递牵引力和制动力。

车底架是用大型铝合金蜂窝状挤压型材焊接而成由侧梁、端梁、牵引梁、枕梁和横梁组成。在 A 车前端还设有一撞击能量耗散区,在车辆受撞击时用以吸收传至地板水平方向和能量。最大限度地保护客室乘客。

(3)侧墙

侧墙用带有纵向梁的中空截面铝合金挤压型材焊接而成,分为上墙板、下墙板、窗间墙板,在每个车窗的两边装有侧墙立柱。另外侧墙的内外、墙板间是设计为空调的回风道及废气排放道。

(4)车顶

车顶是由弯梁和圆弧形纵向顶板组成,也是用中空截面铝合金挤压型材焊接而成,在车顶的两侧是中空截面纵向边梁。在车顶根据不同的车型分别设有安装受电弓、空调机组、通风口的安装座。

(5)端墙

端墙由弯梁、车厢贯通道立柱、墙板组成,同样由铝合金挤压型材焊接而成。

2. 车体上安装部件

(1)车门

比如,广州地铁1号线车辆采用内藏式电控气动门。由双向作用的风缸作为驱动装置,采用钢丝绳作为传动机构。由中央控制电磁阀来控制车门的开关及锁定。在驾驶室操作控制按钮,控制主控制阀上的通断来实现车门的开关,并设有故障探测重开门。由行程开关给出车门的状态信号。

(2)车钩

在A型车1位端装有自动车钩装置,由车钩承担车体的撞击能量吸收功能,可吸收共240kJ的撞击能量。若发生事故,其冲击力超过车钩最大允许值时,该车钩即松脱,使车辆前端的能量耗散区(驾驶室底架)能够消耗冲击力的能量。

在A车和B车的2位端以及B车和C车的1位端,装有半永久牵引杆。C车的2位端装有半自动车钩。

(3)贯通通道

采用宽体封闭式结构,是车与车之间的连接通道,也是车辆曲线通过时的关节部位。它使两辆车之间的通道实现柔性连接,并使乘客可以在车厢之间流动,从而使乘客均匀分布。

它由两个配对可分解的波纹形折篷组成,两块装在车辆端的渡板以承载在车钩上的滑动支承组成。打开和连接采用手柄连杆机构实现快速连接与拆分。

(4)车窗

客室车窗为全封闭式车窗。驾驶室前窗是电热式窗,采用高强度抽真空安全玻璃。

(5)疏散下车斜梯

设在前端墙的中央,底部铰接于车体,将顶部插闩拉开后,斜梯可向前倒向轨道。如本列车因故不能行进到下一车站时,作疏散乘客用。

(6)其他

客室座椅、立柱扶手及内部装饰应用人机工程学原理设计,使乘坐舒适、美观。车顶两侧纵向排列的照明灯具带满足车内设定照度要求。车辆两端设有空调机,由用微型计算机等组成的空调控制单元进行自动控制。通过设在车厢两侧方纵向散流板使客室内保持足够的新鲜空气和适宜的温度和湿度。为减少车内噪声及隔热,在车体壳内壁涂覆了3mm厚的隔声阻尼浆,在车体外墙板与内装饰板之间充填了矿棉,起到隔声、隔热的作用。

3. 牵引传动装置

(1)牵引传动装置

牵引传动装置在电动客车中占有十分重要的地位,是驱动列车运行的核心装置。驱动装置由牵引电动机、联轴节、齿轮箱组成,其作用是将牵引电机输出的功率传给轮对。车辆的驱动机构是一种减速装置,其传动比是6.3∶1,用来使高转速、小扭矩的牵引电动机驱动。

阻力矩较大的动轴对驱动机构的要求;能使牵引电动机功率得到发挥;电动机电枢轴应与联轴节保证同心度,以降低线路不平对齿轮的动作用力。

传动线路如图 4-4 所示。

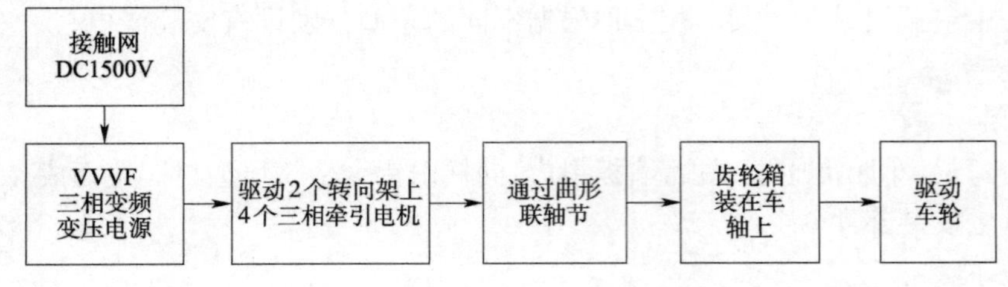

图 4-4 传动线路

牵引逆变器 VVVF 将接触网获取的 DC1500V 直流电源转换为三相变频变压电源,驱动装在动车转向架上的 4 个三相牵引电动机,电动机的输出功率(转矩)通过曲形联轴节传给齿轮箱,齿轮箱固定在轮对上,从而驱动列车运行。B 车和 C 车的每一根轴由一个牵引电机驱动。把电能转化为机械能传给走行部。

(2)牵引传动的几个主要参数

①运行速度 V

车辆最基本的功能是牵引额定的列车载荷,地铁最大载荷是 AW3375. 52T,从静止起动,加速到一定的速度运行,根据实际需要调节运行速度,然后制动,减速直至停车。可见,运行速度是列车最基本的参数之一。列车在一定载荷下运行时,在同一功率下,其速度随线路纵断面的变化而变化。列车最大运用速度 V_{max}:是设计车辆时给定的最大速度,设计时根据这个速度来确定传动装置、走行部等的结构和参数,校验曲线通过以及选用制动方式等。

②牵引力 F

列车牵引力是指由牵引电动机引起的,沿着轮周切线作用于钢轨,再由于钢轨的反作用,沿列车运行方向反作用于列车轮周上的切向外力。该作用力由轮对通过轴箱、构架、车体传到车钩,从而驱动机车前进。

以上主要参数可以用来确定列车的牵引特性,一般我们是用牵引特性曲线来表述牵引特性。

速度特性:$V=f(I)$,牵引电动机电流对列车速度的曲线;

列车牵引力:$F=f(I)$,轮周总牵引力对电机电流的曲线;

列车牵引特性:$F=f(V)$,轮周总牵引力对列车速度的曲线。

4. 车辆走行部

走行部是车辆中一个关键的系统,该系统涉及车辆的运行品质及乘客运输安全,是列车牵引力、车辆载荷和轨道外力的直接承受者。

走行部的作用在于承受车辆自重和载重并在钢轨上行驶的部分;支承车体及其载重传给钢轨;将传动装置传递来的功率实现为列车的牵引力和速度;保证列车沿着轨道运行平稳和安全。走行部由两台二轴转向架组成,可以互换使用。两台转向架的中心距是 15. 7m,转向架自身的固定轴距是 2. 5m。其悬挂装置采用橡胶弹簧及空气弹簧二级悬挂,因此减振性能好,旅客乘坐平稳舒适。现代车辆的走行部基本上都是采用转向架的形式。

走行部主要由以下部件组成:转向架(包括构架、轴箱轮对、减振装置、中心座、牵引拉杆、抗侧滚扭力杆),基础制动单元,齿轮传动装置,辅助装置等。

(1)构架

构架是转向架的重要部件，由压制成型的刚板焊接成 H 形全封闭箱形结构，具有质量轻、强度高、寿命长的特点。构架的主要作用是：传递荷载；安装及支承轴箱轮对、悬挂弹簧、单元制动机、牵引电机、中心座等部件。运行时，中心销可使车体和转向架产生相对转动，使车辆圆滑顺利地通过曲线。装在中心座中的中心销将车体和转向架连接在一起（中心销只传递纵向力），牵引拉杆共两根，呈对角线分布，一端连着中心座，一端安装在构架上起纵向力的传递作用。

(2)轴箱和轮对

①轴箱

轴箱装在车辆两端轴颈上。轴箱的用途是：连接轮对与构架，将车辆载荷传递给轮对；同时将来自轮对的牵引力、制动力、横向力传递到构架上去；保持轴颈和轴承的正常位置。轴箱采用滚动轴承，降低了轴箱摩擦系数，减少了车辆起动和运行阻力，很适合地铁车辆高速运行、停车频繁、行车密度大的要求。轴箱外侧装有轴箱盖，一方面防尘、雨侵害，另外还用于安装速度传感器和接地装置。

②轮对

轮对是车辆走行部中最重要的部件之一。车辆的全部静荷载均通过轮对传给钢轨；牵引电动机的转矩经过轮对作用于钢轨，产生牵引力。当列车沿着轨道运行时，轮对还刚性地承受来自钢轨接头、道岔及线路不平顺的全部垂直方向和水平方向的冲击作用力。其性能的好坏直接影响车辆的运行品质。所以对轮对的设计制造及维护保养应给予特别的重视。轮对由两轮一轴组成车轮热压装在车轴上，采用辗钢制成整体式车轮。标准直径为 ϕ840mm，最小磨耗直径 ϕ770mm。采用锥形踏面与钢轨接触。轮对的主要作用为传递车辆荷载至轨面；通过轮对与钢轨的黏着产生牵引力或制动力，轮对在轨面上做滚动运动，使列车前进；在单元制动机的闸瓦压力作用下，产生摩擦力，使车辆制动；引导车辆顺利通过曲线，在轨道上安全运行。

③车轴

车轴同两个车轮压合后组成轮对，车轴所承受的外力比较复杂。不仅承受车辆自重使它弯曲的压力，而且还承受很大的扭矩，扭矩主要由牵引电机经齿轮传递而来；当车辆通过曲线时，外轮的导向力将附加给车轴一个相当大的弯矩；当一车轮相对另一车轮滑转时也将产生附加扭矩。同时，车轴还承受来自线路的冲击及其自身的振动所产生的附加荷载。

④车轮及其踏面

车轮由辗钢轧制而成。车轮与钢轨顶面接触的外圆周面称为踏面。踏面右侧的凸缘称为轮缘。踏面呈圆锥形，主要是为了便于车辆通过曲线，直线上自动对中。车轮做成锥形，它的运动轨迹是轨道车辆特有的一种运动，称为蛇行运动。线路曲线区段外轨比内轨长，车辆通过曲线时，因离心力的作用，车轮偏向外轨，形成车轮以较大直径走外轨，而以较小直径走内轨，使运动正好同步，从而避免了轮对在轨面上的滑动。在直线运行时，锥形使轮对有滑向线路中心的倾向，从而抑制车辆左右摆动和减少轮缘的磨耗。轮缘的作用是引导车轮安全通过曲线及防止车轮脱轨。车辆运行过程中，车轮是高磨耗件，必须按有关规程进行旋修或更换新轮，以保证运行品质和运行安全。对于车轮而言，踏面曲线的设计是非常重要的，合理的踏面曲线，可保证轮对在钢轨上平稳运行，顺利通过曲线，减轻车轮磨耗，延长旋修周期，轮轨匹配关系是复杂的车辆动力学的范畴。

(3)减振装置

①减振装置的组成

减振装置由一系悬挂(人字弹簧)、二系弹簧(空气弹簧)、液压减振器(垂向、横向)、抗侧滚扭力杆、横向缓冲器等组成。

②减振的目的

列车运行时,由于通过钢轨接头、道岔、钢轨不平顺以及由于轮对本身的问题(如踏面擦伤)都受到很大的冲击与振动。如果这些冲击和振动全部刚性地传给转向架及车体,将使车辆各零部件很快松动、损坏;另外,这些冲击对线路也有很大的破坏作用。因此,在转向架构架与轮对之间设置了二系悬挂,以及其他各种减振装置。

③减振装置的作用

减振装置是把车辆的重量弹性地通过轮对传递到钢轨上去,并把这些重量均匀地分配给各个轮对,缓和由于线路不平顺或车轮形状不正确产生的冲击,减少车辆对线路的作用。因此,一般我们在设计机车车辆时,总是把重量尽可能多地放在弹簧悬挂装置以上,也就是使尽可能多的机车车辆零部件不直接承受刚性冲击。但地铁车辆是电动客车,本身兼有牵引和载客两项功能,不可能把过多的零部件装在客室中,只能装在车下。所以一般对地铁车辆的减振功能要求很高。

④各减振部件

人字弹簧(图4-5):布置在构架与轮对之间,是由钢板嵌入橡胶制成的弹性部件。橡胶起减振缓冲作用,钢板将变形热量散到大气。人字弹簧还具有必要的刚度,起构架和轴箱的定位作用和荷载传递作用,人字弹簧是一个关键的传力件。

图4-5 一系弹簧(人字弹簧)

二系悬挂:是由空气弹簧和层叠式橡胶弹簧组成。其作用是承受传递车体荷载,缓和并减轻车辆在运行中垂向的振动和冲击,层弹簧也叫故障弹簧,是在空气弹簧失效时临时代替空气弹簧维持运行。另外车体荷载的变化可通过空气弹簧将其传递至空气制动系统中的制动控制单元BCU中的负载限压阀(称重阀)和压力传感器进行荷载校正。压力传感器产生与载荷成正比的电信号,该信号被送至ECU,ECU根据荷载变化的电压信号判断制动力的增减。

高度控制阀:安装在转向架和车体之间,其作用是对空气弹簧内的压缩空气进行调节。根据荷载的变化情况自动进行充气、放气和保压,使车辆地板面不受车内乘客多少和分布不均的影响,始终保持水平,并和轨面保持一定距离。空气弹簧的优越性只有采用高度控制阀后才能体现出来。它是空气弹簧装置中重要部件之一。

高度调整阀共有三个位置、两条通路:

a. 正常荷载位置—— 保压:充气通路和放气通路均关闭。

b. 增载位置——充气:充气通路开启,风缸压缩空气充入空气弹簧,直至车厢地板重上升到标定高度。

c. 减载位置——放气:放气通路开启,空气弹簧向大气放气,直到升上来的地板重新降至标定高度。

d. 液压减振器:利用减振器内液压油在通过节流孔时的阻塞作用来衰减振动。

e. 横向橡胶止挡:限制车体和转向架之间的横向位移缓冲和吸收车辆的横向振动。

由于以上这些减振装置的共同作用,保证了车辆运行的平稳和乘坐的舒适。

抗侧滚扭力杆:在构架横梁中横穿有一根抗侧滚扭力杆,两端装有力臂杆和连杆,最后连接在车体上。当车体发生侧向振动倾斜时,在两力臂杆端部作用一力偶,使抗侧滚扭力杆产生扭转变形,利用扭力杆的弹性减少和缓和车体的侧滚振动。

簧上重量、簧下重量:弹簧悬挂装置以上的重量叫簧上重量。弹簧悬挂装置以下的重量叫簧下重量(或称死重量)。簧下重量对钢轨的动作用力随线路状况和车速度而异,而簧上部分对钢轨的动作用力除线路影响外,还与弹簧刚度有关。弹簧越软,动作用力越小。但由于结构和其他要求,对弹簧的柔度也有一定的限制。

(4)车钩缓冲装置

车钩缓冲装置由车钩及缓冲器等部件组成,装在底架牵引梁上,是车辆一个安全部件。其作用是将车辆互相连挂,连接成为一组列车,传递纵向牵引力和冲击力,缓和车辆之间的动力作用,实现电路和气路的连接。

一般地铁车辆车钩缓冲装置共分三种类型:自动车钩、半自动车钩、半永久牵引杆。三种车钩均设有可复原能量吸收功能,采用橡胶缓冲器。在自动车钩和半永久牵引杆上还设有超载保护装置及不可复原的可压溃变形管。

其结构均采用先进的密贴式车钩,它是依靠相邻车辆钩头上的凸锥和凹锥口互相插接,起紧密连接作用。其优点是:节省人力,保证安全方便。缺点是:构造较复杂,强度较低。所以适用于地铁、轻轨等轻型轨道车辆上。

①自动车钩:可以实现两列车机械、气路、电路的自动连接,可在驾驶室遥控操作,自动气动解钩,连挂的车辆能通过最小平面曲线和垂向曲线,两车钩接合时在下列偏移的情况下:垂直方向 ±90mm,水平方向 ±170mm 时仍可以实现自动连挂,设有可复原的能量吸收功能,即车钩缓冲器,采用环形橡胶缓冲器,在列车牵引和推进时起到有效的缓冲作用。列车的电气线路和空气管路的连接是在车钩进行机械连挂的同时自动完成的。该车钩还设有不可复原的能量吸收部件,可压溃变形管在经受严重冲击后会发生变形,吸收能量保护车体,还设有超载保护装置。

a. 车钩部分:由机械连接、电气连接、气路连接三部分组成。上部为机械连挂部分,由壳体、钩舌、中心轴、钩锁及钩锁连接杆、钩锁弹簧、解钩风缸组成。车钩有待挂、连挂、解钩三种状态,其原理如下:

a)待挂:为车钩连接前状态,张紧弹簧处自由状。

b)连接:与相邻车辆的车钩对撞自动完成。动作如下:在对方钩锁的撞击下,钩沿中心轴向反时针方向旋转,弹簧压缩,钩锁滑入钩舌定位槽中锁定。连挂后,弹簧恢复到原状况,完成两车钩的连接互锁。车钩力的传递:在连挂运行时,车钩受拉力作用,由于钩锁连接杆牵引负荷均匀,使钩舌始终处于锁紧位置,保证了连挂牢固可靠。当推进运行时,车钩受推力作用,由车钩壳体的密贴平面传递力。

c)解钩:司机操纵按钮控制电磁阀,使解钩风缸作用,风缸活塞杆推动钩舌作顺时针转动,张紧弹簧拉伸,使车钩的钩锁脱开相邻车钩的钩舌,车钩处于解钩状态,拉动一组车车钩分离。当两节车完全分离后,弹簧力使车钩恢复到待挂状态。车钩下部为电气连接部分,由电器箱等附属件组成,可前后伸缩,电气触点分别为固定触点和弹性触点,保证电气连接时密接可靠,电气箱外装有保护罩,当连接时,电气箱可由操纵结构推出,此时保护罩自动开启;当解钩后,电气箱退回至原位,保护罩自动关闭。

b. 缓冲装置:车钩缓冲器安装于车钩支撑座的上方,采用的是两个半圆形对接的橡胶环形缓冲件。它属于可复原的能量吸收部件,吸收第一级能量。环形橡胶缓冲器不仅可缓和冲击作用力,而且可以吸收冲击能量削弱冲击力,提高车辆运行平稳性。

c. 车辆对中装置:对中装置安装于车钩支撑座的下方。采用机械对中,用碟形弹簧片,其作用是保证车钩在连接时保持位于中心位置,即车钩和车辆中心线一致。

d. 可压溃变形管:不可复原的能量吸收装置。

e. 车钩超载保护装置:钩尾冲击座前端与车钩支撑座连接,后端与车体底架牵引梁连接,在钩尾座与车体连接中装有过载保护鼓形套筒。其作用是:当冲击力超过一定范围时起到车钩和车体的过载保护作用,使之免受损失。当超载保护鼓形套筒撞碎后,将车钩推向后面。气路连接部分有主风管、解钩风管接头。主风管配有主风管自动阀,在解钩时切断气路,在连接时气路自动连接,解钩风管始终处于连通状态。由司机操纵驾驶室内电控阀控制管路的通、断,最终达到自动解钩和连挂的目的。

②半自动车钩(图4-6):其构造及基本原理与自动车钩基本相同。不同之处:只可实现机械及气路的自动连挂,电气连挂需用扳手手动连接。

③半永久牵引杆:是为连挂几辆车辆,组成运用中固定不变的单元车组而设计的,不具备机械解钩功能,除非是发生非常情况或为了车间检修,否则该单元车组是不需要分离的。解钩作业需在车辆段内进行,采用易于分解的套筒联轴节相连。因此可保证刚性的不松弛的安全连接。设有气路、电路自动连挂,也设有缓冲器,可压溃变形管设在B车和C车的1位端。

图4-6　车钩

在自动车钩系统上设有过载保护装置,即一个过载保护鼓形套筒,当冲击力超过一定范围,即在前南的两级能量吸收容量全部耗尽后才起作用。它对车体起过载保护作用,使之不受损失,它可吸收33kJ的撞击能。第四级能量吸收是通过适当设计驾驶室部位的底架及边梁的刚度使之成为能量耗散区,最大限度地保护客室和乘客安全。一旦发生撞车事故,当冲击速度大于8km/h时,可压溃变形管必须更换,立即检查车体、转向架、通道、设备箱及支承,必须对车辆尤其是电气连接进行全面检查。

七、车辆电气

车辆电气包括车辆上各种电气设备及其连接导线。按其作用和功能可分为四个系统:主电路、牵引电路、辅助电路、控制电路。

1. 主电路

主电路由牵引电动机及与其相关的电气设备和连接导线组成,它是电传动车辆上高压、大电流、大功率动力回路。主电路的作用是:在牵引工况,牵引逆变器VVVF将接触网得到的直流电流转换为三相变频变压电压源驱动牵引电机。在电气制动工况,VVVF 将电机产生的电流转换为直流电流,反馈到接触网供给其他负载,未被消耗的电能电制动电阻转换为热能散逸到大气中去。

在主电路中的电气设备主要包括受电弓、高速断路器、线路滤波器、牵引逆度器(VVVF)、牵引电机、斩波器(GTO)、制动电阻、接地装置等。

受电弓为单臂式,安装在 A 车上,升起时受电弓的滑板车与接触网接触,列车运行时滑板沿着接触网导线滑动,将 1500V 直流电从接触网引入车辆,供给车辆的牵引电机和其他电气设备。

高速断路器(俗称高速开关)是用来接通和分断车辆主电路的装置,主要在车辆电路发生故障时起线路保护作用。当主电路发生短路、接地以及过载时能自动切断车辆电源。

线路滤波器是由电容和电感组成的能量储放装置,可以在斩波器导通和关断时吸收和释放能量,使电机电流平滑,并减少车辆在牵引和电制动时对触网电压的不利影响。

牵引电机采用三相交流感应电机,由于采用这一电传动方式,其牵引性能良好,运行可靠,使车辆具有良好的制动性能。

2. 牵引电路

每辆动车上装有四台牵引电机。在主电路并联连接。牵引电机的转向转换是通过司机操纵主控制器,控制方向接触器实现的。主电路的电流路径是:从牵引变电所来的直流电经接触网→受电弓→高速断路器→线路滤波器→牵引逆变器(VVVF)→方向接触器(受主控制器控制)→牵引电动机→斩波器(GTO)→接地装置→轮对→钢轨(回流线)→牵引变电所。

在各种形式的制动中,电气制动是一种较新的制动方式,它是建立在交流电动机工作可逆性基础上的。在牵引工况时,由接触网吸收电能,作为电动机,将电能转换成机械能,产生牵引力,使列车加速或在上坡线路上以一定速度运行;在制动工况时,停止接触网供电,又可作为发动机,将列车运行的机械能转换为电能,产生制动力,使列车减速或在下坡线路上以一定的速度运行。

电气制动根据其能量利用方式的不同,可分为再生制动和电阻制动。再生制动是将电能反馈回送到接触网,供给区段内其他列车使用,由此可见,再生制动具有制动列车和产生电功率的双重效用,因此对于行车密度大的地铁车辆,使用再生制动具有明显的效果。把电能供给车辆上的制动电阻,进而变为热能散逸到大气中。电阻制动往往是在接触网不能接受牵引电机作为发动机产生的电功率时方才使用。

电阻制动的电流途径是:牵引电机电枢(此时为发动机)→扼流线圈→制动电阻→牵引电机负端。

再生制动的电流途径是:牵引电机电枢→扼流线圈→再生反馈二极管→线路(反馈给)接触网→其他列车或变电所→钢轨→轮对→接地装置→附加电阻→电机负端。

在这里需要指出的是,电制动的上述过程由车辆控制单元控制,总是利用再生制动将尽可能多的电能返回给电网,一旦电网不能吸收,才将电能消耗在制动电阻上。因此再生制动和电阻制动的实际电路和电制动过程并不是截然分开的。

3. 辅助电路

为了保证车辆正常运行和使客室具有一定的舒适性,车辆上需要许多辅助设备。例如:为了给电器通风、冷却,需设置通风机;为了列车制动以及驱动受电弓升降、客室门开关等气动机械，需设置空气压缩机、冷却机以及通风机；此外还有车辆照明、蓄电池充电、控制电气等。这些辅助设备及供应辅助用电的系统就构成了辅助电路。辅助系统是采用新型静态辅助逆变器 DC/AC、DC/DC。

采用新型静态辅助逆变器 DC/AC、DC/DC。车辆的空调压缩机、通风机、空气压缩机、照明、控制电源、蓄电池充电等都需要低压电流，即将电网的直流 1500V 变成交流 50Hz、380V、220V 和直流 110V，这就是辅助电源系统的任务。

广州地铁车辆采用的是静止逆变器，逆变主元件选用当今世界最有竞争力的新型自关断半导体器件 IGBT（绝缘门极双极晶体管）。它的控制很简单，从而简化了主电路和控制电路。每节车上有一台 75kVA 的辅助逆变器，交叉供电，使每节车不会因自身辅助逆变器故障而造成停电事故。

4. 控制电路

电动车辆的控制电路是低压小功率电路，分为有接点的直流电路和无接点的电子电路。前者由主控制器、继电器、控制电气的低压部分以及联锁接点组成；后者由微机及各种电子插板等组成，有列车牵引控制单元（DCU）、制动控制单元（ECU）、空调控制单元（A/C）、辅助逆变器控制单元（DC/AC）等。

控制电路起控制主电路与辅助电路各电器的作用，通过司机操纵主控制器各手柄和操纵按钮，使车辆按司机意图或由列车自动运行控制来运行。

主控制器控制主电路，它实际上是一组转换开关，通过两根不同的轴可以改变列车的运行方向，实现列车牵引制动和惰行工况的转换，还能够用于选择自动和人工操纵方式。主控制器有主控制手柄和方式方向/开关，还有一用于紧急制动的蘑菇按钮。

主电路、辅助电路、控制电路一般在电气设备方面是互相隔离的，分别装置在操纵台和各种设备箱、继电器柜中，但又通过电磁或者机械传动等方式，互相联系、互相配合动作，形成完整统一的车辆电气系统，以实现整个列车的正常运行。各种设备箱、继电器柜安装在驾驶室、客室和悬挂在车体下面。

八、车辆限界与整车测量

1. 车辆限界

由于考虑因素不同，车辆限界有多种形式。地铁车辆常用车辆限界是动态包络线限界。由于车辆在运动时，车体会产生各种运动，导致车辆部分尺寸超出车辆静态轮廓。我们用包络线把运动中车辆横断面运动范围包围起来，这条包络线就是车辆的动态包络线限界。

车辆动态包络线限界应该考虑以下几个方面因素：

（1）车辆制造公差引起的上下、左右方向的偏移和倾斜；

（2）车辆在名义荷载作用下弹簧受压缩引起车辆下沉，以及弹簧由于性能上的误差可能引起的超量偏移或倾斜；

（3）由于各部分磨耗或永久变形造成的车辆下沉，特别是左右侧不均匀磨耗或变形而引起的车辆倾斜与偏转；

（4）由于轮轨之间以及车辆自身各部分存在的横向间隙而造成车辆与线路间可能形成的偏移；

（5）车辆在走行过程中因运动中的力的作用而造成车辆相对线路的偏移。它包括曲线区段运行时实际速度与线路超高所要求的运行速度并不一致而引起的车体倾斜，以及车辆

在振动中也会产生左右、上下各个方向的位移;

(6)线路在列车反复作用下可能产生的变形,如轨道不平顺等。

确定车辆动态包络线限界和线路设备限界后,就可以尽可能地减少车辆限界与设备限界之间的安全间隙,大量减少地下隧道的土方工作量。

车辆动态包络线限界是在车辆静态限界的基础上,需要大量的经验计算得出,很难测量。在车辆检修中,我们通过保证车辆静态限界来保证车辆动态包络线限界。只要车辆各尺寸不超过该静态限界,就能保证车辆在运动中不会超出车辆的动态包络线限界。车辆的限界门就是根据这个道理做成的(图4-7)。

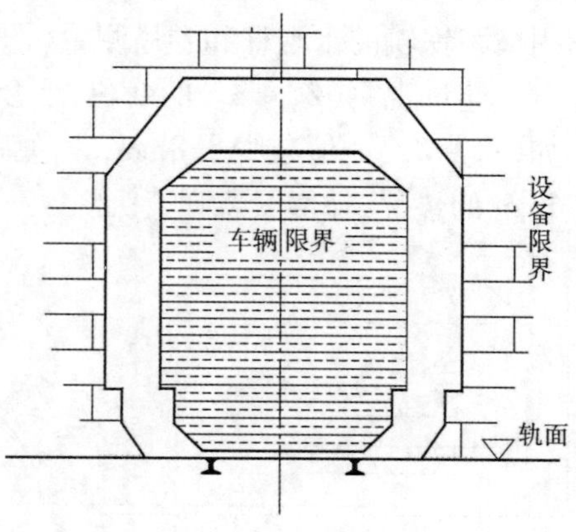

图4-7　车辆限界与设备限界

2. 整车测量关键点

车辆静态限界是通过车辆各点尺寸计算得出,通过保证车辆各点尺寸,就能保证车辆不超出车辆限界。同时为了保证车辆的运行品质,也需要对车辆部分尺寸做出限制。所以在车辆检修中,往往要测量部分车辆尺寸(所有尺寸均在AW0状态下测量)。

紧急弹簧座高度(Z_5):即紧急弹簧底座距离轨面高度,可通过测量紧急弹簧底座安装导柱离轨面高度(Z_1),$Z_1+60=Z_5$。用较硬的卷尺伸入构架侧梁中部底空,即可测量 Z_1 值(图4-8)。

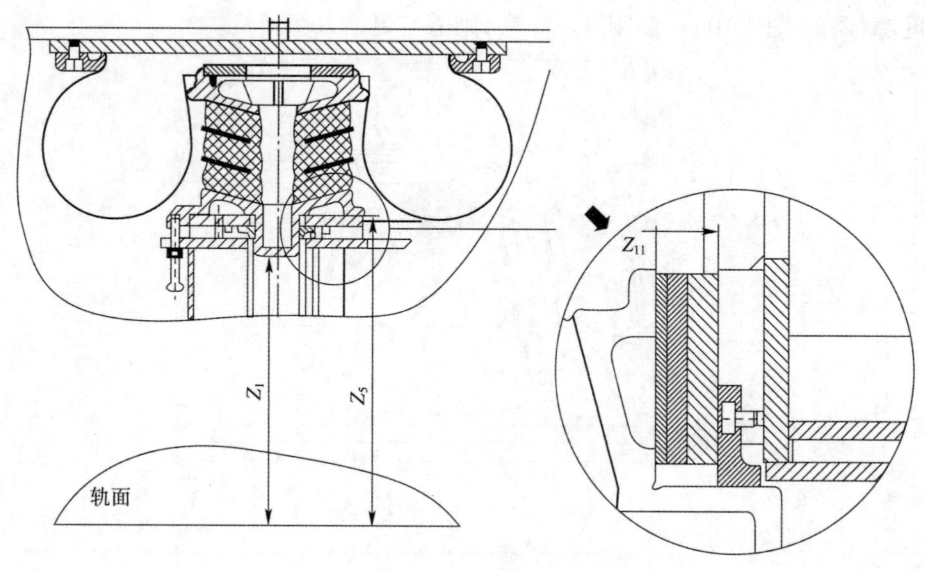

图4-8　Z_1、Z_5、Z_{11}测量点

Z_5 正常值为,动车:(608±3)mm,拖车:(614±3)mm,往往由于车轮磨耗或橡胶弹簧沉降,Z_5 小于正常值,可以通过在紧急弹簧底部加垫调整。

转向架两侧紧急弹簧座高度差(ΔZ_5):$\Delta Z_5 = |Z_5L - Z_5R|$,为了保证车辆正常运行,$\Delta Z_5$ 应≤3mm,如果实际数值超限,可通过调整紧急弹簧底座垫板来调整。

紧急弹簧座下垫片总厚度(Z_{11}):用于调整紧急弹簧座高度和水平度,为了保证紧急弹簧安装安全，其总厚度不能超过 47mm。车体侧梁底部架车部位标记点距轨面距离（Z_6）：可用横跨铁轨的水平杆和卷尺测量（图 4-9）。

通过观察（$Z_6 - Z_5$）的变化，结合空气弹簧充气高度，可间接地了解紧急弹簧沉降程度。如（$Z_6 - Z_5$）的值减少了 8mm，紧急弹簧沉降量约等于 8mm。则需要在紧急弹簧座加一厚度 6mm 的垫片，补偿紧急弹簧沉降。

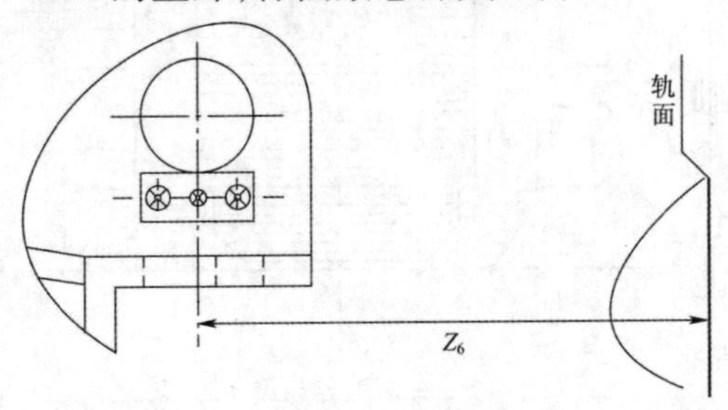

图 4-9　Z_6 测量点车体底架侧梁架

车体支撑点高度（Z_{12}）：空气弹簧导板下缘到轨面的高度，可用横跨铁轨的水平杆和卷尺测量。该尺寸直接影响车体高度，为了保证车辆限界，正常情况下 $Z_{12} = (869 + 11\text{-}12)$ mm。

为了保证车体一定的水平度，两侧 Z_{12} 值的差 $\Delta Z_{12} = 7$mm。

空气弹簧顶部车体支撑点垫片厚度（Z_9）：用来调整车体水平，保证车体各支撑点荷载均匀。垫片一般由整车生产商调整好，一般检修中无须调整。

空气弹簧充气高度（Z_4）：可通过测量垂向减振器防尘罩下缘到标签带的距离确定。正常范围为 18_{-1}^{+3}mm。如数据超限，可通过调整高度阀连杆长度来调整。

轴箱间隙（Z_3）：轴箱顶部距离构架的距离，该值过大即可能使车辆超出限界，过小又可能使轴箱在车辆重载运行时对构架造成的冲击过大。一般该值在安装新一系弹簧时就调整好。正常范围是，拖车：40_{-5}^{+7}mm，动车：34_{-5}^{+7}mm。如轴箱间隙过大，可能是人字弹簧长期使用刚度变大导致，需要检查人字弹簧刚度，如刚度正常，可通过调整轴箱上方垫板厚度来调整轴箱间隙（Z_3）（图 4-10）。如刚度不正常，则需要更换人字弹簧。

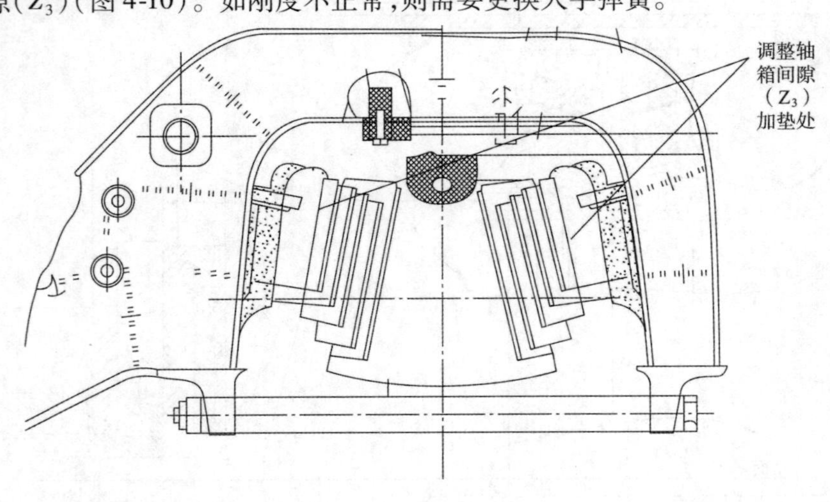

图 4-10　Z_3 调整

中心销间隙（Z_{11}）（图 4-11）：其大小影响到牵引杆作用力角度，并可能影响车辆动力学性能，正常值为 10_{-7}^{+10}mm。

如果 Z_{10} 值超限，在保证高度阀已调整正常的情况下，松开中心销底部大槽顶螺母，用起抬工具顶起中心销座，直到中心销座下缘到中心销螺纹底部距离为 61mm。重新安装中心销各组和部件。

车顶高度（Z_7、Z_8）（图 4-12）：一般检修中不测量，作为参考值。

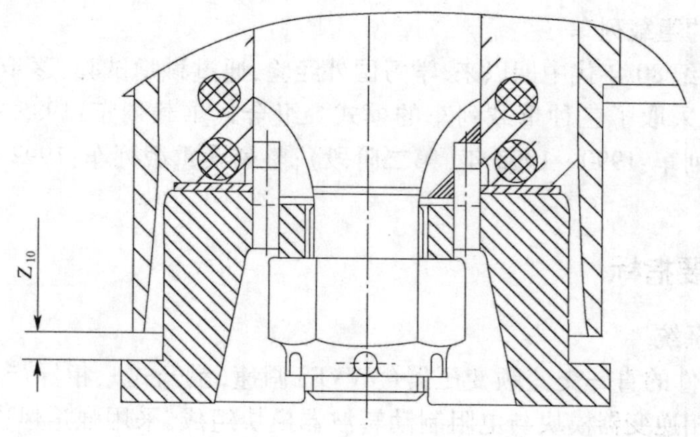

图 4-11　Z_{10}测量点

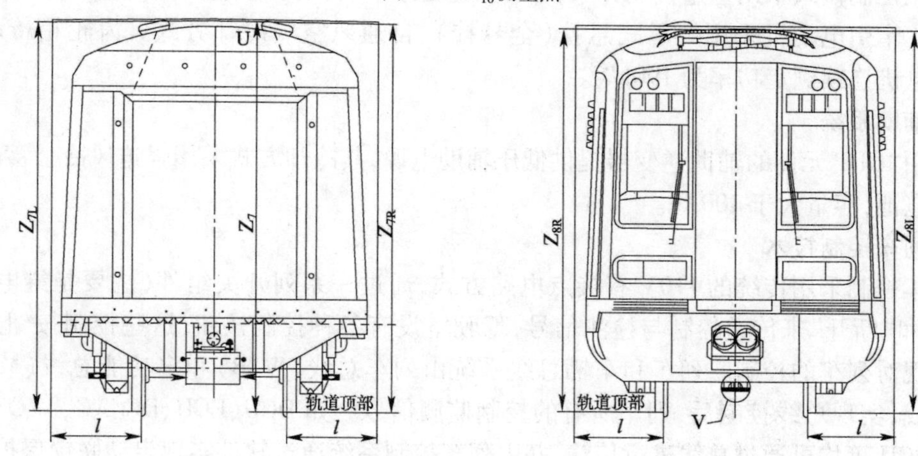

图 4-12　Z_7、Z_8 测量点

九、重载运输

1. 定义

重载运输是指采用单机、双机或多机牵引的大功率内燃或电力机车，增大货物列车编挂辆数，大幅度提高牵引吨数，实现重载列车的运输方式。

2. 运输方式

（1）牵引吨数大、行车密度小

这种运输方式以美国为代表。美国疆域辽阔，有大量煤炭需要从西部运往东部，运输距离长。行车密度不大，产销两地货运品种单一，运量大，运距长，装卸自动化程度高。这种运输方式又细分为两种：多机牵引超重列车和单元列车。

（2）牵引吨数小、行车密度大

这种运输方式以西欧各国和日本为代表。这些国家国土面积小，货物运距短，原有铁路设备标准低，货物装卸能力差。但复线比重比较高。

（3）牵引吨数大、行车密度高

这种运输方式以苏联为代表。苏联疆土辽阔，铁路客货运量在整个交通运输业中所占比重较大，客货周转量分别在 1/2、1/3 以上。它又细分为两种运输方式：组合列车和超长列车。

3. 我国铁路的重载列车

我国自20世纪80年代中期以来,学习国外经验,通过科学试验,逐步开行重载列车,大体经历三个阶段,采取了三种重载列车的模式。组合式重载列车:1985~1990年(第一阶段);单元式重载列车:1990~1992年(第二阶段);整列式重载列车:1992~2003年(第三阶段)。

十、其他重要指标

1. 交流传动系统

采用GTO元件的直—交变频变压器(VVVF)调速,鼠笼式三相异步牵引电动机驱动。牵引逆变器由三相逆变器模块与电阻制动斩波器模块组成,采用强迫风冷方式冷却。牵引系统转矩控制模式采用重量控制方式,VVVF逆变器采用微机控制技术,并有诊断和故障存储功能。牵引电动机采用架承式悬挂(全悬挂)、自通风空气冷却方式。齿轮箱传动比为6.3∶1,电机连续额定功率为190kW。

2. 辅助系统

使用IGBT元件的辅助逆变器提供低压辅助电源,其冷却方式采用强迫风冷。蓄电池采用镍镉电池,容量大于100Ah。

3. 列车控制技术

列车控制采用传统的110V有接点电路方式,通过一系列开关组件(主要是继电器)的“接通”和“断开”来传递控制与检测信号,驾驶室设有各种控制按钮,这些控制按钮通过列车线实现对列车的控制。列车和车辆总线系统由列车总线(WTB)和多功能总线(MVB)两部分组成,实现总线控制后,列车所有的控制监测信号。如DCU、ECU、DC/AC、A/C及车门控制EDCU等均可通过总线进行传输,并由列车控制系统通过软件实现启动联锁保护功能。

4. 故障自诊断系统

列车采用微机故障自诊断系统记录和存储所发生的故障,并可用便携式数据采集器(PTU)采集各种有关数据。

5. 车体

车体采用大断面挤压铝型材全焊接结构,整体承载。

6. 转向架

转向架采用无摇枕结构,二系悬挂形式,低合金钢板焊接构架。

7. 空气制动系统

每列车上装备有两台交流驱动的空气压缩机以及与其匹配的空气供给系统。空气制动采用微机控制(ECU)的模拟式空气制动机。具有根据荷载调整制动的装置,荷载信号为转向架的空气弹簧压力。

8. 空调与通风

车辆装有两台一体式样空调单元,总风量:8500m^3/h(2号线10000m^3/h),车内温度保持在270℃,相对湿度保持在65%(在定员荷载AW2时),在正常情况下,新鲜空气量不少于3200m^3/h,人均不应少于10m^3/h。

外部条件:洞内温度35℃,相对湿度65%;洞外温度32.5℃,相对湿度65%,加上阳光照射。

设有应急通风装置,应急通风由蓄电池供电,通风量为4000m^3/h,全部为新鲜空气,并可维持45min。

9. 列车自动控制(ATC)

列车采用微机自动驾驶(ATO)、自动监控(ATS)和自动保护(ATP)系统。

练习与思考

1. 为什么轨道交通车辆采用转向架形式?
2. 轨道交通车辆由哪几部分组成?
3. 什么是动力转向架?
4. 什么是轴距、全轴距(定距)?
5. 为什么要采用弹簧悬挂装置?
6. 车辆制动有哪几种形式?

项目五　电力牵引系统

学习目标：

1. 熟悉牵引系统的构成；
2. 了解接触网的组成和基本要求；
3. 熟悉地下迷流的防护。

任务一　概　　述

一、定义

什么是电力牵引？顾名思义，电力牵引是一种以电能为动力的牵引方式。轨道交通电力牵引系统的工作原理就是将电能直接或者经过输送、变换后提供给电动车组的牵引电动机，由牵引电动机将电能转换成机械能，驱动车辆运行。

轨道交通电力牵引的电流、电压制与通常的电力牵引电流、电压制相同。

电流制有直流、交流两类；电压制从低压到高压，国际电力牵引设备混合委员会建议采用下列数值：

直流：600V，750V，1500V，3000V（标称值）；

交流：6250V，15000V，25000V（标称值）。

轨道交通车组按能源供给方式可分为自给式（如蓄电池车组）和非自给式（如干线铁路电动车组、城市电车和地铁电动车组等）两类。

轨道交通电力牵引系统有运输能力大、牵引性能好、经济效益好、需要司机人数少、司机工作条件好、车辆准备时间少、运行效率高、不污染环境和不受寒冷气候影响等优点。其缺点是：若采用交流供电，则对沿线通信线路有电磁干扰，需采取防干扰措施；若采用直流供电，则由于轨道是电能传输的通道，因而对沿线的地下建筑设施产生电蚀破坏作用。

二、电力牵引系统的发展概况

由于电力牵引具有突出的优点，自1879年电传动首列样车在柏林展览会上出现后很快受到世界范围的关注。随着工业技术的发展与进步，电力牵引也得到了广泛的发展。特别是工业化后期，由于发达国家城市化进程中汽车拥有量的急剧增长，导致交通阻塞，空气污染，噪声公害成为不容忽视的“城市病”，人们开始逐步认识到解决大城市的交通问题，必须开发容量大、速度快、能耗低、污染少的现代化快速轨道交通系统。电力牵引系统凭借其显而易见的比较优势而得到了充分的发展。

就我国而言，城市地铁与轻轨建设起步较晚，但随着改革开放与国民经济的发展近年来日益得到了重视。1969年10月，北京第一条地铁线路建成并投入运营，天津地铁也于1984年建成并投入运营。北京地铁与天津地铁均采用第三轨供电，用直流牵引电机作动力的自流传动方式。上海地铁 1 号线于 1995 年 5 月全线建成通车,采用架空线供电,直流牵引电机作动力的直流传动方式,以及 GTO 斩波器调速技术。

三、轨道交通车辆的结构与特性简介

1. 有轨电车

作为城市公共交通工具之一的有轨电车,其工作原理如图 5-1 所示。电车由架空线获得电能,经车内调速系统变成可调节的电压,再供给牵引电机,电流经轮对传到钢轨再流回变电所。

2. 电动车组

电动车组专为客运服务,一般车速较高,如法国 TGV-PSE 电动车组由两节动车和八节拖车组成。这是一种铁路干线上的高速列车,总功率为 6 300 kW,时速可达 260 km。这种电动车组基本工作原理与有轨电车相同,都是用牵引电动机驱动,但电网电压为 25 kV,远高于城市轨道交通列车。

地铁电动列车也是一种电动车组。地铁电动车组的供电电压与功率都远小于上述铁路干线上的电动车组。

3. 特种电动车

特种电动车包括独轨电动车、轻轨车、磁浮列车等。

(1)独轨电动车:一般也是和采用第三轨受电(图 5-2)的地铁一样,供电电缆置于轨道梁的梁腹部,用电刷把电引入车内。

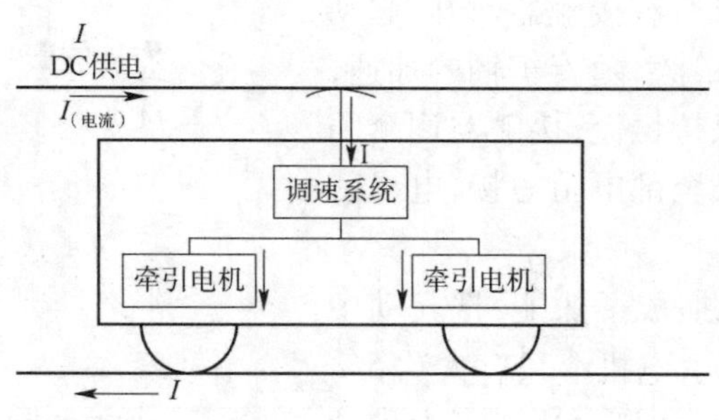

图 5-1　有轨电车工作原理

图 5-2　第三轨示意图

(2)轻轨车:钢轮钢轨轻轨车和地铁车辆牵引、受电方式一样,采用橡胶胎车轮的轻轨车,除了有供电电缆外,在轨道上还敷设有回流电缆。

(3)磁浮列车:基本上采用线性电动机驱动车辆。高速磁浮列车(如上海浦东磁浮线)采用轨道梁上全线敷设长定子绕组,列车上装置作为转子的感应板(无须受电),产生磁浮的电源由车载电磁供电;低速磁浮列车(如广州地铁 2 号线等)采用车上装置短定子绕组,全线敷设感应板,车辆受电、牵引方式和地铁一样。

任务二　轨道交通车辆电传动方式

轨道交通车辆电力传动方式分为:

(1)直流传动方式:若车辆采用直流牵引电机,则其传动方式为直流传动。由直流电源经直流变换器(DC-DC)向直(脉)流牵引电机供电。

(2)交流传动方式：若车辆采用交流牵引电机，则其传动方式为交流传动。由直流电源经晶闸管或其他新型电力电子器件构成的逆变器将直流电源转换为可调压、变频的三相交流电源，再向交流牵引电机供电。也可用交流—直流—交流方式向三相交流牵引电机供电。

一、直流牵引、交流传动

采用直流电机作为牵引电机的牵引系统称为直流牵引系统，构成直流牵引系统的主要部分包括直流电机在内的主电路及控制电路等。

按照牵引电源性质，直流牵引系统可分为直—直流及交—直流两大类。

直—直流牵引系统是最早应用于电力牵引的一种牵引装置。它使用的是直流电源（直流电网或直流发电机）和直流串励牵引电机。目前在城市轨道交通中较多采用此种系统。

早期的直—直流牵引系统主电路采用的是电阻调压。由于电网只供给车辆一个恒定的直流电压，如果我们将静止状态的车辆电机直接与电网相连，将会产生一个相当大的冲击电流，势必将电机甚至将连接电机的电缆烧坏，另外还会对车辆产生强烈的机械冲击，并且也会发生车轮空转等一系列事故，因此必须在电机和电网之间接上几个起动电阻，用于限制电流，减少电机电压，如图 5-3 所示。图中 R_1、R_2、R_3、…、R_n 为起动电阻，1、2、3、…、n 为起动开关，即接触器，用来逐个短路起动电阻。

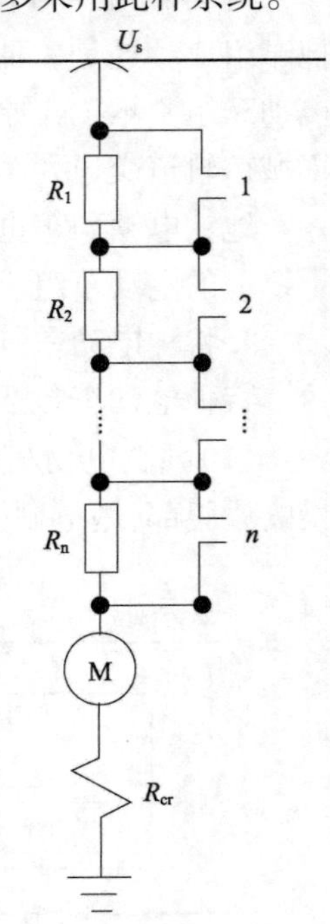

图 5-3　电阻调压主电路

1. 直—直流牵引系统

当车辆静止时，司机发出牵引指令，此时所有接触器断开，起动电阻全部串入回路，此时起动电阻上的压降最大，随着车辆的加速，电机反电势增加，电机电流将会减少，为了保持恒流，接触器逐个闭合，电阻变小。当电机达到相当高的速度时，全部电阻短接，电机就直接同线路电压相连。

由于这些电阻的存在，电阻上的电能转换成了热能，把起动中的能量浪费了。如车辆静止时，起动电阻最大，电机上只有大约 5% 电压，则效率只有 5%。这种调压方式不仅在电阻中消耗了大量的电能（这种电能的损耗，在起动频繁的电动车辆中尤为可观），同时也难以实现连续、平滑地调节列车速度。早期的北京地铁采用的就是这种方式。

随着半导体技术的飞跃发展，电力电子变流技术得到了不断的提高，现在的直流牵引已普遍采用斩波调压方式代替电阻调压，它不仅能取消起动电阻，而且能对电动机的端电压进行连续、平滑的调节，实现平稳调速。

最简单的直流斩波电路原理如图 5-4 所示。画在圆圈内的可控硅表示一个斩波器，它代表一个理想开关，如果斩波器有规则地导通和关断，每次导通的时间为 t_{on}，关断的时间为 t_{off}，则 $T = t_{on} + t_{off}$，T 称为斩波周期，而 $\alpha = t_{on}/T$，其中 α 称为导通比。

目前在电力牵引领域中，已广泛采用 GTO 元件，即可关断晶闸管。与传统的晶闸管相比，GTO 的工作频率较高且具有自关断能力，省去了强迫换流电路，所以整机体积减小，重量减轻，效率提高，可靠性增加。但价格较贵，对使用技术要求也高。

随着半导体技术的发展，目前又推出一种新型的元件 IGBT，即绝缘门极晶体管。它是一个场控管 MOSFET 与晶体管 GTR 的复合管，是新一代的场控型电力电子器件，在城市轨道交通领域它将代替 GTO 元件。毫无疑问，斩波元件的发展推动斩波器向电路简洁、控制简单、轻型化等方向发展。

2. 交—直流牵引系统

这种牵引系统使用的是交流电源（交流电网），牵引电机仍采用直流电机。此牵引系统的关键部位是将交流变成可控直流的整流调压装置，如图 5-5 所示。运行时，改变整流器的控制角，就可调节输出直流电压，使电动机调速。这种系统的交流电网电压很高，适用于大功率、长距离牵引。目前，大功率的干线电力机车已普遍采用交—直流牵引系统。

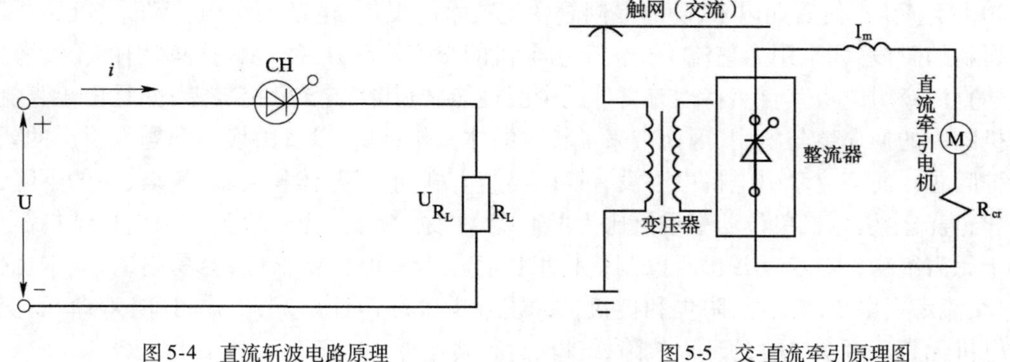

图 5-4　直流斩波电路原理

图 5-5　交-直流牵引原理图

二、牵引控制方式

1. 牵引方式

由直流牵引电动机的转速特性可以看出，调节电动机转速的方法有两种：改变牵引电动机的端电压和改变牵引电动机的主极磁通。

在牵引控制中，通常是以上两种方式的混合使用，以达到所要求的牵引特性。

2. 制动方式

利用直流电机的可逆原理，可以在制动工况时把牵引电动机变为发电机，通过轮对将列车动能变为电能。这时牵引电动机轴上的反转矩作用在机车动轮上形成电制动力，称为电气制动。采用这种制动可以提高列车运行速度，降低机车车辆轮箍闸瓦的磨损。

电气制动可以分为电阻制动和再生制动。当处于发电状态的电动机将电能向电网反馈时，则称为再生制动。列车配备两套制动系统可提高运行的安全性。使用再生制动还可以节约电能和减少供电装置的投资。

电阻制动时，又有两种方法可实现制动。一种是在串励电动机具有一定的转速时，把电枢从电源断开，接到制动电阻上，励磁绕组再用单独的低压电源供电，构成他励磁电阻制动，这种方法在大功率机车上用得很普遍。另一种方法是把电机电枢和反接后的励磁绕组一起接到制动电组上，构成自励磁电路，由于这种电路结构简单，不需要他励磁电源，多用于容量相对较小的城市电动车。

3. 控制电路

根据牵引要求，控制应使列车尽可能平稳，即尽可能恒加速与减速，故斩波器控制应采取恒流牵引与恒流制动方式。随着半导体微处理器技术的发展，现在微型计算机控制已广泛用于控制电路，代替了传统使用的模拟电路。如上海地铁采用 SIBAS-16 牵引控制单元，这是德国西门子公司推出的以 16 位微处理器为中心的通用车辆控制系统。它可根据司机的指令和牵引回路的状态及相应信号调节斩波器，对各接触器、继电器、电磁阀、发光二极管等发出信号，达到所要求的恒流牵引、电阻制动及再生制动。

控制单元同时还能完成多种监测功能，包括自动检测。当牵引电路在运行中发生故障时，系统将根据故障的严重程度做出相应的处理，并自动记录故障。

其硬件与软件均采用模块化结构，可根据用户的要求增加所需要的功能。

三、交流传动系统

1. 交流传动系统的特点

20 世纪 70 年代后期以来，随着晶闸管变流技术的发展，电动列车电传动系统已发展到一个崭新的阶段，即采用无整流子交流牵引电机的交流传动方式。从电力牵引的角度考虑，传统的直流牵引电机其自然特性有良好的牵引性能，但其防空转性能较差；并且由于直流牵引电机固有的换向器与电刷，因而带来了较大的体积与重量，以及由换向问题而引出的繁杂的维护问题。而交流牵引电机由于没有换向器与电刷，所以其体积与重量有较大的下降，通常，它与直流牵引电机单位功率重量比为 1∶1.25 左右。此外，由于交流牵引电机结构简单，其转子无需绝缘，也没有引线，所以制造技术比直流牵引电机要求低，容易制造，成本也低；同时，交流牵引电机耐潮湿，防尘和抗机械冲击及电气冲击性能好，工作可靠，寿命长；交流牵引电机无直流牵引电机的环火故障，维修、运行费用低。

交流牵引电机具有很硬的机械特性，当转速升高 2% ~4% 时，其转矩就下降为零，因此它比串励直流牵引电机具有更好的反空转性能，比他励直流牵引电机具有充分利用黏着重量，满足重载起动的卓越牵引性能，交流牵引电机的能耗也比直流牵引电机小。

采用交流牵引电机后，车辆的调速需用逆变器即变频器来完成，即将直流电由逆变器变为可调节电压与频率的交流电来控制交流牵引电机的转速。采用逆变器供电，则无需笨重的有触点的反向开关与制动转换开关，因而可大大简化车辆主电路，使主电路设备与连线大大减少。同时，由于交流牵引电机没有换向器而不存在换向问题，所以能发挥较高的输出功率；在高速运行时，电机效率也较高，且在再生制动时也能输出较大的电功率。

综上所述，由于交流传动具有如此多的直流牵引无法比拟的优点，因而采用交流牵引电机的交流牵引系统已被世界各国公认为近代最优越的牵引调速系统，所以，交流牵引也是今后世界各国（包括中国）轨道交通发展的总趋势。上海地铁 2 号线都采用交流传动，受流方式为架空线，供电电压为 DC 1500V，用 GTO 逆变器调速，牵引电机功率为 190 kW。

任何事物都是一分为二的，虽然交流牵引比直流牵引更具发展前景，但就控制系统制造技术而言，交流调速系统较斩波调速系统复杂，整个控制系统重量和体积较大，对运行维修人员的技术素质要求较高，控制装置成本也较高。

2. 交流传动基本形式

轨道交通车辆采用的交流电机从普通的三相鼠笼式或绕线式异步电动机发展而来，改变磁极对数，如从三相变为四相、六相，转速会减小，但这是有级调速；改变转差率如定子调压调速、电磁调速等都是耗能型调速方法，只有变频调速是最为理想的调速方法。

变频调速是把交、直流电变换为可调电压、可调频率的交流电，向交流电动机供电。按供电电源不同，交流传动又可分为直交传动、交交传动和交直交传动。

直流被认为是频率为零的交流电，由直流电变为定频定压或调频调压交流电的变频器称为逆变器。城市轨道交通中使用的交流传动形式多为直交传动，交直交传动一般使用在干线铁路中。

任务三 接 触 网

一、接触网基本组成

电能是城市轨道车辆电力牵引系统必需的能源,电动车辆以及为轨道交通运营服务的机电设备,包括通风、空调、照明、通信、信号、给排水、防灾报警、电梯、电动扶梯等也都依赖并消耗电能。在城市轨道交通运营中,若供电一旦中断,不仅会造成城市轨道交通运营瘫痪,而且还有可能危及旅客生命安全,造成财产损失。因此高度安全、可靠而又经济合理的供给电力是城市轨道交通正常运营的重要条件和保证。

城市轨道交通供电电源一般取自城市电网,通过城市电网一次电力系统和轨道交通供电系统实现输送或变换,最后以适当的电压等级、一定的电流形式(直流或交流电)供给用电设备。

城市电网一次电力系统由国家电力部门建造与管理,它包括发电厂、传输线、区域变电站。发电厂是发出电能的中心,一般可分为火力发电厂、水力发电站和原子能核电站等。发电厂的发电机发出的电能,要先经过升压变压器升高电压,然后以110kV或220kV的高压,通过三相传输线输送到区域变电站。

在区域变电站中,电能先经过降压变压器把110kV或220kV的高压降低电压等级(如10kV或35kV),再经过三相输电线输送给本区域内的牵引变电站和降压变电站,并降为轨道交通所需的电压等级(如1500V、380V等)。图5-6为城市电网一次电力系统和地铁供电系统图。图中虚线1上部为城市电网一次电力系统,虚线1下部为地铁供电系统。

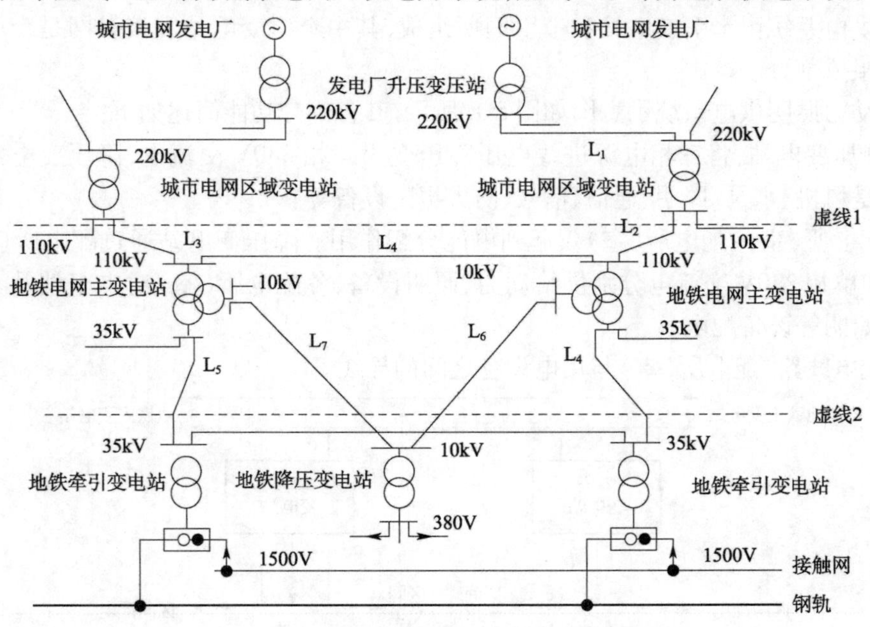

图5-6 城市电网一次电力系统和地铁供电系统

城市轨道交通系统是一个重要用电部门,它不同于一般工业和民用用电,为一级负荷。一级负荷规定由两路独立的电源供电,当任何一路电源发生故障中断供电时,另一路应能保证一级负荷的全部用电。牵引变电站的电源进线应来自两个区域变电站或区域变电站的两路独立电源,当一路电源失压时,另一路电源自动投入,牵引变电站能从区域变电站不间断地获得三相交流电。在城市轨道交通供电系统中,根据用电性质的不同可分为两部分,即由牵引变电站为主的牵引供电系统和降压(动力)变电站为主的动力供电系统。

以地铁为例,地铁牵引供电系统示意图如图5-7所示,其各部分的名称及功能简述如下:

(1)牵引变电站:供给地铁一定区段内牵引电能的变电站。

(2)接触网(架空线或接触轨):经过电动列车的受电器向电动列车供给电能的导电网(北京地铁、天津地铁采用接触轨;上海地铁采用架空接触网)。

(3)回流线:用以供牵引电流返回牵引变电站的导线。

(4)馈电线:从牵引变电站向接触网输送牵引电能的导线。

(5)电分段:为便于检修和缩小事故范围,将接触网分成若干段称为电分段。

(6)轨道电路:利用走行轨作为牵引电流回流的电路。

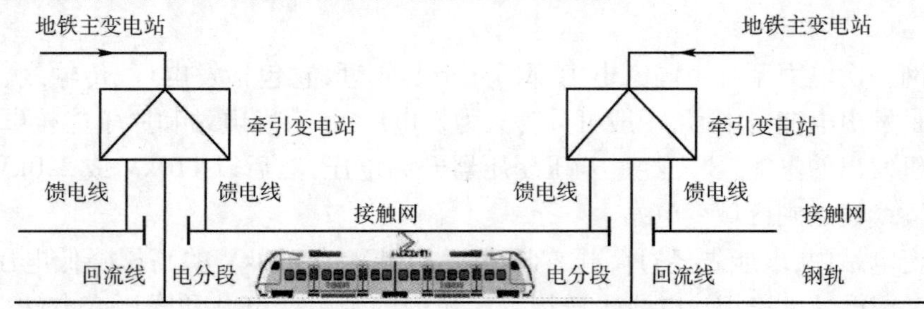

图5-7 地铁牵引供电系统示意图

一般将接触网、馈电线、轨道、回流线总称为牵引网。

牵引供电系统由牵引变电站和牵引网所组成,其中牵引变电站和接触网是牵引供电系统的主要组成部分。

地铁动力照明供电系统示意图如图5-8所示,其各部分功能简述如下:

(1)降压变电站:将三相电源进线电压降压变为三相380V交流电,降压变电站的主要用电设备是风机、水泵、照明、通信、信号、防火报警设备等。

(2)配电所(室):配电所(室)仅起到电能分配作用。降压变电站通过配电所(室)将三相380V和单相220V交流电分别供给动力、照明设备,各配电所(室)对本车站及其两侧区间动力和照明等设备配电。

(3)配电线路:配电所(室)与用电设备之间的导线。

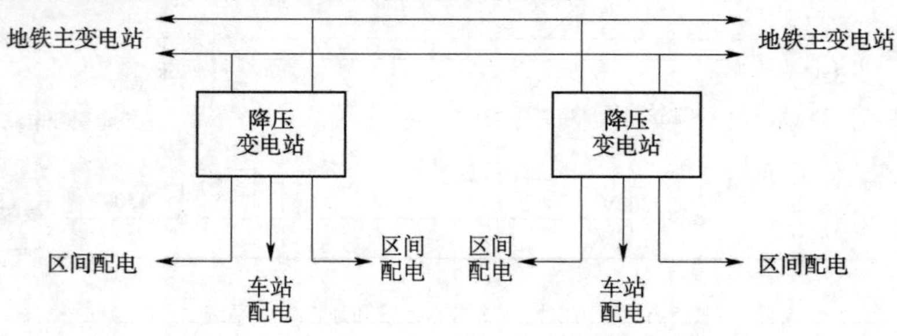

图5-8 地铁照明动力供电示意图

在动力供电系统中,降压变电站一般每个车站设置一个,有时也可几个车站合设一个;也可将降压(动力)变压器附设在某个牵引变电站之中,构成牵引与动力混合变电站。

地铁车站及区间照明电源采用380/220V系统配电。正常时，工作照明、事故照明均由交流电源供电，当交流电源失去时，事故照明自动切换为蓄电池供电，确保事故期间必要的紧急照明。

在地铁供电系统中，根据实际需要，也可以专设高压主变电站。发电厂或区域变电站对地铁主变电站供电，经主变电站降压后，分别以不同的电压等级对牵引变电站和降压变电站供电。牵引变电站的设置和容量应按运行的列车编组及行车密度进行牵引供电计算后确定，降压变电站的设置和容量可根据动力用电量确定，若有主变电站，其容量应由全部牵引和动力用电量来确定。

二、接触网应满足的基本要求

接触网是牵引供电系统的重要组成部分，一旦损坏将中断牵引供电。为此，接触网应满足以下基本要求：

(1)由于接触网在工作中无备用网，因而要求接触网强度高且安全可靠；

(2)要求在各种气候条件下均能受流良好；

(3)因接触网部件更换困难，因此要求接触网性能好、运行寿命长；

(4)因其维修是利用行车中的间隔时间进行的，故要求结构轻巧，零部件互换性强，便于施工、维护和抢修；

(5)因接触网无法避开腐蚀强、污秽严重等异常环境，故应采取耐腐蚀和防污秽技术措施；

(6)因采用与受电器摩擦接触的受流方式，因此要求接触网有较均匀的弹性，接触线等部位要有良好的耐磨性。

三、接触网的分类

接触网按其结构形式可分为接触轨式和架空式(图5-9)两大类型。

图5-9　架空式

接触轨是沿着走行轨道一侧平行铺设的附加第三轨，故又称第三轨。轨道交通电动列车(车辆)侧面或底部伸出的受电器与第三轨接触取得电能，该种受电器称为受电靴(接触靴)。接触轨可分为上磨式和下磨式两种，具体结构见图5-10。

上磨式接触轨安装在专用绝缘子上，工字形轨底朝下，接触靴自上与之接触受电；下磨式接触轨底朝上，由绝缘体紧固在弓形肩架上，肩架固定装在轨枕一侧。上磨式的优点是固定方便，缺点是接触靴在其上面滑行，无法加防护罩。下磨式的优点是可以加防护罩，对工作人员较为安全。

地铁直流制750V系统一般可采用第三轨。我国北京地铁、天津地铁和苏联地铁均采用第三轨。其优点是隧道净空高度低，结构简单，造价低；其缺点是人身和防火方面安全性差，难以与采用架空式接触网的地面或高架铁道衔接。

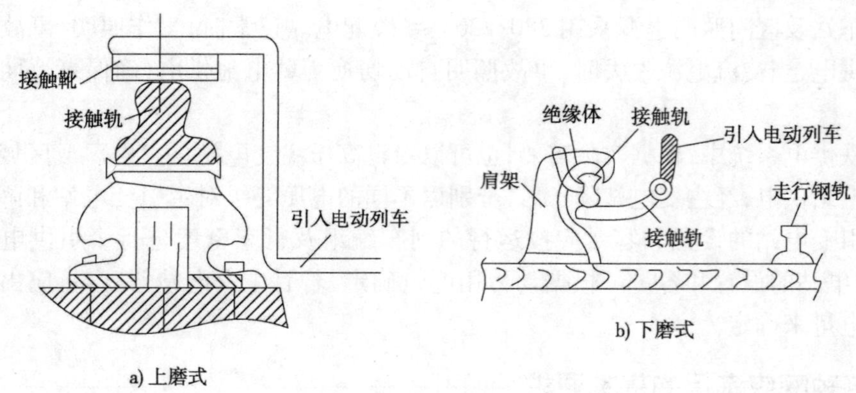

图 5-10　接触轨结构图

四、架空式接触网

架空式接触网是架设在走行轨道上部的接触网。由电动列车顶部伸出的受电弓与之接触取得电能。它又可分为地面架空式和隧道架空式两种。

1. 地面架空式

地面架空式接触网如图 5-11 所示,它由以下几个部分组成。

(1)接触悬挂:包括承力索、吊弦、接触线。接触悬挂方式很多。

(2)支持装置:其作用是用以支持接触悬挂,并将其负荷传给支柱或其他建筑物的结构,包括腕臂、拉杆和绝缘子。

(3)定位装置:其作用是保证接触线与受电弓的相对位置在规定范围内,包括定位器与定位管。

(4)支柱与基础:其作用是用以支承接触悬挂和支持装置,并将接触悬挂固定在规定高度。

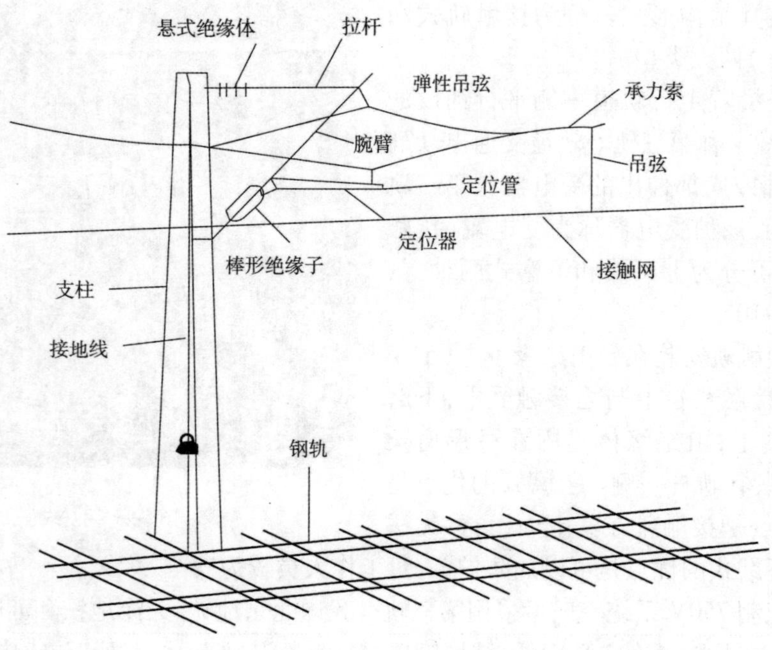

图 5-11　地面架空式接触网

2. 隧道架空式

因为隧道内空间狭窄,所以隧道架空式接触网必须考虑隧道断面、净空高度、带电体对接地体的绝缘距离等因素的限制。此外,隧道架空式接触网的支持装置可直接设置在洞顶或洞壁,而不需要专门立支柱。只有合理地选择和确定悬挂方式,才能充分地利用有效的净空高度,改善接触网的工作性能。图 5-12 是地铁隧道的一种架空式悬挂方式。

如图 5-12 所示,安装在绝缘子上的馈电线通过连接线与接触线连接,使接触线受电。接触线由调节臂固定,调节臂带棒式绝缘子,一端固定安装在隧道洞顶一侧的弹性支架上。调节臂可用来调整接触线与轨面之间的高度,弹性支架通过调节臂使接触线与受电弓之间保持足够的弹性,以保证它们之间的良好接触受流。

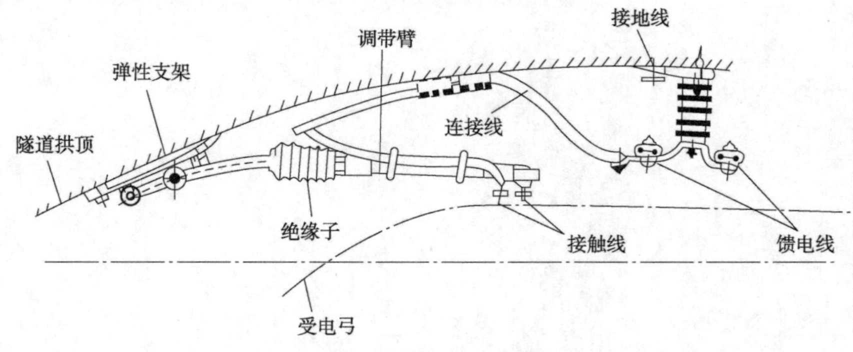

图 5-12 隧道架空式接触网

地面与隧道架空式悬挂均属柔性接触悬挂,还有一种悬挂方式为刚性架空式接触悬挂,可适用于低净空隧道,在日本的东京、大阪等地的地铁中已有应用,但其在弹性方面不如柔性接触悬挂。

任务四 地下迷流及其防护

在直流牵引供电系统中,牵引电流并非全部由钢轨流回牵引变电站,而是有一部分由钢轨杂散流入大地,再由大地流回钢轨并回到牵引变电站。走行钢轨中的牵引电流越大或钢轨对地面绝缘程度越差,地下杂散电流也就相应越大,这种地下杂散电流又称为地下迷流。

走行钢轨铺设在轨枕、道砟和大地上,由于轨枕等的绝缘不良和大地的导电性能,地下杂散电流杂散流入大地,并在某些地方重新流回钢轨和牵引变电站,在走行钢轨附近埋有地下金属管道、电缆和任何其他金属结构件时,一部分地下杂散电流就由导电的金属件上流过。在电动列车附近的杂散电流从钢轨流向金属体,使金属体对地电位形成阴极区。在变电站附近,杂散电流从金属体流回钢轨和变电站,金属体对地电位形成阳极区。在阳极区,杂散电流从金属体流出的地方将出现电解现象,这种电解现象使金属物体温度升高,加速了金属物体的腐蚀。在长期的电腐蚀作用下,地下金属物体(如管道、电缆等)将受到严重的损坏。若地下杂散电流流入电气接地装置,又将引起过高的接地电位,导致某些设备无法正常工作。同时,杂散电流过大时将产生对地电压,严重时可危及人身安全。从上面分析可知,地下迷流及其影响是直流牵引供电系统中必须高度重视的大问题。按照《城市轨道交通工程项目建设标准》(建标 104—2008)的规定,城市轨道交通的杂散电流的腐蚀防护,应符合现行国家标准《地铁设计规范》(GB 50157—2013)及现行行业标准《地铁杂散电流腐蚀防护技术规程》(CJJ 49—1992)的规定。

练习与思考

1. 轨道交通位于城市电网中，直接从城市电网给轨道交通送电是否可行？
2. 轨道交通供电分为几级？
3. 牵引变电所和降压变电所的作用各是什么？
4. 什么是接触网？分别有哪几种形式？
5. 轨道交通接触网有什么特点？
6. 什么是迷流？如何防护？

项目六　城市轨道交通通信

学习目标：

1. 熟悉通信系统的组成；
2. 了解通信系统的各子系统的功能；
3. 掌握通信系统在轨道交通中的重要作用。

任务一　概　　述

城市轨道交通通信系统是指挥列车运行、公务联络和传递各种信息的重要手段，是保证列车安全、快速、高效运行不可缺少的综合通信系统。城轨通信系统主要包括：传输系统、公务电话系统、专用电话系统、无线集群通信系统、闭路电视监控系统（CCTV）、有线广播系统（PA）、时钟系统、电源及接地系统、乘客导乘信息系统（PIS）、办公室自动化（OA）等子系统。通信系统的服务范围涵盖了控制中心、车站、车辆段、停车场、地面线路、高架线路、地下隧道与列车。

一、城轨通信系统的作用

首先，城轨通信系统与信号系统共同完成行车调度指挥，并为城轨的其他各子系统提供信息传输通道和时标（标准时间）信号。此外，通信系统是城轨交通内部公务联络的主要通道，使构成城轨交通内部的各个子系统能够紧密联系，以提高整个系统的运行效率。当然，通信系统也是城轨交通内、外联系的通道。

城轨通信系统在发生灾害、事故或恐怖活动的情况下，是进行应急处理、抢险救灾和反恐的主要手段。城市轨道交通越是在发生事故、灾害或恐怖活动时，越是需要通信联系，但若在常规通信系统之外再设置一套防灾救护通信系统，势必要增加投资，而且长期不使用的设备亦难以保持良好的运行状态。所以，在正常情况下，通信系统能为运营管理、指挥、监控等提供通信联络的手段，为乘客提供周密的服务；在突发灾害、事故或恐怖活动的情况下，能够集中通信资源，保证有足够的容量以满足应急处理、抢险救灾的特殊通信需求。

二、城市轨道交通对通信系统的要求

城市轨道交通对通信系统的要求是能迅速、准确、可靠地传递和交换各种信息。

对于行车组织，通信系统，应能保证将各站的客流情况、工作状况、线路上各列车运行状况等信息准确、迅速地传输到控制中心。同时，将控制中心发布的调度指挥命令与控制信号及时、可靠地传送至各个车站及行进中的列车上。

对于城轨运行的组织管理，通信系统应能保证各部门之间、上下级之间保持畅通、有效、可靠的信息交流与联系。通信系统应能保证本系统与外部系统之间便捷、畅通的联系。

通信系统主要设备和模块应具有自检功能，并采取适当的冗余配置，故障时能自动切换和报警，控制中心可监测和采集各车站设备运行和检测的结果。

三、城轨通信的分类

1. 按业务分类

(1)专用通信

专用通信是附内组织与管理所使用的通信网络，包括行车、电力、维修、公安和防灾调度以及站内、区间、相邻车站的通信。平时主要用于直接组织、指挥列车运行；紧急情况下，可进行应急调度指挥，是城市轨道中最重要的业务通信网。

(2)公务电话通信

公务电话通信是城市轨道交通内部的电话网，相当于企业总机。供一般公务联络使用，以及提供与外界通信网的连接。

(3)有线广播通信

有线广播通信是城市轨道交通运行组织的辅助通信网。平时，向乘客报告列车运行信息，播放音乐；在紧急情况下，可进行应急指挥和引导乘客疏散。

(4)闭路电视

闭路电视是城市轨道交通的现场监控系统，用以监视车站各部位、客流情况及列车停靠、车门开闭和启动状况；在紧急情况下，用以实时监视事故现场。

(5)无线通信

无线通信提供对位置不固定的相关业务工作人员以及列车司机的通信联络，作为固定设置的有线通信网的强有力的补充。

(6)其他通信

时钟系统，使整个系统在统一的时间下运转；会议通信系统，提供高效的远程集中会议通信，如电话会议、可视电话会议等；数据通信系统，用以传送文件和数据。

2. 按传输媒介分类

城轨通信按传输媒介可分为有线通信和无线通信。

有线通信的传输媒介为光缆、电缆。有线通信包括：光纤传输、程控交换、广播、闭路电视等。

无线通信利用空间电磁波进行传输。无线通信包括：无线集群通信、无线局域网(WLAN)、移动电视和公众移动通信网等。

四、城轨通信网

城市轨道交通通信系统应是一个能够承载音频、视频、数据等各种信息的综合业务数字通信网。一般情况下，一条城轨线路建立一个独立的通信网，一个城市拥有多条线路的情况下，可通过数字交叉连接设备(DXC)和中继线路连接各条城轨线路的通信网。

1. 城轨通信网的基本结构

城轨通信网由光纤数字传输系统、数字电话交换系统、广播系统、闭路电视监控系统、无线通信系统等组成。上述系统通过电缆、光缆、漏泄电缆和空间电磁波等传输媒介，在控制中心与各车站、列车之间构成多个互相关联、互相补充的业务网，为城市轨道交通提供综合通信的能力。

构成通信网的基本要素是传输设备、交换控制设备和终端设备。将传输设备(链路)和交换控制(节点)设备按照适当的方式连接起来,就可构成各种通信网。

若为一种业务网建立一个专用的传输网,会造成线路与传输设备的浪费。在城轨通信中,通常的做法是建立一个大容量的公共光纤传输网,利用复用、解复用设备和数字交叉连接设备(由软件控制的数字配线架)为城轨各种业务网提供骨干传输通道。

目前,城轨传输网的物理网络均采用图6-1a)所示的光纤环网拓扑结构,其主要优点是在光纤中断或传输节点故障时仍能保证正常的通信,故亦称为光纤自愈环。在光纤环路中,根据所传送业务的不同,城轨各通信网的逻辑网络(承载在物理网络上)。

拓扑结构由总线型和星形等拓扑结构组成。在图6-1b)所示的总线型结构中,控制中心与各车站的业务节点设备均连接在总线上;在图6-1c)所示的星形结构中,控制中心与各车站业务节点设备以点对点方式相连接。

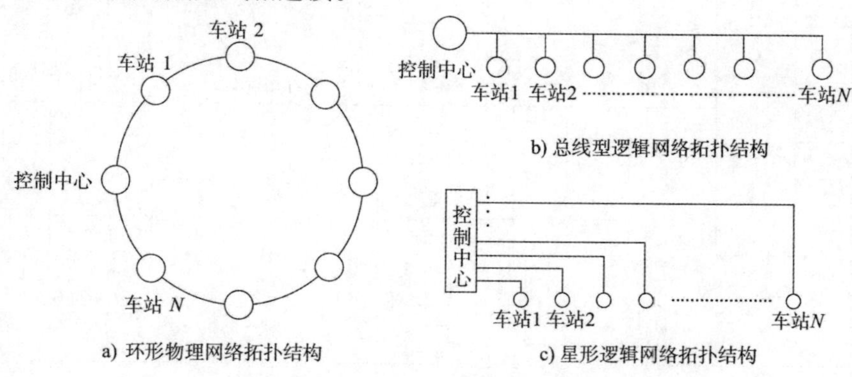

图6-1　城轨通信网的物理网络与逻辑网络的拓扑结构

根据城轨通信的需求,要求城轨传输网络能够承载音频、视频和数据等综合业务。目前,城轨传输网多数采用基于SDH的多业务传输平台(MSTP)。MSTP环路可以提供电路和分组两种传输通道。在分组传输中,因每个数据包均带有地址信息,故网络拓扑以总线方式为主;在电路传输中利用信令连接通信电路,故网络拓扑以点对点方式(星形)为主,但对音、视频和数据的广播信息以及在电路数据通道中传送带地址编码的数据时,网络拓扑也可采用总线方式。

传统的数字音频和视频均通过电路通道传输,随着IP电话、IP视频技术的发展,城轨通信的音、视频业务已开始进入分组通道传输。预计未来的城轨通信网将会演进为一个全IP网络。

2. 通信网的基本设备

由上述讨论可知,在城轨中,各类业务网络采用同一个公共的传输网。在该传输网的节点上安装不同类型的业务节点设备,则组成不同类型的业务网络。

无论哪一种城轨业务网,在控制中心和各车站均应配备相应的业务节点设备,组网原理及通信控制过程基本相同。

城轨通信网(其中包含多个业务网)的设备组成如图6-2所示。对光纤环路而言,其物理网络的拓扑结构为环形结构,各通信节点与环直接相连,物理环网在光纤切断或环内传输节点设备故障时,信号可从另一方向环回,故有很好的抗毁性。

在传输电路分析中,可将环形结构视为总线型结构,故在图6-2中控制中心与各车站所组成的逻辑网络的拓扑结构表示为总线型结构。

在控制中心和各个车站配置的业务节点设备主要包括:公务和专用电话交换设备、广播设备和闭路电视设备。

在控制中心的公务电话交换设备,通过光纤传输系统连接车站交换机或中心交换设备的远端模块。在车站电话交换节点设备上可以连接普通电话机、传真机、电路数据终端。控制中心与各车站的交换设备之间,在逻辑上一般采用点对点的星形连接方式,构成公务电话子系统。

在控制中心的调度电话交换设备,通过光纤传输系统和 PCM 接口设备连接各车站的调度电话机。中心调度交换设备与车站调度终端之间,在逻辑上一般采用点对点的星形连接方式,构成专用电话子系统。

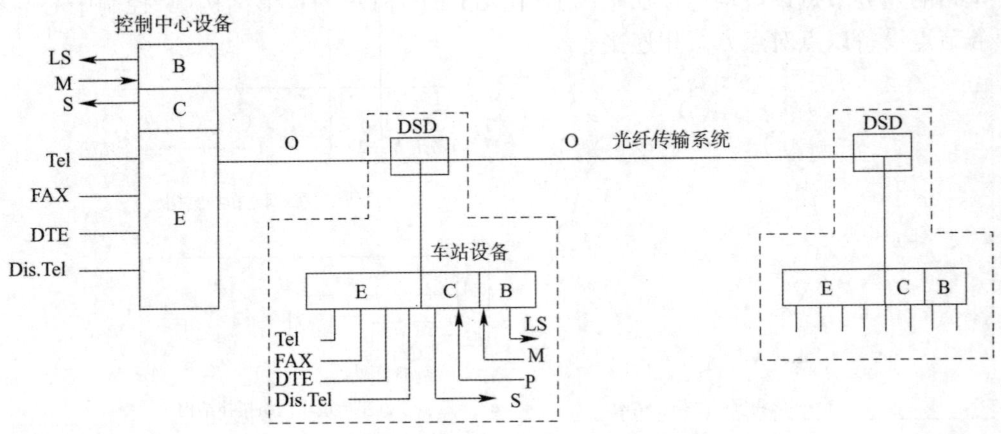

图 6-2　通信网设备组成图

B-广播设备;C-闭路电视设备;E-交换设备;O-光纤传输系统;M-话筒;LS-扬声器;P-摄像机;S-监视器;Tel-电话机;FAX-传真机;DTE-数据终端;Dis. Tel-调度电话;DSD-数字信号分配器

控制中心的广播设备通过光纤传输系统与车站的广播设备相连接,中心广播设备与各车站广播设备之间,逻辑上一般以总线方式连接,构成有线广播子系统。

控制中心的闭路电视设备通过光纤传输系统与车站的闭路电视设备相连接。中心 CCTV 设备与各车站 CCTV 设备之间采用点对点的星形连接方式,构成闭路电视子系统。

由于传输网的物理网络采用总线型(环网)结构,控制中心送出的各种信息必须按需在各个车站从总线上分出来,送到相应的车站设备,各车站送给控制中心的信息及各车站之间互相传递的信息又必须插入到总线上去,因此在各车站需配备数字信号分配器(DSD),以实现信息的分/插与连接功能。有了数字信号分配器,控制中心和各车站送出的各种信息能够汇集在同一个光纤传输系统中进行传输,并能顺利到达各自的目的地。

典型的数字信号分配器为 SDH 环网中的传输节点设备 ADM。ADM 串联在环中,将光信号转换为电信号,并进行解复用。解复用后的电信号经数字配线模块(DXC)让大部分承载信号复用和电/光转换后直通,小部分承载信号提供上下车站业务(落地)。

任务二　通 信 系 统

为了保证城市轨道交通系统能可靠、安全、高效运营,有效地传输轨道交通运营、维护、管理相关的语音、数据及图像等信息,必须建立可靠的、独立的通信系统。通信系统的服务范围包括运营控制中心、车站、车辆段及沿线。

通信系统一般由传输、无线、公务电话、调度电话、广播、时钟、视频监控、网络管理和乘客信息显示等子系统组成,它们一起构成了传送语音、数据及图像等信息的综合业务通信网。为保证车站、控制中心和车辆段在供电电源中断或发生超限波动的情况下,通信设备仍能正常工作,每个站点通常设置不间断电源设备为通信设备提供一定时长的供电。在上述通信系统中,传输系统是最重要的子系统之一,它不仅为通信系统本身提供传输通道,也为其他控制系统提供传输通道。

一、传输系统

通信网的主干是基于光纤的传输系统,它是轨道交通通信系统中最重要的子系统之一,能够为其他通信子系统和列车自动监控(ATS)、综合监控(BAS)、防灾报警(FAS)、自动售检票(AFC)、电力监控(SCADA)等系统提供高可靠性的、冗余的、接口灵活的多种宽、窄带传输通道,构成传送语音、数据和图像等信息的综合业务传输网。

1. 传输系统发展现状及特点

目前,国内北京、上海、广州、深圳、成都、南京等城市的轨道交通采用的传输制式不尽相同,主要采用开放式传输网络(OTN)、同步数字序列(SDH)和 SDH + ATM(异步传输)等传输制式。广州地铁 1、2、4 号线,北京地铁 5、10 号线,深圳地铁 1 号线,上海地铁 2 号线等均采用 OTN 传输制式;北京地铁 13 号线、广州地铁 3 号线都采用 SDH 传输制式;上海地铁 3 号线、北京八通线则采用了 SDH + ATM 传输制式。

轨道交通传输网可以选择一个制式独立组网,也可以选择多种制式混合组网,需根据线路的具体需求等情况确定,并应按照技术相对成熟、可靠、先进、冗余和便于维护的原则选择组网制式。

传输系统由光网络终端、光网络单元及光缆组成,光网络单元之间通过光纤连接。光网络终端设置于控制中心,光网络单元设置于远端各车站、车辆段,系统组成通道保护环,既提供通道保护又具备系统自愈能力,可以满足轨道交通对高可靠性的要求。光网络单元具有丰富的接口,可为车站、车辆段提供公务电话、调度电话、语音广播、无线、调度电话等模拟话音接口,也可为电话、时钟、广播、SCADA、FAS 和 AFC 等提供各种数据接口。此外,还可为公务电话等系统提供 2Mb/s 的数据接口,为视频监控系统提供视频接口。下面以 OTN 传输制式为例进行简要介绍。

2. OTN 的含义和组成

(1)OTN 的含义

OTN 意为开放式传输网络,是“Open Transport Network”的缩写。其中:

O——Open,是指系统利用自身接口模块,可适应几乎所有现有的物理接口标准以及特定环境中的各种特定的通信协议。

T——Transport,是指系统能高速、可靠地实现各种不同类型的信息(如语音、数据、数字视频和 UN)透明地传输。

N——Network,是指系统采用了光纤技术,而采用光纤技术的网络可拥有几乎无限制的传输距离。

(2)OTN 的组成

OTN 系统由光纤主干网、OTN 节点(内含接口卡)和网络监控终端(NCC)等几部分组成,如图 6-3 所示。OTN 节点通过点对点连接方式互连并形成两个方向相反的环,分别称为主环和次环,主环的数据流向为顺时针方向,次环为逆时针方向。正常情况下,该系统通电后将启用主环传送系统信息,即与 OTN 系统相连的设备把要传输的数据发送到主环上,通过 OTN 传送到接收设备,次环则处于备用状态并与主环保持同步。系统运行时,会不断地监测备用环状态,以确保备用环随时能够被启用。当主环发生故障时,备用环会被激活,并取代主环传送系统信息。除非有特殊事件发生,需要改变系统的配置,否则启用的次环会一直运作下去,也就是说,在紧急情况下,次环能完全承担数据传输的任务。

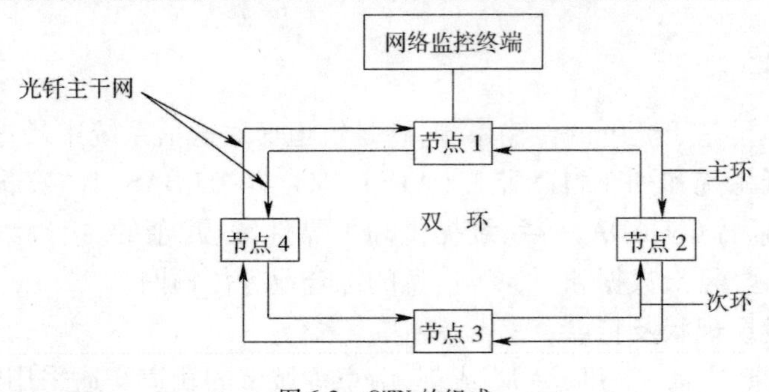

图 6-3 OTN 的组成

3. 节点的结构

根据 OTN 系统带宽不同,节点有 N10、N22、N42 等类型,不同类型的节点可以安装特定种类的模块,结构类似,均具有模块化结构特点。下面以 N10 型节点为例,简要介绍节点的结构,如图 6-4 所示。N10 型节点装有许多公用模块和标准接口模块,所有模块都是插入式单元。

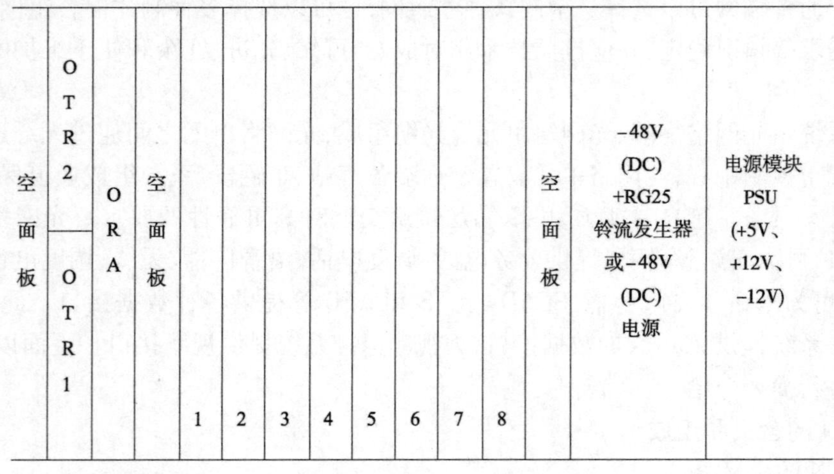

图 6-4 N10 型节点结构

(1)公用模块

包括光环形适配卡(以下简称 ORA 卡)、光—电转换模块(以下简称 OTR)和电源模块(PSU)。这些模块是 OTN 中最重要的模块。在 N10 型节点中,OTR1、OTR2 插在 ORA 卡上合称为公用逻辑卡 OTR1 模块,位于 OTR2 模块的下方,ORA 卡主要有以下功能。

①ORA 卡完成与 OTR1、OTR2 模块及所有接口卡之间信息的输入/输出,将从光—电模块上收到的信息传送给相应的接口卡以及将接口卡的信息传送回光—电模块上。

②ORA 卡完成与 NCC 之间信息的输入/输出。当 NCC 监控与某一节点的 ORA 卡相连

时,NCC 与这个 ORA 卡通过以太网接口进行通信;如果 NCC 与其他节点的 ORA 卡相连时,这个 ORA 卡则通过光纤环与 NCC 进行通信。

③ORA 卡能够读出节点的状态和控制数据,并能够对光纤环网进行管理。电源模块插在第 8 个接口卡的右侧,共有两种:一种是各节点都有的、产生公用逻辑卡和所有接口卡所需直流电压(+5V、+12V、-12V)的电源模块;另一种是直流电压 -48V 电源模块,当节点中装有用于语音通信接口卡时,才装有 -48V 电源模块。

(2)接口卡模块

OTN - N10 型节点共有 8 个接口插槽。所有插槽和接口卡模块的尺寸都是相同的,任何接口卡模块都可插入任意槽中。所有用户设备都经接口卡模块与 OTN 系统相连。接口卡模块将信息转换成数字信号并输入到光纤环发送的时分复用帧(TDM 帧)中,以及从 TDM 帧中恢复出数字信号。所有接口卡模块都可以带电插拔。

4. OTN 网络拓扑结构

OTN 网络拓扑结构可分为逻辑拓扑和物理拓扑,逻辑拓扑用于描述信息在网上传送的路径,物理拓扑则用于描述如何安排网络设备节点和介质以及它们之间的连接。

(1)逻辑拓扑

OTN 的逻辑拓扑是采用双环结构,这种结构对故障具有最优的恢复能力。此外,逻辑拓扑也可设成菊花链。

在双环结构中,光纤线路是闭合的,线路一断开(光缆中断),系统就通过环回方式响应这种变化,并指示故障情况,OTN 系统会自动纠正网络中不同类型的错误。这种双环结构专门用来保证维护的高可靠性和有效性。

在菊花链结构中,光纤线路是开放的,仅利用环回特性形成一个逻辑环。对于这种设置,NCC 不认为这是故障而当成是正常的操作。光缆中断时会将部分网络分开,此时只能利用 OTR 将整个光纤光旁路,以减少节点故障造成的影响。

(2)物理拓扑

逻辑拓扑可用许多种物理拓扑实现,如星形、环形、点对点等,如图 6-5 所示。这些拓扑结构简单,可依据标准安装方法进行安装,并能从一种拓扑类型灵活地变换成另一种拓扑类型。下面对这几种拓扑作简单的比较。

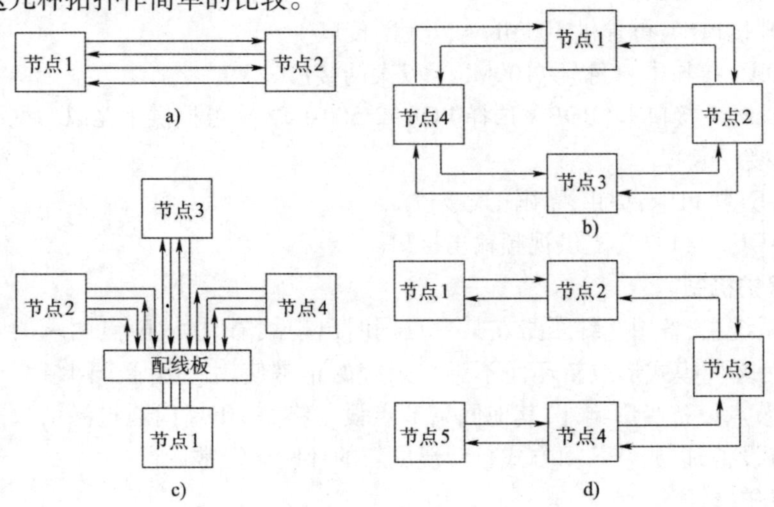

图 6-5　物理拓扑结构

①点对点。这种拓扑在线缆中断时对故障处理的弹性较小。

②环形。与星形相比,使用的光缆更少并且在故障或灾害发生时可自动建立交替选择路由。例如应用在高耸建筑中的垂直环、校园内许多建筑间的环、沿着铁路的环或跨越机场的环等。

③星形。结构像颗星,线缆从一个中央点辐射出来。中央点一般包含有光纤配线板,在板上每个节点的接收光纤与另一个节点的发射光纤相连。它可使用设备上已有的光缆,但设备和安装费用高,与环形结构相比覆盖范围有限。

④菊花链形。这种拓扑对于线缆中断没有提供弹性,而对设备故障提供了使用光旁路的弹性。例如,当节点电源发生故障或系统自检测试出内部有错误时就会将光信号旁路。该拓扑结构的缺点是覆盖范围有限,且因使用光旁路开关,使得光收发器更昂贵。

5. OTN 系统版本及接口卡类型

OTN 系统开放的特性,使得它利用自身接口模块,能适应几乎所有现有的物理接口标准以及各种特定的通信协议,可提供语音、数据、视频等接口。根据 OTN 网络带宽不同,OTN 有 OTN-36、OTN-150、OTN-600 和 OTN-X3M 等版本,分别对应于 36Mb/s、150Mb/s、600Mb/s 和 2500Mb/s 等带宽数据,在 OTN 各版本之间可以平滑地升级。OTN 系统常用的接口卡有以下几种。

(1)模拟话音接口卡

①12LVOI-P 接口卡:与公务交换机相连的接口。

②12LVOI-T 接口卡:与话机相连的接口。

③2/4 线音频接口卡:无线调度台的话音接口。

④HQAudio-M 和 HQAudio-S 接口卡:为广播系统提供宽带语音接口。

(2)数字话音接口卡

E1/T1 接口卡:用于公务交换机之间互连的中继接口。

(3)数据接口卡

①RSXMM 接口卡(RS422 模式):为时钟、SCADA、无线等系统提供数据接口。

②RS485 接口卡:为广播系统提供数据接口。

③ET 接口卡:可提供 10Mb/s 以太网接口。

④ETI00E 接口卡:可提供 100Mb/s 以太网接口。

⑤E1 100AE 接口卡:可提供 100Mb/s 以太网接口。

⑥1 000Base-T 接口卡(BORA 选择 BORA2 500-ETX):可提供千兆以太网接口。

(4)视频接口卡

①Vid4E-IN 接口卡:提供视频输入接口。

②Vid4E-OUT 接口卡:提供视频输出接口。

6. 系统保护机制

当 OTN 系统主、备用光纤线路在某一点同时出现故障时,故障点两端的网络设备会在 50ms 内切换为环回模式形成新环而不影响系统的正常使用。当某个网络节点设备出现故障时,除故障节点设备受影响外,其他网络节点设备将在 50ms 内通过激活故障节点设备两端的网络节点设备,以光纤环回方式自动形成新的环网而正常运行。

7. 设备可扩展性

OTN 设备基于模块化结构,提供了非常灵活、简单的网络升级、扩容和系统重新配置手段,可通过以下方式进行扩展。

(1)增加接口

OTN 可以增加接口卡模块而不影响本节点的其他业务。所有的接口卡模块都可通过热自拔插进行更换。

(2)增加节点

OTN 可以增加附加节点到网络中,而不影响现有网络的工作状态。新的包含相关业务接口卡模块的节点只需简单地安装到机架上,然后进行正确的光纤连接和相应业务的设置,即可完成相应的扩展。

(3)升级软件

OTN 网络管理系统允许进行软件的升级。

二、无线系统

轨道交通无线系统是通信系统重要的子系统之一,它是调度与司机通信的重要手段,同时也是移动中的作业人员、抢险人员实现通信的重要手段。

1. 无线系统的发展

国内轨道交通无线系统主要采用专用频道和集群两种方式。

(1)专用频道

专用频道方式是根据用途来配置频道,每种频道只做一种用途,即使该频道处于空闲状态也不做他用。集群方式又称为共用频道方式,它是所有用途共用几个频道,并根据需要和日使用情况临时分配频道,通常设置一个控制频道和若干个通话频道,通话频道的数目可以少于用途数,平时所有移动台(列车台和手持电台)均处于控制频道,以便接收中心控制信.息和向中心返回信息。通话时,由中心根据情况分配一个通话频道,通话结束后自动返回控制频道。随着无线系统的发展,对频率的利用率要求越来越高,而集群通信的最大特点是多用自户共享多频道,因此专用频道方式正逐步被频率利用率高、功能趋于丰富的集群方式取代。

(2)集群

集群又分为模拟集群和数字集群两种制式,数字集群具有系统抗干扰能力强、频率的利用率高和信令的控制能力强等优点;而模拟集群频率利用率低,提供的业务种类有限,保密性差,容易被窃听,移动设备成本高,因此数字集群系统正逐步取代模拟集群系统。目前,国际上数字集群主要采用 TETRA 陆地集成无线系统和 IDEN 集成数字增强网络两种集群通信体制。从我国已建设的专网来看,采用 TETRA 系统的占多数,如广州地铁的 2、3、4 号线和 Motorola 公司建成的九龙到广州铁路等。现以广州地铁 4 号线为例对 TETRA 数字集群系统进行简要的介绍。

2. TETRA 系统组成及工作原理

广州市轨道交通 4 号线 TETRA 数字集群系统采用单交换机、多基站、光纤直放站的方式形成一个有线、无线相结合的网络,其主要设备是由控制中心设备及接口、调度台设备、集群基站、光纤直放站、终端设备(如固定台、移动台等)、电缆及天线等组成。其基本工作原理是由控制中心设备集中控制和管理系统中的每个信道,动态分配空闲信道给呼出的用户。在通话完毕后,又将该信道收回并分配给等待的用户使用。此外,当通话的一方为公用交换电话网(PSTN)用户时,可通过系统的中继线经 PSTN 互相通话。

(1)控制中心设备及接口

控制中心设备及接口安装在控制中心通信设备室内,主要包括集群交换机(包括与基站的接口)、以太网交换机、数传控制台、无线系统接口服务器(包括 ATS 接口、时钟子系统接接口)、多信道录音机、系统维护终端、网管终端及打印机等。其主要作用是鉴权、控制和数据交换,负责信道的动态分配并监视系统的通话状态。

(2)调度台设备

调度台设备主要包括无线调度台、调度台音频接口、调度台音频附件等,用于实现对各类终端设备的群呼、对列车的广播等。轨道交通运营一般设有行车、维修、环控和车厂调度台,各调度台与控制中心设备相连接,用以实现各个调度台与相关通话组用户的通信。例如,行车调度台通常与正线运营的移动台、车站控制室的固定台等组成相应的通话组。每个组的用户只能呼叫所对应的调度台,如确实需要与其他调度台通话,须经调度转接。

(3)集群基站

集群基站主要包括集群基站及电源、天馈设备(如功分器、耦合器)以及连接馈缆等。集群基站主要由收发信道机等模块提供若干条共用的无线信道,以发射和接收无线电信号,并与控制中心的集群交换机联系。每条信道主要由一组收发信道机构成的控制单元(或称信道机)组成。每个基站覆盖的通信范围由信道机的发射功率和基站天线的高度决定。

(4)光纤直放站

光纤直放站包括直放站近端机和远端机两部分,其中直放站近端机安装在弱场附近的集群基站通信设备室内,直放站远端机安装在弱场区间内。直放站近端机和远端机都包括射频单元和光单元。无线信号从基站中耦合出来后,进入光近端机,通过电光转换,电信号转变为光信号,从光近端机输入至光纤,经过光纤传输到光远端机,光远端机把光信号转为电信号,进入射频单元进行放大,信号经过放大后送入发射天线,覆盖目标区域。与上行链路的工作原理一样,移动台等发射的信号通过接收天线至光远端机,再到近端机,回到基站。

(5)终端设备

终端设备包括固定台和移动台等。

①固定台。它是指安装在车站控制室内的车站电台,用于车站与司机的通信,包含主机、天线、馈线等。

②移动台。它又可分为车载电台和手持电台,分别包含主机、天线等。车载电台通常安装在运营列车的两端驾驶室内,为司机提供移动通信功能,以及列车所属区域和车次等信息。手持电台主要是提供给车站人员、维修人员等非固定地点作业人员与调度联系时使用。

(6)电缆及其附件

电缆包括泄漏电缆、射频电缆,其附件包括射频连接器、电缆安装卡等。其中泄漏电缆是一种特殊的电缆,按结构的不同,可以分为分段泄漏型、放射型、耦合型。泄漏电缆的外导体上按一定规则有规律地开有槽孔,在电缆内、外导体之间加上信号电压后,内、外导体上将有电流流动,由于在外导体上开有槽孔,电流的分布将发生变化。伴随着这种变化,电磁场将从槽孔泄漏出来,使得信号能够从电缆中均匀泄漏出来,实现了无线信号的覆盖。泄漏电缆是实现区间无线信号均匀覆盖的理想选择。射频电缆的结构则与同轴电缆相似;工作在射频频段,主要用于基站、漏缆互连等。

(7)天线

天线是所有需要接收和辐射(发送)电磁波的无线技术设备中不可缺少的组成部分,是实现高频电能与电磁波相互转化的设备。天线有多种形状,常见的棒状、耦合、鞭状天线等属于全向天线;八木天线、圆盘天线(或称吸顶天线)属定向天线。在无线系统中,不同形状的天线主要应用场所如下。

①棒状天线。主要用于覆盖车辆段等较大范围的区域。

②耦合天线。主要用于覆盖车站站厅层或其他(如车库)面积较小的区域。

③鞭状天线。主要用于无线手持台收发天线。

④八木天线。主要用于覆盖某些有特殊要求的区域(如某一段轨道区域)。

⑤圆盘天线。主要用于车载电台收发天线。

3. TETRA 系统主要功能

TETRA 系统是一种高级指挥调度系统,具有调度、电话互联、短消息服务等功能,能为轨道交通内部固定工作人员与移动工作人员之间提供高效话音通信和短信息服务。它可实现系统为运营控制指挥中心各调度员与列车司机、运营人员、维护人员和现场工作人员等无线用户无线通信,可实现车辆段值班员与段内无线用户的无线通信,以及相应的无线用户之间必要的无线通信。此外,还具有相应的呼叫、广播、录音、存储、显示、检测和优先权等功能。TETRA 系统以调度通话组通信为主,还可实现用户之间一对一的单独通信。本系统的主要功能如下。

(1)通话功能

数字集群系统本身具备包括全双工、半双工、单工等各种通话方式,以组呼通信为主。

组呼均采用单工方式。其功能主要包括无线调度台与车载电台之间、车载电台与车载电台之间、无线调度台与无线手持电台用户之间、无线手持电台用户之间的通话以及无线手持电台用户与有线用户的连接调度功能等。

(2)通话组编组功能

根据运营各部门的工作需要,所有成员可以编入不同的通话组,每个用户可以同时编入多个通话组。TETRA 系统通过空中无线路径将终端编入通话组或预先将通话组编入终端中,可组成如下基本通话组。

①行车调度通话组

该组内分多个通话小组,各通话小组的用户有所不同,便于调度发出不同的组呼。

a. 正线列车。当一列车运行在正线时,安装在车上的 TETRA 无线终端可以同时属于行车调度通话组中的多个通话小组。正线的列车将被编入以下几个组:

a)正线列车组。

b)正线列车上行组。

c)线列车下行组。

d)单个列车组。

b. 车站站务。站务编组如下:

a)所有车站组。

b)车站组。

c)单个车站组。

d)特别组。

②车辆段通话组

当一个列车从正线进入车辆段后,通过 ATS 系统和调度系统动态重组功能的结合,该列车上的车载台会自动加入车辆段通话组。其编组如下：

a. 车辆段通话组。

b. 车辆和调车员通话组。

c. 调车员通话组。

d. 列检通话组。

e. 特别组。

③维修通话组。

维修通话组可分为维修小组通话组、生产管理通话组和特别组。其中维修小组通话组又可根据专业不同细分为各专业的维修通话组。其编组如下：

a. 维修通话组。

b. 维修专业小组通话组。

c. 衍生产管理通话组。

d. 特别组。

④环控通话组

环控通话组可分为多个环控小组。

(3)手工转组功能

通常情况下，无线系统的控制中心设备根据信号 ATS 系统提供的车辆位置及线路信息来确定是否需要自动转组。如果在信号系统未开通或故障的情况下，调度台可以通过手工方式将列车转组，司机同样可以通过手动方式请求转组。请求转组时，只有相应调度台接收到该信息，其他调度台不接收。一趟地铁列车运行时安装在车上的 TETRA 用户台可以同时属于行车调度通话组中的多个用户组。

(4)呼叫功能

无线通信系统采用的数字集群 TETRA 的制式，具备强大的呼叫功能，可以实现组呼、选呼、紧急呼叫。

①用户台的识别号。本系统的每一个用户都分配了不同的身份识别码 ID 号。选择呼叫即通过 ID 号对不同用户进行个别呼叫。

②用户台的组识别号。为了保证通话过程中能够接收更高优先级的呼叫，调度系统中一般是采用组呼方式。

对无线用户台的编组可通过以下两种方式进行：预先对无线终端进行编组；经授权的调度员或系统管理员可通过空中无线路径将组写入终端。

③调度台的呼叫。经过二次开发的调度台具备实用的呼叫功能及便捷的操作。

④用户台对调度台呼叫。用户的终端设备均可呼叫本工作子系统内的调度员。

⑤用户台之间的组呼。用户台之间的组呼可以通过用户组选择旋钮选择相应的组，同时用户台将发出语音提示组的变化，适合用户在紧急情况下选组。

⑥用户台之间的选呼。选呼功能可以通过拨号方式或利用中文操作菜单选择存储在用户台电话号码簿的用户号码进行选呼操作。

⑦组呼扫描功能。组呼扫描是一个终端支持的功能。例如，诺基亚 TETRA 终端的组呼扫描优先级可以分为高、中和低 3 级，另外还有不扫描的选择。

(5)广播功能

通常二次开发可实现如下广播功能。

①调度员可对其管辖范围内的某一列车进行针对乘客的广播。

②调度员可对其管辖范围内的所有列车进行针对乘客的广播。

(6)调度台的主要功能

①登录功能。调度员需要通过登录进入调度台操作,根据每个调度员担任的角色不同,调度台终端进入不同的显示界面(如分为行车调度、维修调度等)。

②通话功能。通过本调度台,调度员可实现与其他工作人员之间进行通话。

③管理功能。

a. 本系统中每个移动台漫游到新的基站时,调度员都能清楚移动台所处的基站位置,并可在调度台上显示车载台所在的无线基站。

b. 每个调度台均具备录音接口,所有该调度台的通话都将通过录音接口输出到录音设备。录音接口位于调度台音频接口单元上。

(7)故障弱化功能

①无线信道的控制。TETRA 的业务信道是动态分配的,每次用户发出呼叫申请,系统都将分配一个空闲信道给用户,某一个信道故障不会影响用户的通话。

②冗余备份。集群交换机采用 2N 或 N+1 热备份冗余技术。

③单站集群。当集群交换机与集群基站之间的传输链路发生故障时,基站能够自动切换至故障弱化(Failback)模式。基站通过基站控制器仍具备简单呼叫功能及基站控制功能。

(8)动态重组功能

动态重组功能可以临时把需要的用户组成一个通话组,该功能对于应急抢险、流动作业的用户十分有用。

4. 系统组网方案

按照基站设置方式不同有多基站小区制、多基站中区制和大区制 3 种组网方式。

(1)多基站小区制

多基站小区制是在控制中心设置交换控制设备,在轨道交通沿线各车站、车辆段设置集群基站。交换控制设备与基站之间通过有线传输通道连接,轨道交通沿线架设漏泄同轴电缆实现车站站台及区间内的场强覆盖;各车站站厅用天线覆盖。各基站一般采用 2 载频基站,每个载频设 4 个信道。小区制的缺点是投资较高,列车司机与行车调度员之间的通话存在较多越区切换。优点是信道利用率高,系统的故障弱化能力较强,能够实现车站值班员与接近列车司机之间无须拨号就能建立通信联系(俗称小三角通信)。

(2)多基站中区制

该方案由交换机、多基站、光纤直放站组成链状网,集群基站与控制中心交换机通过 E1 进行连接,设在各车站的集群基站或光纤直放远端站通过漏缆覆盖整个隧道和站台区间,用天线覆盖车站站厅层;在车辆段设置集群基站及天线覆盖车辆段区域。多基站中区制基站采用 2 载频,在控制中心设置直放站网络管理终端。中区制在设备投资、信道利用、越区切换频次、故障弱化能力等方面均介于大区制与小区制之间,不具备小区制的小三角通信功能,也不存在大区制的车载设备在列车进出车辆段时正线通话组与车辆段通话组不能自动转换的问题。

(3)大区制

在控制中心设置交换控制设备和基站,在地铁沿线车站均设置射频放大设备,地铁沿线架设泄漏电缆实现场强覆盖。大区制的优点是投资较少,列车司机与行车调度员之间的通话不存在越区切换。缺点是信道利用率不高，故障弱化能力较差，不能实现小三角通信，尤其是列车进出车辆段时正线通话组与车辆段通话组不能自动转换。此外，大区制系统结构不易扩容也是致命的弱点。

三、公务及站内电话系统

公务及站内电话系统可分为公务电话子系统和站内及轨旁电话子系统两部分，能为管理部门、运营部门、维修部门提供一般公务联络服务，主要是电话业务和部分非话业务。本系统能够提供各种新业务功能，能识别非话业务能力，能与分组交换网连接，能与无线集群系统连接，能与本地公用电话网互联，实现与本市用户特种业务通话，还可以实现国内、国际长途通信。现就对公务及站内电话系统进行介绍。

1. 公务电话子系统

(1)公务电话子系统的组成及功能

公务电话子系统主要由交换机、配线架、用户话机、线缆等设备组成，其中交换机是系统中重要的设备，交换机主要具备以下功能。

①电话交换功能

a. 系统可提供内部呼叫及出入局呼叫。

b. 系统可经交换机的汇接，实现对市话局的呼入、呼出。可以进行国内及国际人工、半自动、全自动的来、去话呼叫，并具有话费立即通知功能。

c. 系统可以实现将119(火警)、110(匪警)及120(救护)等特种业务呼叫自动转接至市话局的119、110和120。

②计费功能

计费系统可以对市话、国内及国际长途有权用户的长话进行计费，并具有定期、立即、脱机计费功能。

③非话业务

a. 系统具有识别用户数据、用户传真等非话业务的能力，并能保证该类业务不被其他呼叫插入或中断。

b. 系统可提供2B + D等数字用户多种接口，能与分组交换网连接。

系统可提供缩位拨号、热线服务、出局呼叫限制、免打扰、转移呼叫、三方通话、60方会议、叫醒服务、缺席用户服务、遇忙回叫、恶意呼叫追查、呼叫等待、强插/强拆等功能。

④维护管理功能

a. 交换机配有维护终端，用户的维护管理人员可根据需要通过人—机命令更改用户数据、局数据。

b. 交换机可以诊断软、硬件故障，并告警显示和记录，同时指出故障所在范围及性质。

c. 交换机故障定位精度可定位于用户板、中继板及服务电路板的每一端口上。对于公共控制部件电路，70%可定位于1块板，90%可以定位于3块板。

d. 交换机的维护终端，可以通过人—机命令对各种设备的主要性能进行人工及自动测试，并能自动记录、打印输出测试结果。

e. 系统可实现话务统计功能，包括呼入次数、出局呼叫次数、内部呼叫次数等。

(2)系统结构

公务电话子系统是以数字程控交换机设备为核心，与程控交换机相连的电话分机分布在轨道交通各办公管理部门、设备房及运营各生产部门等。常见的轨道交通公务电话系统采用环形网络结构,如图 6-6 所示。采用这种拓扑结构的系统,当任意两台交换机间(如 OCC 与车辆段之间)的传输线路中断,可以通过迂回传输线路(如 OCC—某车站—车辆段)保证线路的畅通,从而使网络的可靠性提高。

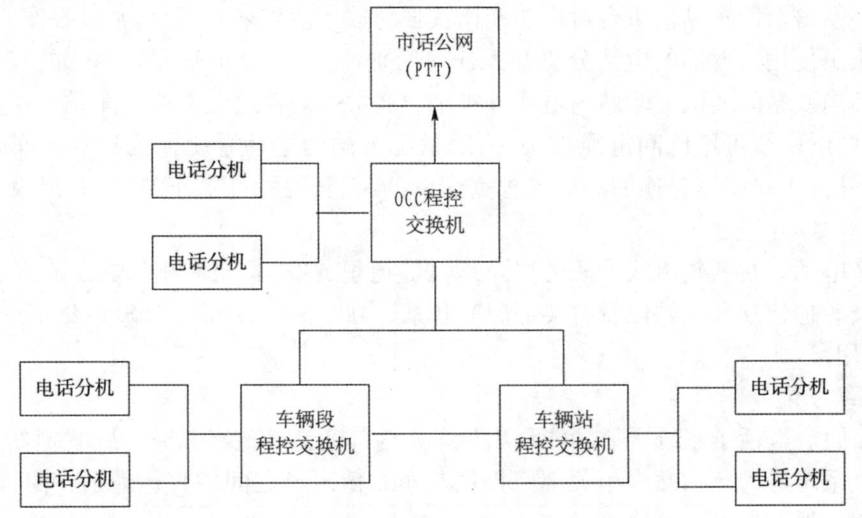

图 6-6　采用环形网络结构的轨道交通公务电话系统

(3)网同步

在数字通信网中,采用的网同步方式有主从同步法、相互同步法和分级的主从同步法 3 种。

①主从同步法。网内有一个中心局,它设有一个高稳定度的主时钟源,产生网内的标准频率被送到各交换局作为各局的时钟基准,这种方法简单、经济。轨道交通公务电话系统常采用主从同步的网同步方式。在正常情况下,系统从接入网提取时钟信号,接受同步控制,并控制本网内其余电话交换机的同步信号;当与接入网局间链路发生故障时,则网内构成以某一交换机为主局,其他交换机为从局的同步系统。

②相互同步法。网内各交换局都有自己的时钟,并且相互连接,它们无主、从之分。各交换局的时钟频率互相控制,互相影响,最后都调整到同一频率。因此,任何一个交换局发生故障就只停止本局工作不会影响全网。相互同步法的优点是网内局部故障不影响其他部分的工作,从而提高了通信网的工作可靠性。缺点是同步系统较为复杂。

③分级的主从同步法。分级的主从同步法介于主从同步法与相互同步法之间的等级制主从系统。它把网内各交换局分为不同等级,级别越高,振荡器的稳定度越高。其连接方式如相互同步法,每交换局只与附近局有连线,在连线上互送时钟信号,并送出时钟信号的等级和转接次数。一个交换局收到附近各局来的时钟信号以后,就选择一个等级最高、转接次数最少的信号去锁定本局振荡器。这样使全网最后以网中最高等级的时钟为标准。一旦该时钟出故障,就以次一级时钟为标准,不影响全网通信。分级的主从同步法克服了主从同步法和相互同步法的部分缺点。

2. 站内及轨旁电话子系统

(1)系统组成

站内及轨旁电话子系统是一个相对独立的内部电话系统,由车站电话总机、车站值班台

(值班员电话机)、电话分机、轨旁电话机共同组成站内及轨旁电话子系统,实现站(段)内重要部门有关人员的点对点的直接通话、相邻车站值班人员之间及轨旁人员的直接通话。

①车站电话总机。车站电话总机一般用小型程控交换机来实现,也可用大型交换系统的集中电话机来实现。

②车站值班台。车站值班台可用功能比较强的数字话机来实现,通常设在车站控制室,供车站值班员使用。普通的电话分机并无任何区别,一般一个车站配置30部左右的分机,分别用于站内及站间通话。车站内电话分机用户通常采用普通电话线与车站电话总机相连接,站间的中继一般可用区间电缆连接,一般情况下站内电话系统作为独立的车站内部电话,是不和外部建立中继互连的。通常根据运营的需要,在相邻的车站之间,以及相邻联锁站之间建立中继互连。

③轨旁电话。在铁轨沿线的两旁以及地铁隧道里,列车司机和维修人员在紧急情况下有时需要及时地建立和车站以及有关部门的联系,因此,一般每150~200m设置一部轨旁电话,以供使用。

(2)系统功能

站内及轨旁电话子系统主要功能是满足车站内部通话,以及相邻车站、联锁站之间的直达联系。该系统可为车站站内相关部门提供与车站值班员之间的直达通话,并且车站值班员可以呼叫其他相邻车站的值班员。

四、调度电话系统

调度电话系统是为列车运营、电力供应、日常维修、防灾救护提供指挥手段的专用通信系统,要求迅速、直达,不允许与运营无关的其他用户接入该系统。调度电话分为行车调度电话、电力调度电话、环控调度电话和维修调度电话。各调度员可对本系统的用户进行单呼、组呼、全呼、紧急呼叫,可对通话进行录音。调度电话设备主要分布在运营控制中心、车站、设备室、车辆段及所需电话的其他区域。

1. 系统设备组成

调度电话系统主要由调度总机、调度台、调度分机三部分通过传输系统或相应的通信缆线连接而成。

(1)调度总机

调度总机是调度电话系统的核心部分,由具有交换功能的交换机或交换模块组成,可组成若干个独立的调度(如行调、电调、环调、维调等)呼叫,并具有录音等功能。

(2)调度台

调度台是调度业务的操作控制台,设在中央运营控制中心。

(3)调度分机

调度分机采用普通话机。调度总机与分机通过传输系统提供的点对点式专用音频话路连接。

2. 系统功能

(1)通话功能

OCC各中心调度员通过调度台与各站(段)调度分机用户可直接呼叫通话:OCC各调度员之间可直接呼叫通话;OCC值班主任与OCC各调度员可直接呼叫通话;各调度分机之间不允许通话。

(2)选呼功能

调度台呼叫调度分机时可选择单呼、组呼、全呼,调度台上可显示呼叫的分机号码及中文站名;调度分机呼叫调度台,按热线功能方式,无须拨号,举机即通。调度分机呼叫调度台时,可分为一般呼叫和紧急呼叫,紧急呼叫时有灯光指示,液晶屏同时显示“紧急”字样,以示区别。

(3)会议功能

调度台可以方便地召集电话会议,会议的参加方能由调度台灵活的设置。本系统支持≥1+N方会议电话。调度员可指定会议成员发言,会议成员也可向调度员提出发言请求。

(4)录音功能

该系统能对调度员与调度分机的通话以及各调度员之间的通话进行录音。录音设备记录的通话文件保存在计算机硬盘上,并可转录以便长期保存。

(5)维护管理功能

调度总机应具有较强的维护管理功能,能进行一般性管理(显示系统拓扑结构、实时反映所有通道和设备的连接及运行状态)、故障管理(设定告警等级及报警方式、清除告警、生成告警信息的统计报表等)、配置管理(系统设定等)和安全管理(设置管理权限,进行分级管理等)。

3. 调度系统实现方式

根据设备所选型号不同,调度系统可通过在公务电话系统中增加相关模块部件,通过软件控制实现调度交换功能。例如,广州地铁1号线使用的HICOM392型交换机就是采用这种方式实现调度功能的,其优点是设备紧凑,可以有效共享硬件和软件资源。缺点是一旦HICOM392型交换机出现系统故障,势必对调度系统的正常运行造成影响甚至中断。考虑到调度系统的重要性,一般采用独立设置调度交换机实现调度功能的方式,这样能够提高系统的可靠性。

五、广播系统

广播系统由中心广播、车站广播、车辆段广播系统组成,通过使用控制中心、车辆段的操作终端操控整条运营线路、车辆段内的广播,将语音信息传送到相应车站、车辆段,使整条线路中的车站、车辆段广播系统既独立又成为统一的整体。

1. 中心及车站广播系统

(1)系统组成

中心及车站广播系统由广播机柜、广播台等组成,广播机柜分布在全线各车站和控制中心通信设备室,广播台则根据需要设置在控制中心、各车站控制室以及站台等位置。此外,车站广播系统还包括噪声感应探头(简称噪感)、扬声器等外部设备,一般每个站台设置两个噪感,站厅设置两个噪感,作用是提供一个控制信号给广播设备用以调整放大器的增益,并进一步调节站台上扬声器的声压水平。

(2)系统功能

车站广播主要用于对车站乘客、维修和运行人员进行广播,发布有关列车时间、车次变动、列车延时、行车安全、紧急情况以及突发事件等信息,以及预先录制的通告等,其主要功能如下。

①广播功能。车站值班人员可以通过广播台对本站站台、站厅、办公区进行广播。OCC

值班人员可通过广播台对全线各站的任何区域进行广播。

②系统控制功能。主要包括对系统的监听、音频控制、替换、远端控制等。

③故障诊断功能。系统可以通过诊断功能检测设备的运行状态,查出故障点,并输出故障信息报告。

(3)系统控制方式

本系统具有中央级和站级两级控制方式,正常情况下以车站广播为主,控制中心可以插入广播;但在事故抢险、组织指挥、疏导乘客安全撤离时,则以控制中心防灾广播为主。

(4)系统运行方式

该系统具有以下运行方式。

①用于控制中心的中央操作人员选择或分组联系各车站的遥控广播方式。

②用于车站控制本站信息传输的本地广播方式。

③用于播放本地级预存信息的本地广播方式。

2. 车辆段广播系统

车辆段广播系统作为一套独立的区域广播系统,主要由广播机柜、广播台、扬声器等几部分组成。广播机柜设置在车辆段通信设备室内,广播台通常设置在车辆段运转值班员、信号楼值班员工作室内。根据运营管理需要,扬声器多设置在车辆段室外区域及车库内,供车辆段运转值班员、信号楼值班员对相应区域进行定向语音广播。

3. 广播台

(1)广播台种类

根据使用地点不同,广播台通常可以分为以下5种类型,见表6-1。

广播台类型 表6-1

序号	类　型	使用地点
1	智能广播台	控制中心大厅
2	站长广播台	车站控制室内
3	站台广播台	各车站站台
4	轨旁广播台	车辆段室外区域
5	桌面广播台	信号楼、运转值班员工作室内

(2)广播台功能

①智能广播台。主要安装在控制中心,具有选择呼叫、组合呼叫、全部呼叫(针对全线各站)等功能。在紧急情况下,调度人员可以使用它对控制中心进行广播,也可以对任何车站的任何区域进行广播。

②站长广播台。设置在车站控制室的控制台上,具有选择呼叫、组合呼叫、全部呼叫(针对本站所有区域)等功能。可进行人工广播和录音广播。车站控制室的值班人员可以通过站长广播台对本站站台、站厅、办公区进行广播。

③站台广播台。设置在站台上,一般每个站台设置一个,是一种全天候、有防护的对讲台。

④轨旁广播台。设置在车辆段室外部分区域,通常是沿线路布置,是一种全天候、有防护的对讲台。

⑤桌面广播台。设置在信号楼、运转值班员工作室内,可实现对车库范围内的广播。

六、时钟系统

时钟系统通过全球卫星定位系统(GPS),为轨道交通的乘客提供了一个标准的时间信息,为轨道交通通信系统、自动售检票系统、综合监控系统、电力监控系统、火灾报警系统等提供了统一的时间信息。

1. 系统组成及设备分布

时钟系统组成框图如图 6-7 所示。

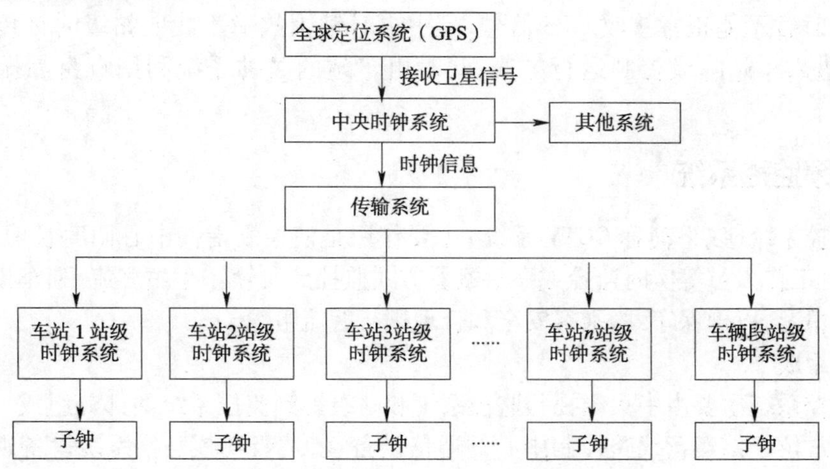

图 6-7 时钟系统组成框图

时钟系统一般分为中央级和站级。时钟系统的外部设备包括 GPS 天线(含雷电保护器)和子钟。通常情况下,中央时钟系统设备以及 GPS 接收设备位于轨道交通线路控制中心的通信设备室,站级时钟系统设备安装在各车站及车辆段的通信设备室,子钟则安装在各站点、车辆段、控制中心等场所。

2. 系统功能

时钟系统由 GPS 天线接收卫星传来的时间信号,经中央时钟设备传送给站级时钟设备。站级时钟设备则为各车站的子钟提供时间信号。

(1)中央时钟系统

通过 GPS 天线接收 GPS 时间信息,再通过中央时钟设备将时间信息传送给各站的站级时钟设备,同时传送给有需要的其他系统,为各系统提供一个标准的时间。

(2)GPS 设备

它主要由 GPS 天线和避雷装置两部分组成。GPS 天线通过高频与卫星通信,从不同方向接收到 GPS 卫星系统发来的时间信息。由于 GPS 天线安装在露天环境里,在发生雷电时,高压容易从天线接收端进入,加装避雷装置的作用是防止雷电击坏设备。

(3)站级时钟系统

主要用于接收中央时钟系统发送过来的 GPS 时间,同时驱动车站子钟转动以显示时间。

(4)子钟

主要为站台、站厅候车的乘客以及各相关区域的办公人员提供统一的时间信息。

3. 系统运行方式

一般分为中央控制运行和车站降级控制运行两种方式。

(1)中央控制运行方式

本系统正常工作状态下，采用中央控制运行方式，此时中央时钟系统可正常接收 GPS 信号，并将此信号转换成标准时间信号传送给站级时钟系统以及其他需要接收时间信号的系统，从而使这些接收时间信息的系统的时间与 GPS 时间同步。

当中央时钟系统不能正常接收 GPS 信号时，中央级时钟系统将会通过自身的晶振提供时间信号，此时其他系统及站级时钟仍然接收来自中央级时钟自身提供的时间信号，由于中央时钟用于同步的晶振精度较高，一般能达到 1×10^{-6}s，因此仍能满足运营的要求。

(2)车站降级控制运行方式

当中央时钟不能正常接收 GPS 信号，且中央时钟因故障不能向站级时钟传送时间信号时，系统进入车站降级控制运行方式，此时由车站的时钟系统利用自身晶振提供时间信号。

七、视频监控系统

视频监控系统(以下简称 CCTV 系统)主要作用是使控制指挥中心调度管理人员、车站值班员、站台工作人员等实时监控或事后察看方式监控到所管辖车站客流、列车出入站及旅客上下车等情况，以确保车站、乘客安全和合理进行客流组织。

1. 系统组成

视频监控系统主要由中央级视频监控系统和站级视频监控系统两部分组成。中央视频监控系统通常位于该运营线路控制中心的通信设备室，站级视频监控系统设备则安装在各车站的通信设备室。系统外围设备摄像机、监视器等则分布在各站站厅、站台等区域。

(1)中央视频监控设备

它分为机柜设备和外部设备。机柜设备主要由交换矩阵、视频输入/输出模块、光纤接收单元、电源等几部分组成；外部设备主要有监视器(含控制键盘)和录像机。

(2)站级视频监控设备

它包括机柜设备和外部设备。机柜设备主要由交换矩阵、视频输入/输出模块、均衡器、视频分配器、光纤传输单元、电源等几部分组成；外部设备包括摄像机、监视器(含控制键盘)和录像机等。

2. 系统工作原理

(1)车站内视频信号的传输过程

传输方式上，目前多采用视频基带传输方式。视频基带传输方式是指从摄像机到控制设备之间传输的视频图像信号完全是视频模拟信号，输入、输出采用 75Ω 不平衡方式。为了整个系统阻抗匹配，传输线也采用 75Ω 的同轴电缆。当摄像机输出的视频图像信号通过同轴电缆传输到设备机柜相应接口面板后，首先送到同轴电缆均衡器(站台视频图像还要送到画面分割器或分屏单元)，然后送到交换矩阵。所有这些视频经过交换矩阵的切换后，传送到车控室的监视器，车站人员可通过监视器的控制键盘，完成视频图像的切换；而要传送到控制中心的视频图像，经矩阵的输出端传送到传输单元，通过光纤传输系统送到控制中心。

(2)由车站级到中心级的视频信号传输

车站交换矩阵输出的来自分屏单元的图像(站台分屏图像)和站厅的图像，通过机柜内的传输单元传输到 OCC。要求每个站的图像要持续地、实时地传送到 OCC。从车站到 OCC 的图像传输，由于距离过远，通常采用光纤传输方式。各站传来的图像信号经过光纤接收单元转变为视频信号，再传送给交换矩阵，由交换矩阵输出到监视器上去；而控制键盘可以控制输入与输出之间的连接。再由 OCC 的光接收单元转变为电信号，经分组器转变为各路高频电信号，再经解调器的解调还原为图像信号，输入到 OCC 的视频交换矩阵中去。

(3)系统功能

①中央级功能。中央视频监控设备接收来自各车站的视频图像，经过一定的处理后，在控制中心大屏上显示。在控制中心，调度人员通过观看大屏显示的图像可监视到轨道交通全线的运营情况，包括列车的运行情况、客流情况、控制范围内的异常情况等。

以广州轨道交通 1 号线为例，控制中心设置有行调、环调、电调和维调等岗位，通常行调和环调需要监视全线各站的情况。由各站传送来的图像，经过中央机柜设备处理后，通过专用控制键盘的控制，将视频图像按不同的方式显示在相应的监视器上，达到监视的目的。而图像的显示方式，可根据不同用户的使用情况做不同的设置。另外，行调可使用配置的录像机选择记录紧急情况，或需事后查看的现场情况；不同的调度可通过各自的控制键盘根据需要调看不同的图像。

②站级功能。通过分布在站台、站厅的摄像机，将全站的图像统一送到站级视频监控机柜，经均衡放大等处理后，再传送到车站人员使用的监视器上，供其监控车站情况。车站人员可通过控制键盘切换监视器上的图像，通常显示方式有两种：一种是单幅图像切换方式，即根据需要选择相应的单幅图像显示在监视器上；另一种是分组轮流显示方式，即将图像进行分组，然后选择要观看的一组图像轮流显示在监视器上，组内的图像采用轮流扫描的方式，其时间间隔可设置。除了提供本站的图像给车站人员外，站级设备还通过光纤传输单元将本站图像上传到中央级视频监控设备，以提供控制中心的调度监控使用。

八、网络管理系统

通信系统设备众多，主要分布在各个车站、隧道(高架)区间、车辆段以及控制中心等位置，通过网络管理系统，能对所有通信设备进行故障监测、告警及远程控制，以实现故障的快速定位，为尽快发现和修复故障提供了有效的帮助，为确保行车安全提供了可能。

网络管理系统通常有以下两种管理方式。

一种是通过网络管理系统对所有的通信系统进行统一监测，这类网络管理系统一般由车站级设备和中央级设备两部分组成。根据通信各系统对重要设备状态的监控需求，将各系统的监控状态进行分类，例如视频监控系统可设置对系统机柜电源、机柜温度、前端摄像机等设备进行监控，车站级设备将这些监控状态通过传输系统传至中央网络管理设备。

另一种是由通信各子系统的网络管理设备独立实施监控，再通过系统筛选将需集中监控的故障信息统一送到集中报警设备。集中报警设备利用计算机网络技术和计算机本身的数据处理能力，对通信系统中的各子系统进行集中管理，将各系统的运行状态集中反映到控制中心的计算机上，使通信维护人员能及时、准确地了解整个通信系统设备的运行状况和故障信息，以便于处理。

任务三　乘客信息显示系统

乘客信息显示系统(PIDS)是为提高服务质量、加快各种信息(如乘客行车、安防反恐、运营紧急救灾、公益广告、天气预报、新闻、交通信息等的)传输及列车视频监控的重要系统。

一、系统结构

通常 PIDS 系统分为 3 层结构:第一层是总编播中心;第二层是分线控制中心(即分线 OCC);第三层是车站设备、车辆段设备以及车载设备子系统。如图 6-8 所示为 PIDS 系统的分层结构框图。

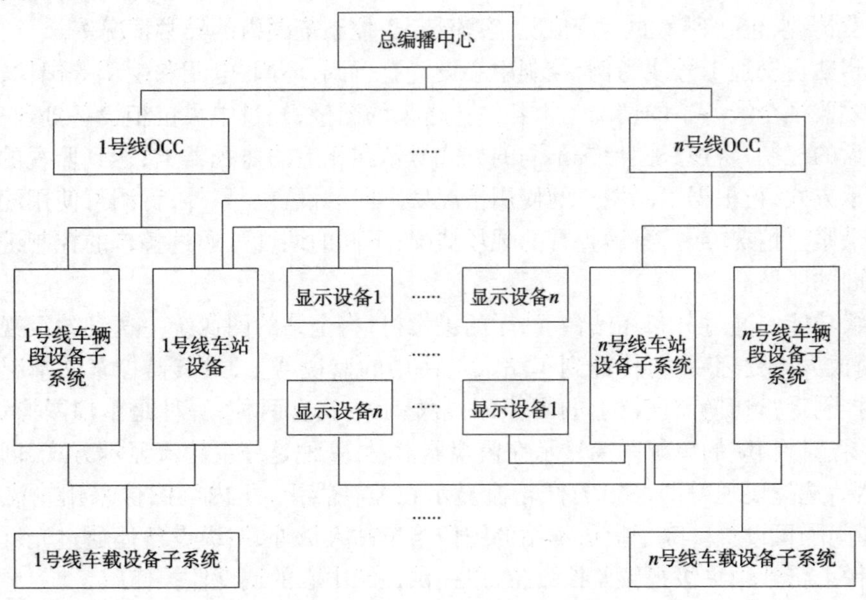

图 6-8 PIDS 系统分层结构框图

二、系统基本功能

1. 总编播中心基本功能

(1)接收和播放各条线 PIDS 系统的乘客导乘信息和公共信息(视频、文本信息)。

(2)集中定义和管理系统用户拥有的各类操作权限,如系统、广告、发布管理权限等。

(3)可通过列表方式监视用于车载视频监控的移动宽带传输网隧道设备的工作状态。

(4)信息的接收和下发共有两种路径:一种是从总编播中心⟷各线 OCC⟷各线车站;另一种是从总编播中心⟷各线 OCC⟷各线移动宽带传输网⟷各线列车。

2. 分线 OCC 基本功能

(1)从总编播中心接收本线乘客导乘、公共信息的播放列表及媒体文件素材信息,通过传输网络下发传送到本线路各车站、移动宽带传输网络或车辆段设备。

(2)本线操作员可编辑、储存及发送本线的乘客导乘信息,定义本线模板文件,并上传到总编播中心。

(3)信息的接收和下发共有 3 种路径:一种是分线 OCC⟷本线车站;另一种是分线 OCC⟷本线移动宽带传输网⟷本线列车;再一种是分线 OCC⟷总编播中心。

3. 车站设备子系统基本功能

(1)从分线 OCC 接收发布的内容信息,通过播放控制器在本车站所有显示终端播放信息,并进行控制和管理。

(2)通过移动宽带传输网系统为车载设备子系统转发来自分线 OCC 的内容信息,并将车载系统的监控信息上传到分线 OCC。

(3)信息的接收和下发的路径是车站⟷本线 OCC。

4. 车辆段设备子系统基本功能

从分线 OCC 接收发布的内容信息,经移动宽带传输网系统传到车载设备子系统,并将车载信息上传到分线 OCC。

5. 车载设备子系统基本功能

(1)通过移动宽带传输网接收发布的信息内容,经车载播放控制器解码,在本列车车厢内的所有显示终端上播放。

(2)通过移动宽带传输网将列车上的监视图像传递到分线 OCC。

(3)将列车上所有摄像头的监视图像传递到列车驾驶室内的显示终端,供司机监视车厢情况。

(4)信息的接收和下发共有两种路径:一种是从列车⟷本线移动宽带传输网⟷本线 OCC⟷总编播中心;另一种是从列车车厢⟷本列车驾驶室。

三、系统信息传输组网方式

PIDS 传输网络采用光纤数字传输设备,构成星形结构。在总编播中心,中心交换机采用双机热备方式组网;在各分线 OCC,分线 OCC 交换机采用单机加重要模块热备方式组网;在各车站(或车辆段),车站(或车辆段)交换机采用单机加电源模块热备方式组网。本传输系统构成框图如图 6-9 所示。

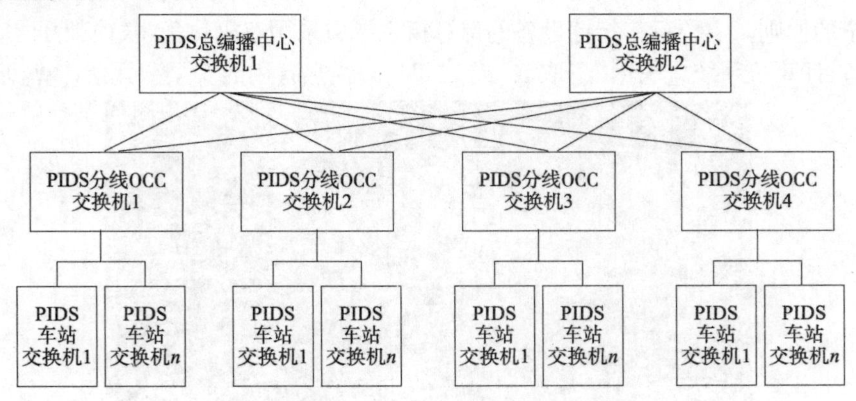

图 6-9　PIDS 系统传输系统构成

四、系统软件

PIDS 系统软件由总编播 OCC 系统软件、分线 OCC 系统软件、车站子系统软件、车辆段子系统软件和车载系统软件等几部分构成。

练习与思考

1. 轨道交通的通信系统能否和市话系统合二为一?为什么?
2. (从功能上考虑)轨道交通的通信系统由哪几部分组成?
3. 通信系统的基本功能有哪些?
4. 通信方式可以分为哪几种类型?

项目七　城市轨道交通信号系统

学习目标：

1. 熟悉信号系统的组成；
2. 了解城市轨道交通信号系统控制方式；
3. 熟悉闭塞制式。

城市轨道交通信号系统（图7-1）是实现行车指挥、列车运行监控和管理所需技术措施及配套装备的集合体。现代大运量城市轨道交通信号系统是整个城市轨道交通自动控制系统中的重要组成部分，完成并保证列车和乘客的安全，实现列车快速、高密度、有序运行的功能。其核心是列车自动控制（ATC）系统，它由计算机联锁、列车自动防护（ATP）子系统、列车自动驾驶（ATO）子系统和列车自动监控（ATS）子系统组成，各子系统之间相互渗透，实现地面控制与车上控制相结合、就地控制与中央控制相结合，构成了一个以安全设备为基础，集行车指挥、运行调整以及列车驾驶自动化等功能为一体的自动控制系统。

信号系统设备必须具备较高的安全性、可靠性和可用性，凡涉及行车安全的设备必须符合故障—安全的原则。主要行车指挥设备的计算机系统应采用双机热备、联锁、地面ATP子系统等安全设备，计算机系统应采用“三取二”或“二取二”预热备用的安全型冗余计算机系统。

图7-1　城市轨道交通信号系统

任务一　城市轨道交通信号系统的组成

自城市轨道交通问世以来，其安全程度和载客能力不断得到提高，信号系统也不断完善和得到发展。随着经济的发展，世界各国城市人口急剧膨胀对城市轨道交通的载客能力提出了越来越高的要求，最重要而有效的措施就是缩短列车运行间隔。在这种情况下，随着计算机技术的飞速发展，城市轨道交通信号技术日趋成熟，成为城市轨道交通不可缺少的组成部分。

一、城市轨道交通信号系统的基本组成

从设备分布来看,城市轨道交通的信号系统通常由列车运行自动控制(ATC)系统和车辆段信号控制系统两大部分组成,用于列车进路控制、列车间隔控制、调度指挥、信息管理、设备状况监测及维护管理,由此构成了一个高效的综合自动化系统。

1. 列车运行自动控制系统

列车运行自动控制系统(ATC)包括列车自动防护(ATP)、列车自动运行(ATO)及列车自动监控(AB)三个系统,简称"3A"。系统需设置行车控制中心,沿线各车站设计为区域性联锁,其设备放在控制站(一般为有岔站),列车上安装有车载控制设备。控制中心与控制站通过有线数据通信网连接,控制中心与列车之间可采用无线通信进行信息交换。ATC 系统直接与列车运行有关,因此 ATC 系统中的数据传输要求比一般通信系统的安全性、可靠性、实时性更高。ATC 地面设备分布如图 7-2 所示(不同制式的 ATC 设备组成可能不同,本图以西门子公司的 ATC 为例)。

(1)ATP 子系统

ATP 子系统的功能是对列车运行进行超速防护,对与安全有关的设备实行监控,实现列车位置检测,保证列车间的安全间隔,保证列车在安全速度下运行,完成信号显示、故障报警、降级提示、列车参数和线路参数的输入,与 ATS、ATO 及车辆系统接口并进行信息交换。

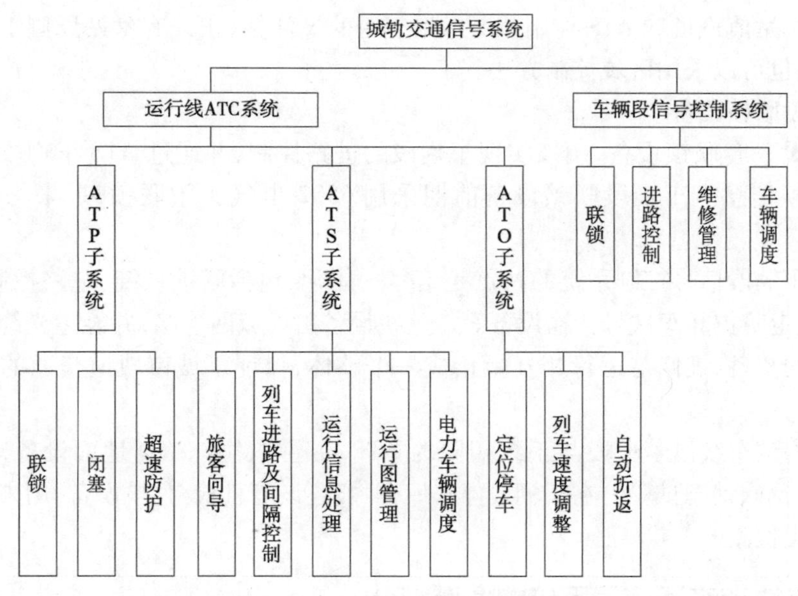

图 7-2　城市轨道交通的信号系统框图

ATP 子系统不断将从地面获得的前行列车位置信息、线路信息、前方目标点的距离和允许速度信息等通过轨道电路等传至车上,由车载设备计算得到当前所允许的速度,或由行车指挥中心计算出目标速度传至车上,由车载设备测得实际运行速度,以此来对列车速度实行监督,使之始终在安全速度下运行,以缩短列车运行间隔,保证行车安全。

采用轨道电路传送 ATP 信息时,ATP 子系统由设于控制站的轨旁单元、设于线路上各轨道电路分界点的调谐单元和车载 ATP 设备组成,并包括与 ATS、ATO、联锁设备的接口设备。

(2)ATO 子系统

ATO 子系统主要用于实现“地对车控制”,即用地面信息实现对列车驱动、制动的控制,包括列车自动折返,根据控制中心的指令使列车按最佳工况正点、安全、平稳地运行,自动完成对列车的启动、牵引、惰行和制动,传送车门和屏蔽门同步开关信号。

使用 ATO 后,可使列车经常处于最佳运行状态,避免了不必要的、过于剧烈的加速和减速,因此明显提高了乘客的舒适度,提高了列车正点率,并减少了能量消耗和轮轨磨损。

ATO 子系统包括车载 ATO 单元和地面设备两部分。地面设备有站台电缆环路、车地通信设备(TWC)以及与 ATP、联锁系统的接口设备。

(3)ATS 子系统

ATS 子系统主要实现对列车运行的监督和控制,辅助调度人员对全线列车进行管理,其功能包括:调度区段内列车运行情况的集中监视与控制,监测进路控制、列车间隔控制设备的工作,按行车计划自动控制道旁信号设备以接发列车,列车运行实迹的自动记录,时刻表自动生成、显示、修改和优化,运行数据统计及报表自动生成,设备运行状态监测,设备状态及调度员操作记录,运输计划管理等,还具有列车车次号自动传递等功能。

ATS 子系统包括控制中心设备和 ATS 车站、车辆段分机。控制中心 ATS 设备有中心计算机系统、工作站、显示屏、绘图仪、打印机、UPS 等。每个控制站设一台 ATS 分机,用于采集车站设备的信息和传送控制命令,并实现车站进路自动控制功能。车辆段 ATS 分机用于采集车辆段内库线的列车占用情况及进/出车辆段的列车信号机的状态。

此外,在 ATC 范围内的各正线控制站各设一套联锁设备,用以实现车站进路控制。联锁设备接收车站值班员和 ATS 控制。考虑到运用的灵活性,正线有岔站原则上独立设置联锁设备,当然也可以采用区域控制方法。

2. 车辆段联锁设备

车辆段设一套联锁设备,用以实现车辆段的进路控制,并通过 ATS 车辆段分机与行车指挥中心交换信息。车辆段联锁设备前期采用 6502 电气集中联锁,近来均采用计算机联锁。

先进的车辆段信号控制系统的特点是信号一体化,包括联锁系统、进路控制设备、接近通知、终端过走防护和车次号传输设备等。这些设备由局域网连接,并经过光缆与调度中心相通。列车的整备、维修与运行相互衔接成一个整体,保证了城市轨道交通的高效率和低成本。

车辆段内试车线设若干段与正线相同的 ATP 轨道电路和 ATO 地面设备,用于对车载 ATC 设备进行静、动态试验。在车辆段停车库,一般还设有日检/月检设备,用来对列车进行上线前的常规检测。

二、城市轨道交通信号系统的地域划分

城市轨道交通信号系统,按地域可划分为:城市轨道交通 ATC 地面设备、控制中心设备、车站信号设备组成、车辆段设备等。

按地域城市轨道交通信号设备划分为五部分:控制中心设备、车站及轨旁设备、车辆段设备、试车线设备、车载 ATC 设备。

1. 控制中心设备

控制中心设备属于 ATS 子系统,是 ATC 的核心。其设备组成如图 7-3 所示。

主要名称代号对照表

代号	名　称	代号	名　称
ADM	系统管理器	LCP	局部控制盘
ATC	列车自动控制	LOW	现场操作工作站
ATO	列车自动运行	MMI	人机接口
ATP	列车自动防护	MUX	多路转换器
ATS	列车自动监控	PIIS	乘客向导信息系统
BAS	环境与设备监控系统	PTI	实时列车确认
COM	通信服务器	RTU	远程终端单元
DSTT	接口控制模块	SCADA	电力监控系统
DTI	发车时刻显示器	SIC	车站接口盒
ESB	紧急关闭按钮	SICAS	西门子计算机辅助信号系统
FAS	火灾自动报警系统	SIC	同步环线盒
FTGS	轨道空闲检测系统	STKKOP	现场接口计算机

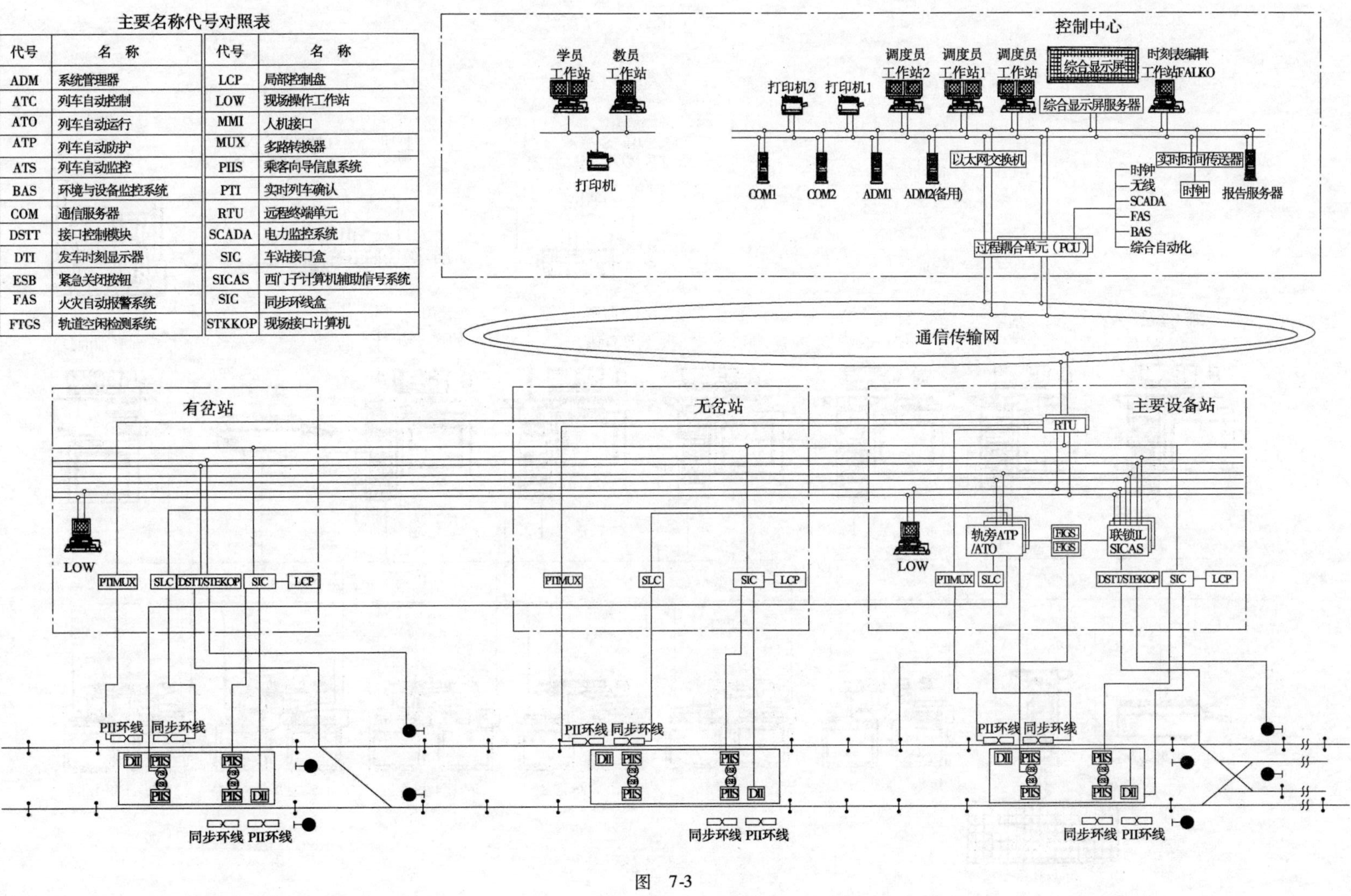

图　7-3

调度长工作站
调度员工作站1
调度员工作站2
培训/模拟工作站
维修工作站
运行图工作站
综合显示屏
打印机1
显示屏驱动器
LAN
打印服务器
打印机2
中心通信处理器2
中心通信处理器1
中心主机1
中心主机2
中心数据库服务器1
中心数据库服务器2
绘图仪
集线器1
集线器2
至各集中站
至各集中站
SCADA接口
FAS、BAS接口
系统时钟接口
系统时钟接口
SCADA接口
FAS、BAS接口

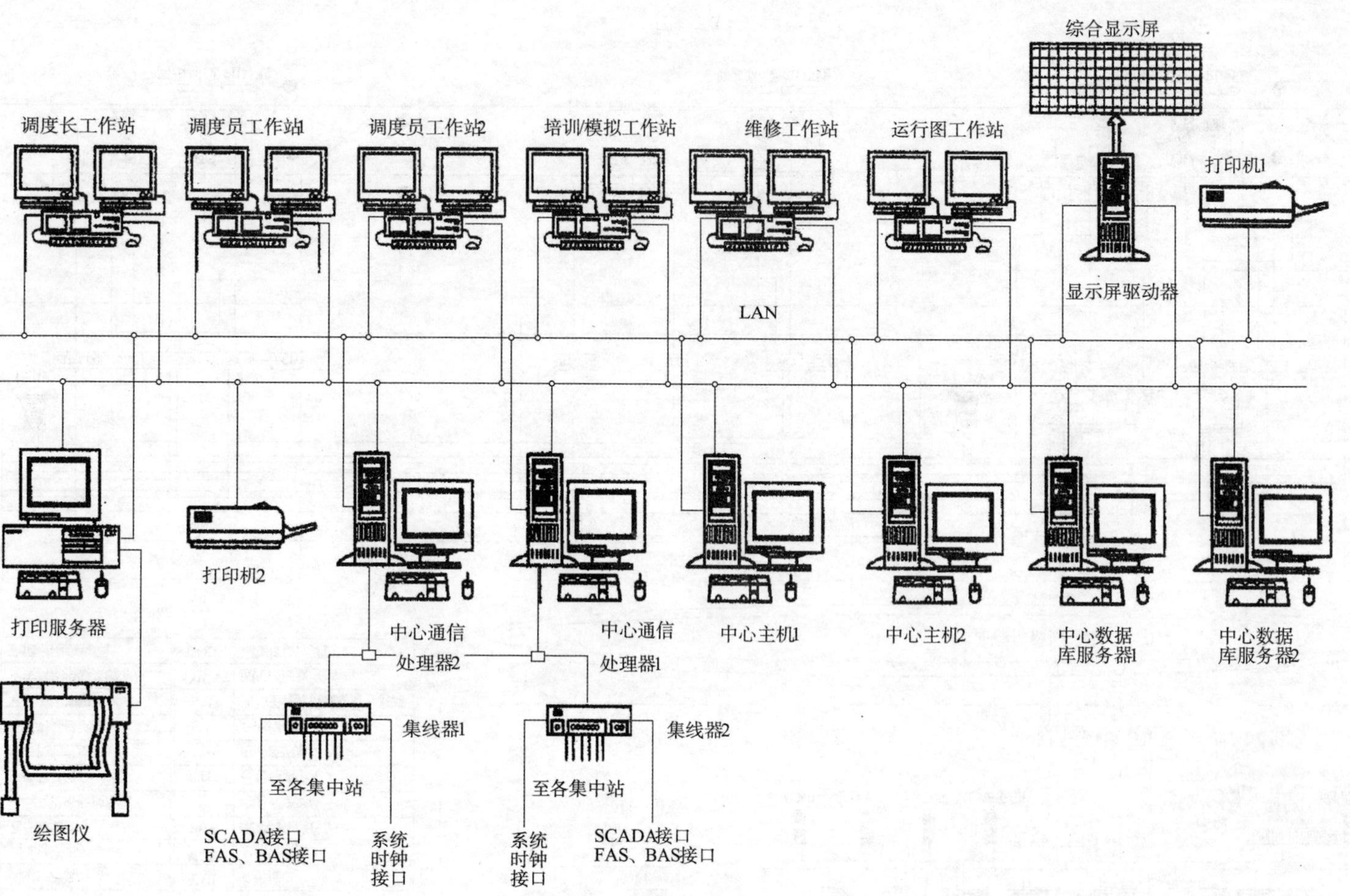

图 7-3　控制中心设备

控制中心设备主要包括中心计算机系统、综合显示屏、调度员及调度长工作站、运行图工作站、培训/模拟工作站、绘图仪和打印机、维修工作站、UPS及蓄电池。其中综合显示屏、调度员及调度长工作站设于主控制室。控制主机、通信处理器、数据库服务器、维修工作站设于设备室。运行图工作站设于运行图室。绘图仪和打印机设于打印室。培训/模拟工作站设于培训室。UPS设于电源室,蓄电池设于蓄电池室。

(1)中心计算机系统

中心计算机系统包括控制主机、通信处理器、数据库服务器、局域网及各自的外部设备。为保证系统的可靠性,主要硬件设备均为主/备双套热备方式,可自动或人工切换。系统能满足自动控制、调度员人工控制及车站控制的要求。

(2)综合显示屏

综合显示屏设于控制中心的控制室,用来监视正线列车运行情况及系统设备状态,由显示设备和相应的驱动设备组成。

(3)调度员及调度长工作站

调度员及调度长工作站用于行车调度指挥。

(4)运行图工作站

运行图工作站用于运行计划的编制和修改,通过人机对话可以实现对运行时刻表的编辑、修改及管理。

(5)培训/模拟工作站

培训/模拟工作站配有各种系统的编辑、装配、连接和系统构成工具以及列车运行仿真的软件。它可与调度员工作站显示相同的内容,有相同的控制功能,能仿真列车在线运行及各种异常情况,而不参与实际的列车控制。实习操作员可通过它模拟实际操作,培养系统控制和各种情况下的处理能力。

(6)绘图仪和打印机

彩色绘图仪和彩色激光打印机,用于输出运行图及各种报表。

(7)维修工作站

主要用于ATS系统的维护、ATC系统故障报警处理和车站信号设备的监测。

2. 车站及轨旁设备

车站分集中联锁站和非集中联锁站。集中联锁站一般为有道岔车站,也可能是无道岔的车站。非集中联锁站一般为无道岔的车站。有道岔车站根据需要和可能也可以由邻近车站控制,而成为非集中联锁站。车站信号设备组成如图7-4所示。图中TWC即车—地通信。

(1)集中联锁站及轨旁设备

集中联锁站设有ATS车站分机、车站联锁设备、ATP/ATO系统地面设备、电源设备、维修终端、乘客向导显示牌、紧急关闭按钮以及信号机及发车指示器、转辙机。

①ATS车站分机

集中联锁站设一台ATS分机,用于采集车站设备的信息,接收控制命令,实现车站进路的自动控制。

②车站联锁设备

车站设继电集中联锁或计算机联锁,能接收车站值班员和ATS系统的控制,用以实现车站进路的自动控制。

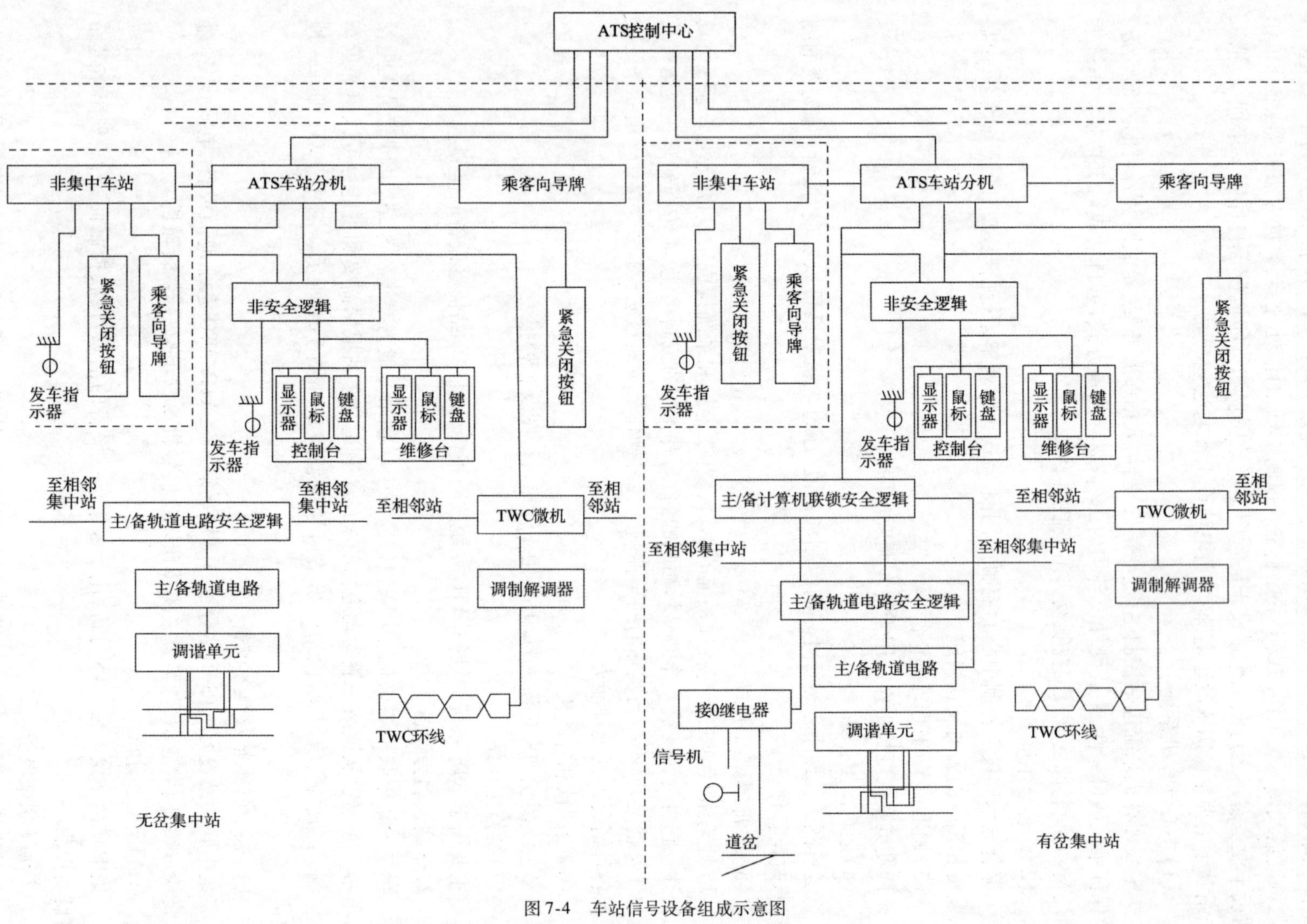

图 7-4　车站信号设备组成示意图

③ATT/ATO 系统地面设备

ATP 地面设备包括:轨道电路或计轴器,ATP 地面编码发码设备,与 ATS、ATO、联锁设备的接口,用于实现列车占用的检测和发送 ATP 信息,实现列车运行超速防护。

ATO 地面设备包括:站台电缆环路,TWC 设备,以及与 ATP、联锁设备的接口设备,用于发送 ATO 命令,实现列车最佳控制或列车自动驾驶。

④电源设备

集中联锁车站配备一套适用于联锁设备、ATS、ATP、ATO 设备的在线式 UPS 及可提供 15min 后备电源的蓄电池组。

⑤维修终端

维修终端设维修用彩色显示器、键盘及鼠标,显示与控制用显示器相同的内容及必要的维修信息,并能对信号设备进行自动、手动测试,但不能进行控制。

⑥乘客向导显示牌

在站台适当位置设乘客向导显示牌,用于显示接近列车的到站时间等。

⑦紧急关闭按钮

紧急关闭按钮用于在遇到紧急情况危及行车安全时,关闭信号,使列车停车。

⑧信号机及发车指示器

正线上防护信号机设于道岔区段,线路尽头设阻挡信号机,用于指示列车运行,防护列车进路。

在正向出站方向的站台侧列车停车位置前方设置发车指示器,指示列车出站。

⑨转辙机

转辙机用于转换道岔。对于直尖轨道岔,采用单机牵引;对于 AT 道岔,采用双机牵引。可采用外锁闭装置也可采用内锁闭方式。当前采用的转辙机为电动转辙机或电动液压转辙机,有直流、交流两种类型。

(2)非集中联锁站及轨旁设备

非集中联锁站的设备只有发车指示器、紧急关闭按钮和乘客向导显示牌。无道岔的非集中联锁站轨旁仅有轨道电路的耦合单元等。有道岔的非集中联锁站除了轨旁的耦合单元外,还有防护信号机和转辙机。

3. 车辆段设备

车辆段信号设备包括 ATS 分机、车辆段终端、联锁设备、维修终端、信号机、转辙机、轨道电路、电源设备,其构成如图 7-5 所示。

(1)ATS 分机

车辆段设一台 ATS 分机,用于采集车辆段内存车库线的列车占用及进/出车辆段的列车信号机的状态,以在控制中心显示屏上给出以上信息的显示。

(2)车辆段终端

车辆段派班室和信号楼控制台室各设一台终端,与车辆段 ATS 分机相连。

(3)联锁设备

车辆段设一套联锁设备,实现车辆段的进路控制,并通过 ATS 分机与控制中心交换信息。联锁设备只受车辆段值班员人工控制。

(4)维修终端

设备室内设维修用彩色显示器、键盘及鼠标,显示与控制室相同的内容及维修、监测有关信息,并能对信号设备进行自动或手动测试,但不能控制进路。

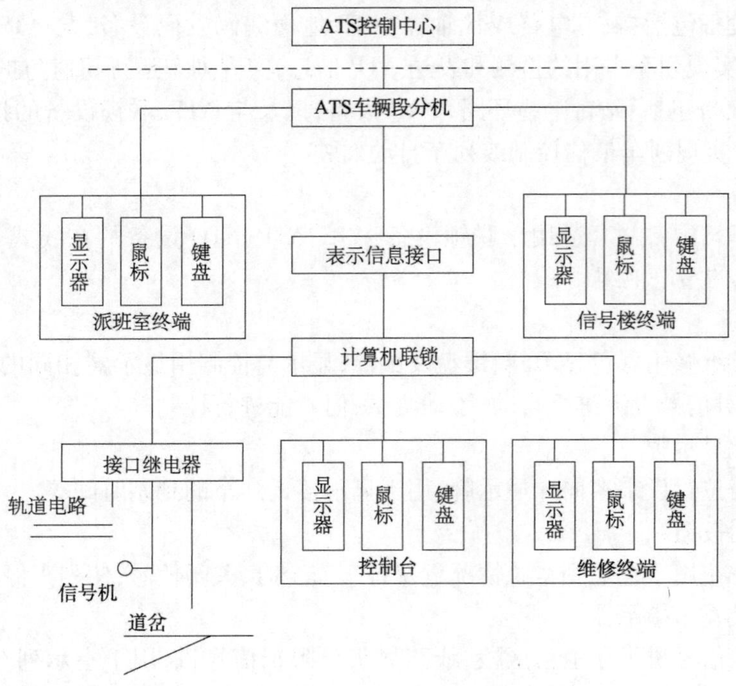

图 7-5　车辆段设备示意图

(5)信号机

车辆段人口处设进段信号机,出口处设出段信号机,存车库线中间进段方向设列车阻挡信号机,段内其他地点根据需要设调车信号机。

(6)转辙机

车辆段内每组道岔设一台电动转辙机或电动液压转辙机。

(7)轨道电路

车辆段内轨道电路多采用50Hz 相敏轨道电路,检查列车的占用和空闲。

(8)电源设备

车辆段信号楼内设置适合于联锁设备、ATS 设备的 UPS 及蓄电池。

4. 试车线设备

试车线上设若干段与正线相同的 ATP/ATO 地面设备,用于对车载 ATC 设备的试验。试车线设备室内设置用于改变试车线运行方向和速度的控制台。试车线设备室配备一套适合于 ATP/ATO 设备的 UPS,不设蓄电池、电源屏。

5. 车载 ATC 设备

车载设备包括 ATP 和 ATO 两部分,用来接收轨旁设备传送的 ATP/ATO 信息,计算列车运行曲线,测量列车运行速度和走行距离,实行列车运行超速防护以及列车自动运行,来保证行车安全和为列车提供最佳运行方式。

三、城市轨道交通信号系统的线路划分

1. 城市轨道交通信号系统的线路划分

城市轨道交通按线路及作用可划分为正线区域和车辆段区域,相应的信号系统也划分为正线信号系统和车辆段信号系统。正线信号系统一般为列车自动控制系统,车辆段信号

系统一般为信号计算机联锁系统，两个系统间通过接口进行连接，但也有正线和车辆段采用同一套信号系统控制的。

2. 城市轨道交通信号系统的特点

城市轨道交通的信号系统沿袭铁路的制式，但由于其自身的特点，与铁路的信号系统有一定的区别。城市轨道交通信号系统的特点是：

(1)具有完善的列车速度监控功能

城市轨道交通所承担的客运量巨大，对行车间隔的要求远高于铁路，最小行车间隔达到90s甚至更小，因此对列车运行速度监控的要求极高。

(2)数据传输速率较低

城市轨道交通的列车运行速度远低于铁路干线的列车运行速度，最高运行速度通常为80km/h，所以信号系统可以采用速率较低的数据传输系统。但是，随着城市轨道交通信号自动化技术的不断发展，对信息需求越来越多，信号系统也逐步采用速率较高且独立的数据传输系统。

(3)联锁关系较简单但技术要求高

城市轨道交通的大多数车站没有配线，不设道岔，甚至也不设地面信号机，仅在少数有岔联锁站及车辆段才设置道岔和地面信号机，故联锁设备的监控对象远少于铁路车站的监控对象，联锁关系远没有铁路复杂。除折返站外全部作业仅为旅客乘降，非常简单。通常一个控制中心即可实现全线的联锁功能。

城市轨道交通信号自动控制最大的特点是把联锁关系和ATP编/发码功能结合在一起，且包含一些特殊的功能，如自动折返、自动进路、紧急关闭、扣车等，增加了技术难度。

(4)车辆段独立采用联锁设备

城市轨道交通的车辆段类似于铁路区段站的功能，包括列车编解、接发列车和频繁的调车作业，线路较多，道岔较多，信号设备较多，一般独立采用一套联锁设备。

(5)自动化水平高

由于城市轨道交通的线路长脚，站间距离短，列车种类较少，行车规律性很强，因此它的信号系统中通常包含自动排列进路和运行自动调整的功能，自动化强度高，人工介入极少。

四、正线信号系统

1. 系统功能及构成

自动化信号系统由ATP、ATO、ATS以及联锁子系统构成。

(1)ATP子系统

列车自动保护(ATP)子系统的主要功能是监督及控制列车在安全状态下运行，应满足故障—安全原则。为了确保线路列车安全、高速、高效地运行，必须装备ATP子系统。

(2)ATO子系统

列车自动驾驶(ATO)子系统是自动控制列车运行的设备。在ATP的保护下，根据ATS的指令实现列车的自动驾驶，能够自动完成对列车的启动、牵引、巡航、惰行和制动的控制，确保达到设计间隔及旅行速度。

(3)ATS子系统

列车自动监控(ATS)子系统是中央列车监控系统，在ATP子系统的支持下完成对全线列车运行的自动管理和监控。

(4)联锁子系统

在有道岔车站和车辆段里,联锁设备是实现道岔、信号机、轨道电路间的正确联锁关系及进路控制的安全设备。联锁设备是自动化信号系统的重要环节,是ATP子系统的重要组成部分,是确保行车安全的基础设备,必须符合故障—安全原则及必要的设备冗余。

2. 列车驾驶模式

一般而言,正线列车的驾驶模式分为以下几种。

(1)ATO列车自动驾驶模式。在ATP保护下,列车由ATO自动驾驶。

(2)ATP保护下的人工驾驶模式。在这种模式下,提供完整的ATP保护功能,列车由司机按照机车信号的显示人工控制。

(3)ATP限制速度下的人工驾驶模式。这是一个受限制的人工"谨慎前进"驾驶模式,列车由司机根据线路的轨旁信号机来驾驶,但最高运行速度受ATP保护限制(如15km/h)。

(4)无ATP保护的非限速人工驾驶模式。此模式用于无ATP保护情况下的列车运行,列车运行的速度和安全由司机完全控制。

(5)折返模式。分为ATO驾驶无人自动折返、ATO驾驶有人自动折返、ATP监督下的人工驾驶折返(驾驶模式SM)。

3. 信号系统闭塞制式分类

所谓闭塞就是指利用信号设备把轨道线路人为地划分成若干个物理上或逻辑上的闭塞分区,以满足安全行车间隔和提高运输效率的要求。目前,用于城市轨道交通系统的闭塞方式有固定闭塞、准移动闭塞和移动闭塞3种。

(1)基于传统的音频轨道电路的固定闭塞ATP系统

固定闭塞又称分级速度控制方式或台阶式速度控制模式。其特点是采用固定划分区段的轨道电路,提供分级速度信息,实施台阶式的速度监督,使列车由最高速度逐步降至零。列车超速时由设备自动实施最大常用制动或紧急制动,使列车安全停车。这种控制模式只需获得轨道电路提供的速度信息即可完成列车超速防护,其制动安全性由合理安排自动闭塞分区长度来保证。这种方式所需传输的信息量少,对应每个闭塞分区只能传送一个信息代码,即该区段所规定的最大速度码或入口/出口速度命令码,系统构成简单,设备也不复杂,因此成本较低。列车速度监控采用的是闭塞分区入口/出口检查方式。

①ATP的出口检查方式。在闭塞分区入口给出列车限制速度值,监控列车在本闭塞分区不超过限制速度,采取人控优先方法,控制列车在出口的速度不超过下一闭塞分区的限制速度。如超速,即强迫制动。ATP系统台阶式速度控制方式曲线(出口检查)如图7-6所示。

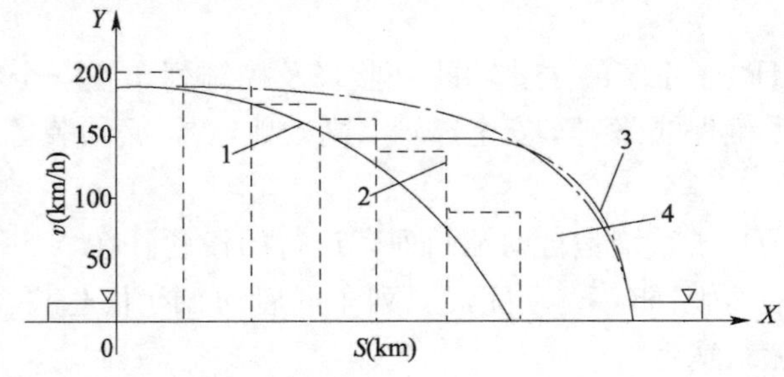

图7-6　ATP系统台阶式速度控制方式曲线(出口检查)

1-司机操作常用制动曲线;2-基于常用制动的台阶式限制速度曲线;3-超速后设备动作的最大常用制动曲线;4-保护区段(最外侧曲线与X、Y轴所包含的部分)

采用这种控制方式，列车速度的调整主要依靠司机，只是在司机操作失误时，设备才起作用。

②ATP 的入口检查方式。在自动闭塞分区入口处给出列车限制速度限制值，控制列车到出口时不超过限制速度，如图 7-7 所示。

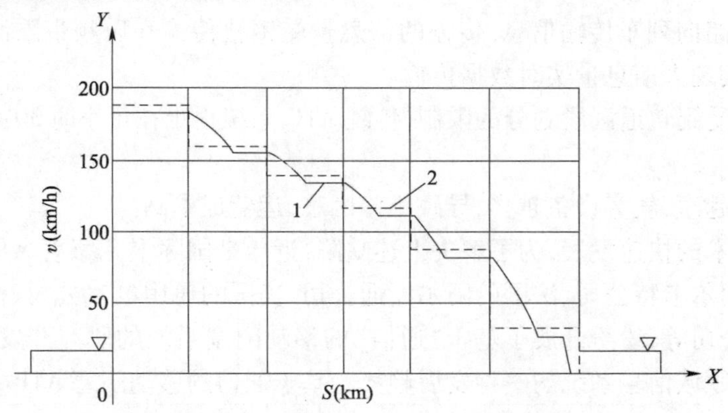

图 7-7 ATP 台阶式速度控制方式曲线(入口检查)

1-设备自动制动速度曲线图;2-台阶式入口检查速度曲线

(2)基于报文式轨道电路的准移动闭塞 ATP 系统

一般采用数字式音频无绝缘轨道电路、音频无绝缘轨道电路加感应电缆环线或记轴加感应电缆环线方式作为列车占用监测和 ATP 信息传输媒介，具有较大的信息传输量和较强的抗干扰能力。通过音频轨道电路的发送设备提供目标速度、目标距离、线路状态(曲线半径、坡道等)等信息，ATP 车载设备结合固定的车辆性能信息计算出适合本列车运行的速度/距离曲线，保证列车在速度/距离曲线下有序运行，提高了线路的利用率。准移动闭塞 ATP 系统采用速度/距离曲线的列车控制方式，提高了列车运行的平稳性，列车追踪运行的最小安全间隔较固定闭塞短，对提高区间通过能力有利。

为保证列车正常运行，前后列车之间至少隔开一个轨道区段加一个制动距离和保护区段，如图 7-8 所示。

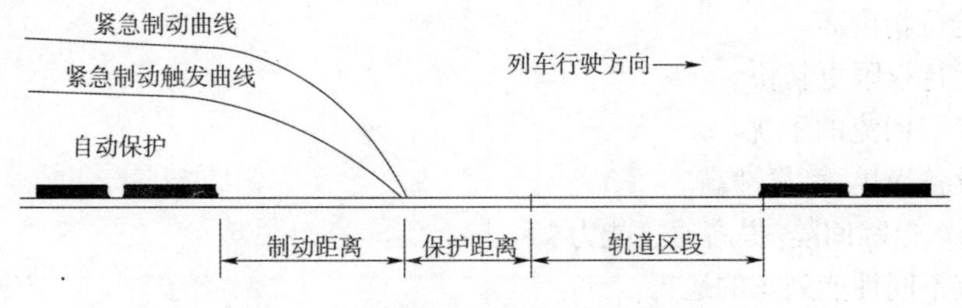

图 7-8 准移动闭塞 ATP 间隔保护区段

(3)基于通信的移动闭塞 ATP 系统

前两种闭塞制式均属于基于轨道电路的 ATP 系统。基于轨道电路的速度/距离曲线控制模式的 ATP/ATO 系统，采用“跳跃式”连续速度/距离曲线控制模式，“跳跃”方式按列车尾部依次出清各电气绝缘节时跳跃跟随。采用在传统轨道电路上叠加信息报文方法，即把列车占用/空闲检测和 ATP 信息传输合二为一，它们的追踪间隔和列车控制精度除取决于线路特性、停站时分、车辆参数外还与 ATP/ATO 系统及轨道电路的特性密切相关，如轨道电路的最大和最小长度、传输信息量的内容及大小、轨道电路分界点的位置等。

①固定闭塞 ATP 系统的缺陷

由于基于轨道电路的 ATC 系统是以轨道区段作为列车占用/空闲的凭证，地—车通信是通过钢轨作为信息发送的传输媒介，这种方式存在以下几方面缺陷。

a. 列车定位精度由轨道区段的长度决定，列车只占用部分轨道电路就认为全部占用，导致列车定位精度不高。

b. 由轨道电路向列车传输信息，传输的信息量受钢轨传输介质频带限制及电化牵引回流的干扰，难以实现大信息量实时数据传输。

c. 交通容量受到轨道区段划分的限制，传统 ATC 系统很难在每小时 30 对列车的基础上有较大的突破。

d. 行车间隔越短，轨旁设备越多，导致维修困难，运营成本高。

随着通信技术的快速发展，为了解决上述缺陷，近年来国际上几家著名的信号系统制造商，如加拿大的阿尔卡特公司、法国的阿尔斯通公司、美国的通用电气公司、德国的西门子公司、英国的西屋公司等，纷纷开展了基于"通信"的移动闭塞系统的研究开发和应用，它代表了城市轨道交通领域信号系统的一种发展趋势。基于通信的移动闭塞 ATP 系统不依靠轨道电路，而是采用交叉感应电缆环线、漏缆、裂缝波导管以及无线（或无线扩频）等方式实现车地、地车间双向数据传输，监测列车位置使地面信号设备可以得到每一列车连续的位置信息和列车运行其他信息，并据此计算出每一列车的运行权限，实时动态更新，发送给列车。列车根据接收到的运行权限和自身的运行状态，计算出列车运行的速度曲线，车载设备保证列车在该速度曲线下运行，ATO 子系统在 ATP 保护下，控制列车的牵引、巡航及惰行、制动。追踪列车之间应保持一个"安全的距离"。这个最小安全距离是指后续列车的指令停车点和前车尾部的确认位置之间的动态距离，它允许在一系列最不利情况存在时仍能保证安全间隔。列车安全间隔距离信息是根据最大允许车速、当前停车点位置、线路等信息计算出的，信息被循环更新，以保证列车不断收到实时信息。

②移动闭塞 ATP 系统的特点

与基于轨道电路的闭塞制式相比，移动闭塞制式具有以下特点。

a. 能够实现车地双向、实时、高速度、大容量的信息传输。

b. 列车定位精度高。

c. 列车运行权限更新快。

d. 不受牵引回流的干扰。

e. 轨旁设备简单，可靠性高。

f. 缩短列车追踪间隔，提高通过能力。

g. 能适应不同性能列车的运行。

为保证列车正常运行，前后列车之间应至少隔开一个制动距离加保护区段，如图 7-9 所示。

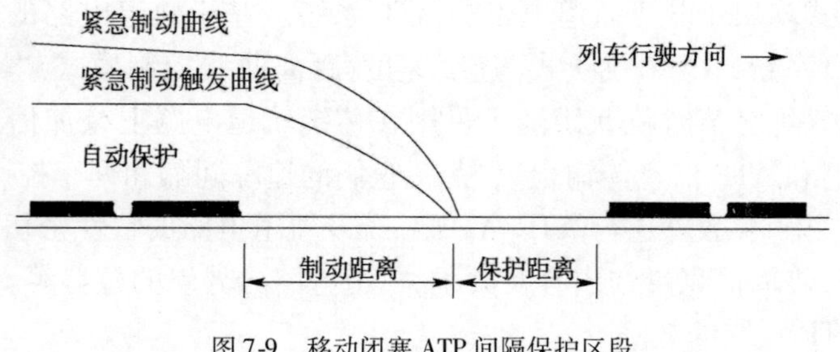

图 7-9　移动闭塞 ATP 间隔保护区段

五、转辙机与信号机

1. 转辙机

转辙机是信号系统的重要组成部分，在车辆段和联锁站内的每组道岔处都要设置一台转辙机，用以转换道岔、机械锁闭道岔，并反映道岔的实际位置。

（1）转辙机的具体作用

①转换道岔的位置，根据需要转换至左位或右位。

②道岔转至所需位置而且密贴后，实现锁闭，防止外力转换道岔。

③正确地反映道岔的实际位置，道岔的尖轨密贴于基本轨后，给出相应的表示。

④道岔被挤或因故处于“四开”（两侧尖轨均不密贴）位置时，及时给出报警及表示。

（2）转辙机的分类

转辙机的种类较多一般可以按以下方式进行分类。

①按传动方式分类，转辙机可分为电动转辙机、电动液压转辙机和电—空转辙机。电动转辙机由电动机提供动力，采用机械传动的方式，如 ZD6 系列转辙机和 S700K 型电动转辙机。采用液压传动方式的转辙机有 ZY（J）7 型电动液压转辙机等。

②按供电电源分类，转辙机可分为直流转辙机和交流转辙机。

a. 直流转辙机采用直流电动机，工作电源是直流电。ZD6 系列电动机转辙机就是直流转辙机，由直流 220V 供电。直流电动机的缺点是由于存在换向器和电刷，易损坏，故障率较高。

b. 交流转辙机采用三相交流电源或单相交流电源，由三相异步电动机或单相异步电动机（现大多采用三相异步电动机）作为动力。S700K 型电动转辙机为交流转辙机。交流转辙机采用感应式交流电动机，不存在换向器和电刷，因此故障率低，而且可用单芯电缆远距离控制。

③按锁闭道岔方式分类，转辙机可分为内锁闭转辙机和外锁闭转辙机。

a. 内锁闭转辙机依靠转辙机内部的锁闭装置锁闭道岔尖轨，是间接锁闭的方式。ZD6 系列等大多数转辙机均采用内锁闭方式。内锁闭方式的锁闭可靠程度较差，列车对转辙机的冲击大。

b. 外锁闭转辙机虽然内部也有锁闭装置，但主要依靠转辙机外部的外锁闭装置锁闭道岔，将密贴尖轨直接锁于基本轨，斥离尖轨锁于固定位置，是直接锁闭的方式。S700K 型电动转辙机采用外锁闭方式。外锁闭方式锁闭可靠，列车对转辙机几乎无冲击。

④按是否可挤方式分类，转辙机分为可挤型转辙机和不可挤型转辙机。

a. 挤型转辙机内设挤岔保护（挤切或挤脱）装置，道岔被挤时，动作杆解锁，保护了整机。

b. 不可挤型转辙机内不设挤岔保护装置，道岔被挤时，会挤坏动作杆与整机连接结构，须整机更换。

2. 信号机

信号机是供城市轨道交通车辆段、正线区间作为进站、出站、进路、防护、调车、通过及引导等地面灯光信号之用（在移动闭塞系统中，信号机只在后备或降级模式下起作用），一个灯位为一个独立单元和一种颜色，每个灯位可以显示绿、红、黄、月白、蓝等色，使用时根据需要进行组合。现以广州轨道交通 1 号线正线及车辆段信号机显示的含义为例进行介绍。

(1)正线

采用三灯位四显示信号机，只在尽头型线路采用两灯位两显示，具体显示意义如下：

①红灯——禁止通过。

②绿灯——进路空闲，进路中道岔开通直股。

③黄灯——进路空闲，进路中道岔开通侧向。

④黄灯+红灯——引导信号，限速25km/h通过。

(2)车辆段

各种信号机具体的显示意义如下：

①红灯——禁止通过。

②黄灯——允许进/出车辆段。

③月白灯——允许调车。

④蓝色灯——禁止调车越过。

任务二　闭塞与联锁

城市轨道交通的基本任务是安全、准时、高效率、高密度地运送旅客。因此，必须采用可靠的列车运行控制设备来指挥列车的运行，以确保列车的安全运行。从传统的“闭塞、联锁信号设备”，到现代化的列车运行自动控制(ATC)系统，是长期实践、经验的积累、技术不断改进和发展的结果。

城市轨道交通信号系统是指挥列车安全运行的关键设备，只有在列车运行前方的轨道区段没有列车占用、道岔位置正确、敌对或相抵触的信号没有建立等条件满足时，才允许向列车发出允许前行的信号，所以列车只要严格遵循信号的指示运行，就能够确保列车的安全运行；反之，如果列车不遵循信号的指示运行，将导致事故。所以信号系统担负着确保运输安全的重要使命，有了信号系统的保障，可以杜绝和减少列车运行事故。

信号设备在城市轨道交通建设中的投资尽管很少，但是对于提高行车效率起着极其重要的作用。在城市轨道交通中，由于采用了先进的信号系统，可以缩短列车运营间隔和缩短停站时分，提高行车密度；根据设定的列车运行时刻表，自动、安全地指挥列车按列车运行图运行。据有关资料统计，复线自动闭塞系统，可以提高通过能力1~2倍；采用ATS子系统，在不增加车站到发线的情况下，可提高通过能力12%~24%；所以现代化的信号系统，提高行车效率尤为显著。

城市轨道交通信号系统中，已经普遍采用基于计算机实时控制的列车运行自动控制(ATC)系统。ATC系统是自动控制技术、计算机技术和数据通信技术在信号系统中的集中体现，也可以说是现代化信息技术在城市轨道交通信号系统的综合应用。利用ATC系统的列车运行实时数据信息，可以实现乘客导向系统的列车信息预报，列车和站台实时信息广播；尤其在城市轨道交通网络化运行时，实现城市轨道交通网的综合监控和统一调度。

信号系统随着信息技术的不断发展也产生了革命性的变化，轨旁的地面信号已有车载信号所替代，其信号的内容，已发生根本性的变化，列车接收的目标速度、目标距离或进路地图，由车载计算机，直接控制列车的自动运行，实现列车超速防护和车站的程序定位停车。尤其是近几年，基于无线通信的列车自动控制系统(CBTC)，已在城市轨道交通信号系统中采用，为信号系统中摆脱传统的轨道电路和地面信号，为进一步缩短行车间隔，真正实现列车自动运行，奠定了基础。

车站与车站之间的线路为区间，确保列车在区间安全、有序运行的技术措施就是闭塞制度。区间闭塞方式，由人工（电话）闭塞发展为半自动闭塞、自动闭塞方式；20 世纪 90 年代发展准移动闭塞方式，近年来正在推广移动闭塞方式。

一、人工闭塞

通过发车站和接车站之间的电话联系，在证实区间空闲的前提下，由调度员向发车站值班员下达签发“路票”指令，发车站值班员填写路票，并交与司机，列车司机根据路票的指令，允许该列车占用区间，运行至接车站；列车到达接车站后，司机将路票交还给接车站值班员，区间闭塞解除。这样一种闭塞方法，在交接凭证和检查区间空闲状态，都是依靠人来完成，所以称为人工闭塞，也叫作“电话闭塞”。

二、半自动闭塞

使用闭塞设备，人工办理两个车站之间的闭塞手续，列车凭出站信号机的允许信号显示，作为发车凭证；列车进入出站信号机内方后，出站信号机会自动关闭，这种闭塞制度称为半自动闭塞。如图 7-10 所示，在半自动闭塞的情况下，发车站要发车，发车站必须与接车站相配合，办理好闭塞手续，才能开放出站信号机；列车进入出站信号机内方的轨道区段，出站信号机因该轨道电路分路而自动关闭出站信号，使区间实现闭塞；也就是，列车在区间运行过程中，两站处于“闭塞状态”，不允许其他列车再进入该区间，而当列车到达接车站后，由接车站值班员确认列车整列到达，才能向发车站发送闭塞复原信息，使区间闭塞解除。这种方法，既要值班员办理手续、开放出站信号，又依靠列车占用轨道电路，自动关闭信号，而解除闭塞又要值班员参与，所以将这种闭塞制度称为半自动闭塞。

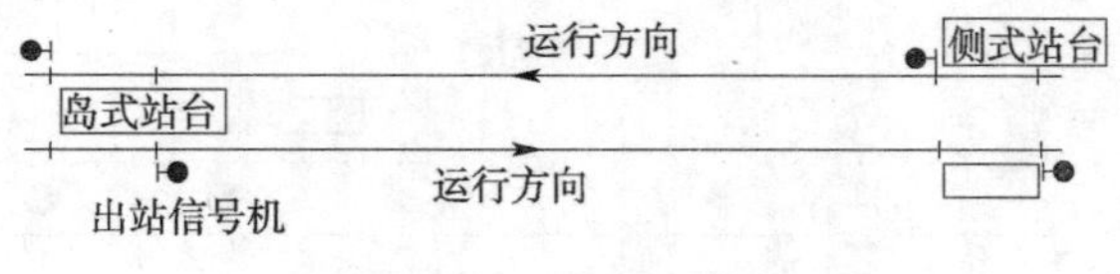

图 7-10　半自动闭塞示意图

三、自动闭塞

将站间区间划分成若干个闭塞分区，在每个闭塞分区的入口处，设置相应的通过信号机予以防护，而通过信号机的显示，是根据列车的运行而自动变换，这样一种闭塞制度就是自动闭塞。在自动闭塞制度下，根据前方列车的位置，通过轨道电路，自动地控制通过信号机的显示，并向列车发送运行“指令”；而且可以允许多列列车在区间运行，图 7-11 为自动闭塞原理示意图，这种闭塞方式不仅可以确保行车安全，也提高行车效率。

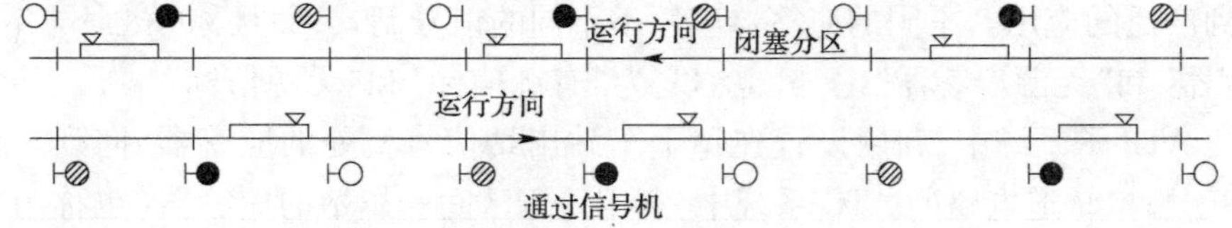

图 7-11　自动闭塞原理示意图

站间区间的各个闭塞分区的轨道电路发送端所发送的信息，需通过钢轨传送至轨道电路的接收端，从市控制通过信号机的显示；当列车进入该闭塞分区后，轨道电路发送端的信息，也通过钢轨的感应，传送至车上，控制车载信号的显示。

在自动闭塞制度下,站间区间允许有多次列车运行,而且整个区间都设有轨道电路,从而可以检测列车的完整性。城市轨道交通的列车运行自动控制(ATC)系统,也是基于自动闭塞控制原理的基础之上,城市轨道交通区间也划分成不同长度的闭塞分区,但区间内不设地面通过信号机,地面信息直接传送至车上,而且向列车传送的信息量,要比自动闭塞的信息量多,这就是列车运行自动防护子系统(ATP)。

四、移动闭塞

自动调整列车运行间隔的闭塞系统就是移动闭塞。移动闭塞情况下,不再需要将区间划分成固定的若干闭塞分区,两列列车之间自动地调整安全的运行间隔距离,也就是说先行列车和后续列车之间的安全间隔距离,不是固定的,间隔距离是根据列车运行条件而自动调整,从闭塞概念而言,闭塞分区划分是虚拟的。移动闭塞在城市轨道交通中越来越得到广泛应用,具体内容在基于通信的列车控制(CBTC)系统中介绍。图 7-12 为固定闭塞、移动闭塞示意图。

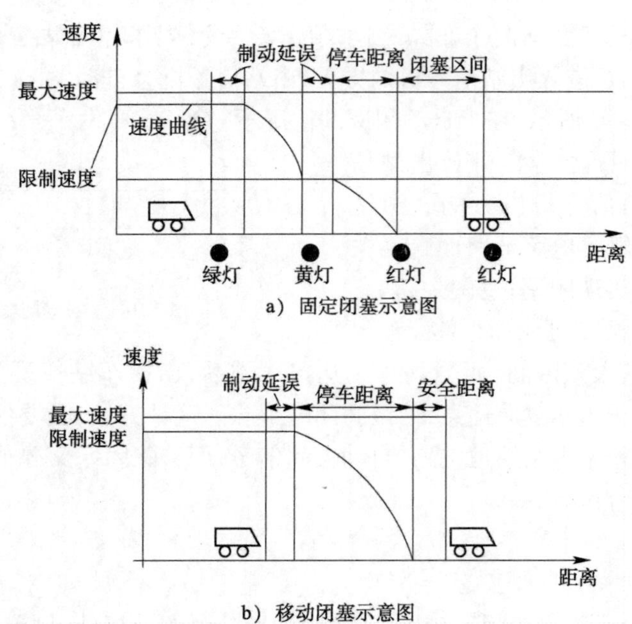

图 7-12　固定闭塞、移动闭塞示意图

五、应答器

应答器也称信标,它也是信号系统的基础设备,随着 ATC 系统的普及,应答器在城市轨道交通得到广泛的应用。不同的应答器应用于不同的信号制式,而且称呼也不相同;而且有“有源应答器”和“无源应答器”之分,也称之为“有源信标”和“无源信标”。

在点式 ATP 子系统中,利用设置在每个车站出站信号机处的应答器,向列车传送 ATP 信息;在基于模拟轨道电路的 ATC 系统中,利用设于区间和车站的应答器(也称为标志器),实现列车在车站的程序对位停车控制;在基于“距离定位”制式的 ATC 系统用无源应答器进行列车定位校核,有源应答器用于车地信息交换。

CBTC 系统中无源应答器主要用于列车定位校准,而有源应答器主要用于信号后备系统中向列车传送点式信息。

应答器由地面、车载两部分设备构成。如图 7-13 所示。

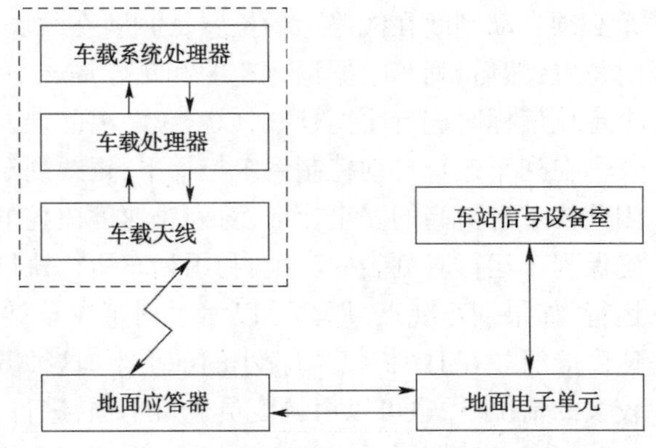

图 7-13　地面应答器和车载应答器的动作示意图

每个地面应答器对应于线路的某一个固定的坐标,所以列车收到地面应答器信息可以对列车行走里程进行精确的定位及校正。列车收到前一个地面应答器的信息后,可判断该应答器的特性、位置。这些信息特性包括:地面应答器所处的位置、位置参数的精度、列车的运行方向等;如果接收到的地面应答器的信息与预期的不同,车载应答器解码设备应有相应的表示或相应的输出,以便车载 ATP 设备做出相应的反应,并采取相应的安全措施。

车载接收器的主要功能包括发送地面应答器需要的能量;接收来自地面应答器的信息;分析接收到的数据流,找出完整的报文、形成处理好的无错码报文、确定定位参考点、从车上向地面发送包括检查码在内的各种信息。

车载应答器设备包括:车载天线、解码器、载频发生器与功率放大器等。车载天线是一个双工的收发天线,既要向地面发送激活地面应答器的功率载波,还要接受地面应答器发送的数据报文。载频发生器与功率放大器,用于产生激活地面应答器所需的载频能量,并通过车载天线传递给地面应答器。车载解码器是用于对地面应答器的数据进行处理的模块,由微处理器、滤波器和其他相关单元组成。解码器用于对地面应答器信息的接收、滤波、数字解调与处理,经处理的数据通过相应的接口,传送至相关的设备,如车载 ATP 设备、司机显示单元或无线设备。

任务三　列车运行自动控制系统

城市轨道交通的信号系统,统称为列车运行自动控制(Automatic Train Control,ATC)系统,它是列车运行的指挥和控制系统;ATC 系统由列车自动监控(Automatic Train Supervision,ATS)子系统、列车自动防护(Automatic Train Protection,ATP)子系统、列车自动运行(Automatic Train Operation,ATO)子系统组成。

城市轨道交通 ATC 系统中进路的控制全部都是自动的,也就是说,防护进路的建立、道岔的锁闭和解锁、信号机的开放和关闭等联锁条件控制,都是自动的,不需要行车调度员和车站值班员的介入。

城市轨道交通车载信号作为主体信号,其内容反映了列车运行的目标速度或允许前行的目标距离,目标速度是指列车进入某一个轨道区段时,接收到列车离开该轨道区段时的速度,目标点就是该轨道区段的终点;目标距离,也就是该轨道区段的长度;目标速度的等级,根据与先行列车之间的距离来设定。

最先进的 ATC 系统的车载信号,反映的是列车前行的进路地图,进路地图描述了列车运行前方线路的地图信息,包括:线路坡度、曲线半径、线路限速、道岔开通状态、精确的位置信息等,列车根据这些信息,计算运行速度,自动地控制列车的运行,并保证列车在站台的程序对位停车。以进路地图为车载信号内容的信号系统中,列车位置的精确定位至关重要,列车必须自动判断在线路上的位置,为此,在线路的相关地点设置定位信标,以向列车传送绝对位置,然后,列车根据运行速度和车轮周长算出列车在线路的相对位置;列车在到达下一个定位信标时进行距离校核,以修正距离的误差。

在列车运行自动控制系统指挥下,正线列车运行的最小时间间隔,可以达到1.5~2min,因此要求有更高的安全保证,对列车速度监控的要求极高;闭环控制的ATC系统,其核心是确保列车运行时刻表的实施,利用列车运行轨迹实时跟踪的反馈信息,可以自动调整列车的运行,如果列车晚点,那么可以缩短列车在车站的停站时分,也可以调整列车运行在区间的速度等级。在时刻表偏离较小的前提下,这种调整信息由系统自动完成,当然在时刻表偏离较大的情况下,也可以由调度员进行干预,进行人工调整。

列车自动控制系统信息的传输,视城市轨道交通制式而异,地铁可以借助钢轨作为传输信道,用轨道电路来传递速度信息,目前我国已建成的地铁基本上都采用这种方式。对于不敷设钢轨的城市轨道交通,如跨座式独轨交通,国外的新交通系统,可在运行线路上敷设环线,以连续地检测列车所在的位置和发送各种命令信息。除采用钢轨或设环线来连续地传递信息外,也可以通过设于线路特殊地点的传感器(应答器),向车上传递点式信息。近年来随着无线通信技术可靠性的提高和标准的制定,基于无线通信技术的列车控制系统(CBTC),也已在上海、北京、广州等城市轨道交通中采用。

行车调度信息,由控制中心传送至列车,列车接收调度信息以后,也要回送至控制中心,这种车地信息的交换,早期的ATC系统都是在车站的站台区域完成;而在基于无线通信的列车运行自动控制(CBTC)系统中,由于列车和控制中心之间,一直在进行无线信息交换,所以CBTC制式的车地双向通信是不间断的,它不受地点的局限,显然CBTC系统的"列车调整"更及时、有效;车地信息交换的内容也更丰富。

ATC系统根据列车运行时刻表,自动排列列车运行进路,指挥列车运行;而且当列车运行的实际速度超过目标速度时,车载ATP子系统自动启动超速防护,确保列车安全、高速运作;在ATO自动运行的情况下,由车载ATC系统自动完成超速防护;假如由司机操纵列车,那么列车也必须在ATP的保护下运行,也就是说,假如列车ATP子系统故障,那么,该列车必须退出正线运行,因为ATP故障,意味着列车不再具备"超速防护"的功能。

一、基于轨道电路的ATC系统

城市轨道交通的信号系统是保证列车运行安全和提高行车效率的重要设施。由于城市轨道交通的行车密度高、站间距离短,对列车运行的安全性和自动化程度也有更高的要求。传统的信号系统是通过设置在地面的色灯信号机,传递不同的行车命令,司机根据地面的信号显示,按行车规则,操纵列车的运行,这种制式基本上依赖于司机保证行车的安全,而且不同的灯光显示所反映的速度控制调整,也完全依赖于司机。这种传统的信号系统已不能适应城市轨道交通的发展,必须用一种能实现列车速度自动控制和列车运行间隔自动调整的新的信号系统来替代,列车自动控制系统取消了传统的地面信号,将车载信号作为主体信号,信号的含义发生了质的变化,传递给列车的是具体的速度或距离信息,根据与先行列车之间的距离和进路条件,在车内连续地显示出容许的速度信息,或距离信息,根据上述信息列车自动地控制运行速度,进行超速防护,以达到自动调整行车间隔的目的,并实现列车在车站的程序对位停车。

列车在车站的程序对位停车方式,根据信号传输方式的不同,分为台阶式和速度模式曲线式两种。在模拟信号时代，基本上都是台阶式停车方式；速度模式曲线式制动的控制方式，是建立在数字编码技术和数字信号处理技术的基础上，它可以缩短列车的运行间隔，也可以改善驾驶条件和提高乘客乘车舒适性。

1. 概述

列车自动控制（ATC）系统，包括列车自动监控、列车自动防护和列车自动运行 3 个子系统，它是一套完整的管理、控制、监督系统。位于管理级的 ATS 子系统，较多地采用软件方法实施联网，指挥列车安全运行；发送和接收各种行车命令的 ATP 子系统，确保列车的运行安全，完成列车运行进路控制、速度控制和实现列车间隔控制；车载 ATP 子系统，接收轨旁 ATP 设备传递的指令信息，实现列车运行速度的自动调整控制，进行列车运行超速防护，和列车在车站的程序对位停车控制。3 个子系统既相对独立，又相互联系，以保证列车安全、快速、短间隔地有序运行。

2. ATC 系统结构

ATC 系统的设备分布于控制中心（Central Control）、车站信号设备室、轨旁（Wayside）及车上（Vehicle）。图 7-14 为 ATC 系统的结构图例。如图所示，指挥列车运行的控制中心，设有作为 ATC 系统中枢的系统控制服务器，及其用于调度控制的工作站；数据传输系统，包括通信前置服务器、路由器以及数据通信网等，实现控制中心与全线车站信号设备室之间的实时数据信息交换；调度员通过调度员工作站下达行车控制命令。

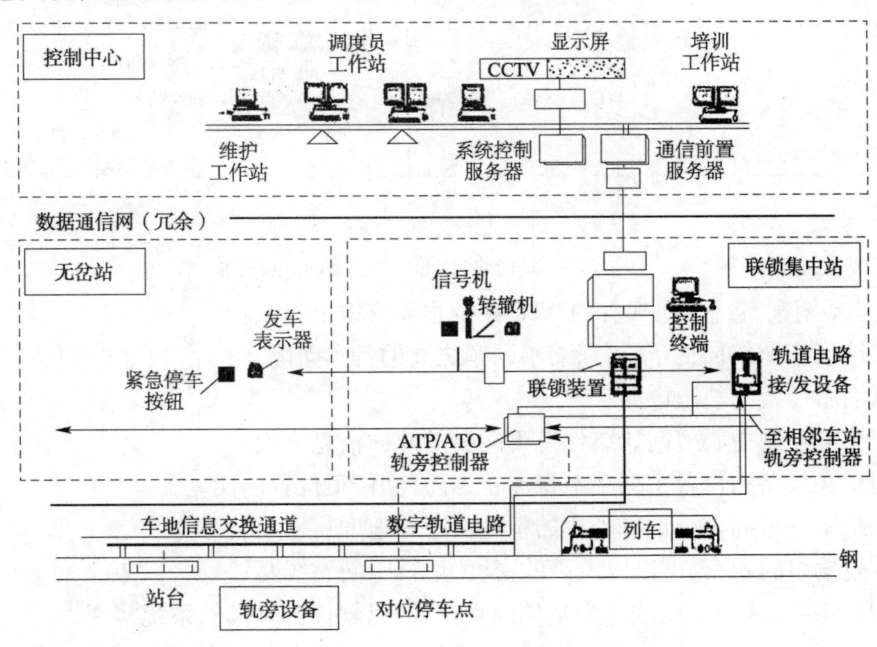

图 7-14　ATC 系统结构示意图例

二、基于通信的列车控制系统

基于通信的列车运行控制系统（Communication Based Train Control System，CBTC 系统），是一种采用先进的通信、计算机技术，连续控制、检测列车运行的移动闭塞方式控制系统。它摆脱了用轨道电路判别列车对闭塞分区占用与否，突破了固定或准移动闭塞的局限性。该系统的使用代表着目前世界上列车运行控制系统的发展趋势，也是近年来城市轨道交通领域认可采用的一种移动闭塞方式。

1. 移动闭塞的特点

基于轨道电路的 ATC 系统，是当前我国列车自动控制系统的主要模式，后续列车与先行列车之间的行车间隔都与闭塞分区的划分有关，也就是说，后续列车与先行列车不可能运行在同一个闭塞分区，后续列车必须保证在先行列车所占用的闭塞分区的分界点前停车。

如图 7-15 所示，速度码制式的 ATP 系统，可以对应于前面介绍的模拟轨道电路的 ATC 系统；目标距离制式的 ATP 系统，是以数字编码轨道电路为基础；这些制式下为了缩短行车间隔，必须缩小闭塞分区（轨道区段）的长度，当然要增加轨道电路的硬件设备；对于不同列车编组的运行线路，更是难以实现。

移动闭塞（Moving Block）是缩小行车间隔，提高行车效率的有效途径，其列车运行的安全保证，不需要设置轨道电路，没有物理概念上的闭塞分区划分；虚拟的闭塞分区使后续列车与先行列车之间始终保持制动距离，加上动态安全保护距离。

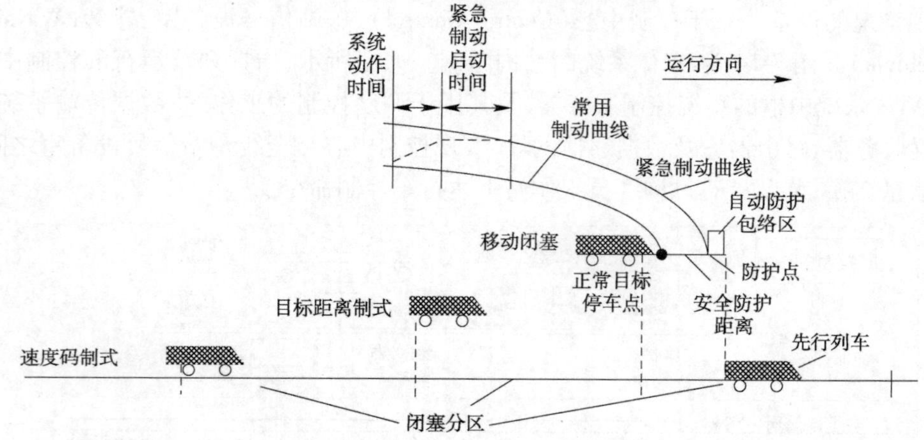

图 7-15　不同闭塞制式的列车运行间隔示意图

（1）移动闭塞系统相比现有的 ATC 系统主要有以下特点：

①在确保安全的前提下，可以缩小列车之间的行车间隔；

②取消了传统的轨道电路；

③列车与控制中心之间始终保持不间断的双向信息交换；

④列车在线路的位置由列车本身测定，并自动修正位置的误差；

⑤控制中心掌握在线运行列车的精确位置和速度；

⑥不同编组的列车，可以以最高的密度，运行于同一线路；

⑦ATC 系统，从一个以硬件为基础的系统，向以软件为基础的系统演变。

（2）CBTC 的应用。

CBTC 系统不仅适用于新建的各种城市轨道交通，也适用于旧线改造、不同编组运行以及不同线路的跨线运行。随着通信技术的发展，尤其是无线通信、计算机网络技术和数字信号处理技术的迅速发展，信号系统的冗余、容错技术完善，为 CBTC 的发展奠定了基础。

基于感应环线通信的移动闭塞系统，已运用于武汉、广州的城市轨道交通。而基于无线（Radio）通信的 CBTC 系统，也已在我国多条城市轨道交通选用，并定为今后城市轨道交通信号系统的发展方向。下面我们对基于感应环线通信的移动闭塞和基于无线（Radio）通信的 CBTC 系统作简单介绍。

2. 基于交叉感应环线通信的移动闭塞系统

基于感应环线通信的移动闭塞系统，由系统管理中心、列车控制中心、车载设备、车站控制器、感应环线通信系统设备、车站联锁装置、车站发车指示器、站台紧急停车按钮等设备组成。

系统管理中心与列车控制中心进行双向通信，完成对所有列车的自动监控；列车控制中心与全线的列车进行不间断地双向通信，所有的列车将其所在的精确位置和运行速度，报告给列车控制中心；列车控制中心在完全掌握所有列车的精确位置、速度等信息的前提下，向各列列车传送目标停车点。

列车接收列车控制中心发来的目标停车点信息，车载计算机根据允许运行的距离、所在区段的线路条件及列车的性能等，不断地计算运行速度，自动地完成速度控制。

列车控制中心还与车站联锁装置通信，完成列车进路的排列。

3. 基于无线通信的 CBTC 系统

基于无线通信的 CBTC 系统是指通过无线通信方式（而不是轨道电路和环线），实现车—地双向实时通信，自动控制列车运行的信号系统。

列车上的车载控制器，通过探测轨道上的应答器，查找它们在数据库中的方位，确定列车绝对位置，而且列车本身自动测量、计算自前一个探测到的应答器起，已行驶的距离，确定列车的相对位置。列车车载控制器，通过列车与轨旁设备的双向无线通信，向轨旁 CBTC 设备报告本列车的精确位置。

轨旁 CBTC 设备，根据各列车的当前位置、运行方向、速度等要素，同时考虑列车运行进路、道岔状态、线路限速以及其他障碍物的条件，向所管辖的列车发送"移动授权极限"，即向列车传送运行的距离、最高的运行速度，从而保证列车间的安全间隔距离。

CBTC 系统的主要组成部分有：列车自动监控子系统（ATS）；数据存储单元（DSU）；区域控制器（ZC）；车载控制器（VOBC）；数据通信系统（DCS），它包括骨干网、网络交换机、无线接入点及车载移动无线设备等，如图 7-16 所示。

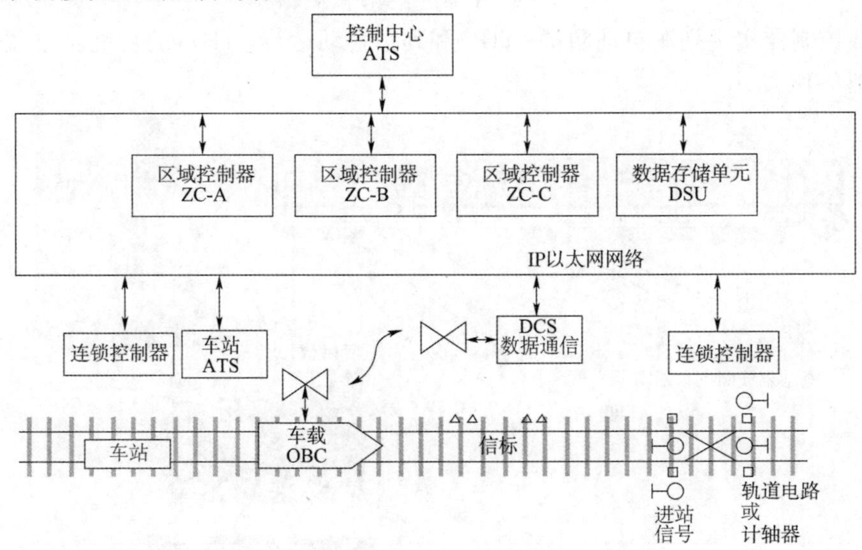

图 7-16　CBTC 系统设备示意图（例）

图 7-17 为系统结构概念示意图。CBTC 系统的安全型子系统是车载控制器（VOBC）、轨旁区域控制器（ZC）和位于中央的数据库存储单元（DSU）。

车载控制器(VOBC),通过检测轨道上的应答器,从数据库中检索所收到的数据信息,以建立列车的绝对位置;车载控制器测量应答器之间的距离,并测量自探测到一个应答器后,列车所行驶的距离。数据库包括了所有相关的轨道信息,包括应答器位置、道岔位置、线路坡度、限速、停站地点等。

车载控制器具备列车自动防护(ATP)子系统和列车自动运行(ATO)子系统的所有功能。车载控制器主动开始与区域控制器(ZC)的通信。这意味着当列车进入区域控制器的控制区域时,无论是刚刚进入系统,或从一个区域控制器区域转移至另一个区域,列车会向区域控制器发送信息,表示列车已经进入该区域控制器的管辖区域。车载控制器,通过数据通信系统与控制中心 ATS 直接通信。ATS 周期性地接收到从各列车发来的列车所在位置和列车状态报告。

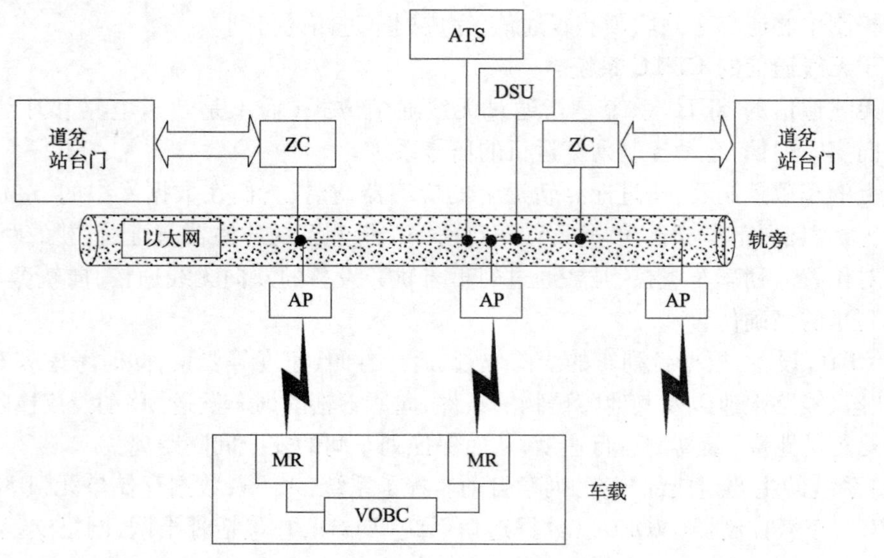

图 7-17　CBTC 系统结构概念示意图

由车载控制器实现列车自动防护(ATP)和列车自动运行(ATO)的功能。车载设备布局示意图如图 7-18 所示。

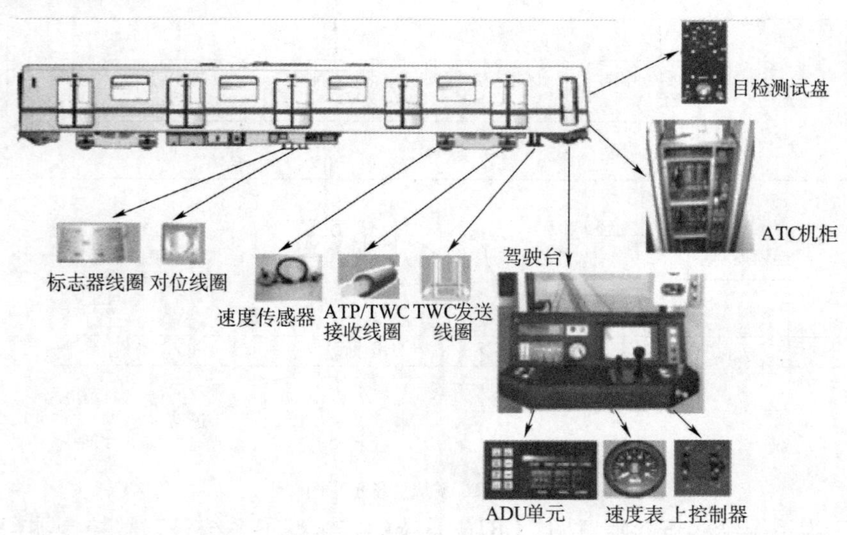

图 7-18　车载设备的功能示意图

（1）确定列车位置。列车在线路上检测到两个相邻的应答器，便实现列车位置定位的初始化。列车根据测速传感器和加速度计，对运行过程的距离进一步细化定位，由于线路数据库，唯一地定义了线路上的所有位置，所以运行过程检测到轨道应答器（信标）所提供的同步点信息，实现列车的定位校正。而列车实际定位位置，应根据列车向区域控制器报告的列车车头车和车尾位置，加上车头、车尾的不确定误差和在报告传输过程中的运行距离（估计），还应该考虑先行列车尾部潜在的倒溜距离，所以真正的列车"定位"原理示意，如图 7-19 所示。

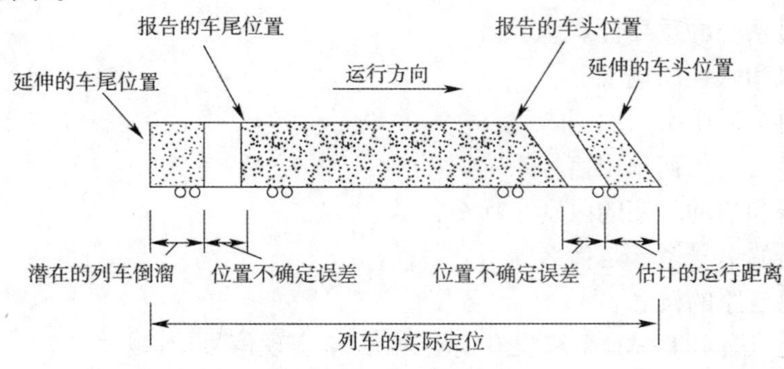

图 7-19 CBTC 列车定位原理示意图

（2）强制执行移动授权控制。根据区域控制器对列车的移动授权命令，由车载控制器执行移动授权控制，动态计算安全距离，以确定列车目标运行速度，监督由速传感器测得的实际速度，不超过到达目标点的目标速度。并进行防倒溜监督和障碍移动监督（在自动模式下）。在安全运行速度限制范围，调整列车速度。

（3）车门控制和安全联锁。只有当列车到达对位停车点，才允许相应侧的车门开启。

（4）列车完整性的检测和根据乘客舒适标准控制列车移动。

（5）保证数据通信安全的解决方案如下。

由于采用无线通信，所以使数据通信公开化，如何保证数据通信的安全是个难题，为此采用以下解决方案。

DCS 安全系统使用标准的通信协议和动态的密钥管理，确保报文认证和编码的保密性，认证授权支持 IKE 协议，以管理所有的密钥（证书）信息。也即所有对数据通信系统的接入，都要经过一个保安器件，所有收到的无效报文都由保安器件识别抛弃，中央认证机构，向保安器件发布认证授权证书，如图 7-20 所示。

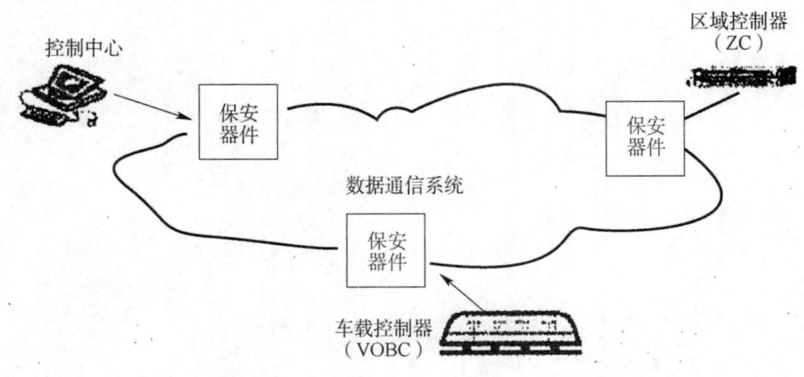

图 7-20 CBTC 数据通信系统安全结构示意图

通信协议由 3 个核心部分组成：

①真实性报头(AH)：证实一个信息包的发送身份，并证实该信息包的真实性；

②封装的保安有效报文(ESP)：在传输前，将一个包加密和证实；

③因特网密钥交换(IKE)：管理发送器和接收者保安密钥的传送(动态密钥，不断更新)。

练习与思考

1. 试述信号系统的重要性。
2. 试述闭塞和联锁的概念。
3. 试述轨道交通闭塞的发展。
4. 试述轨道交通如何选用信号系统。
5. 固定闭塞和移动闭塞的区别是什么？
6. 轨道交通的信号系统是什么？
7. 试述轨道电路的概念。
8. 独轨交通、法国的 VAL 系统没有钢轨，如何来实现信号传递？
9. 阐述什么是轨道交通信号。
10. 轨道交通信号系统中有哪些基本设备？
11. 轨道电路有哪些分类方法？
12. ATC 系统由哪三部分组成？阐述各部分功能。

项目八　城市轨道交通运营组织

学习目标：

1. 熟悉运营组织包含的工作内容；
2. 了解运行控制中心的作用及其构成；
3. 了解行车组织包含哪些系统。

任务一　认识城市轨道交通运营组织

城市轨道交通作为城市公共交通的骨干，它在运营组织上具有以下特点：

(1)与其他公共交通工具相比，它具有高速、安全、舒适、污染少、大运量的特点。

(2)只设客运业务，运输距离短，对单个乘客的运输服务时间短。

(3)均采用双线、双方向运行。

(4)车辆本身带有动力装置，由若干车辆组成动车组。

(5)全日客流分布在时间上存在明显的高低峰期，高峰时段时间性强，客流量集中。

(6)列车运行间隔时间短，发车密度高。

(7)运营时间内实施设备维护较困难，需在运营结束后才能统筹安排施工检修计划。

由此可见，城市轨道交通运营管理是一个系统工程，在运输组织上，实行集中调度、统一指挥、按图行车。在系统设备功能实现上，车辆、车务、机电、通信、供电、工建等专业紧密配合，确保隧道、线路、供电、车辆段、通信信号、机电各系统设备状态良好，运行正常；在行车安全控制方面，主要依靠合理的行车组织和可靠的设备运行来保证行车间隔和正确的行车路径。

一、客运设备设施布置

1. 车站

车站的选址、布置、规模等对其运营效果具有决定性的意义。优良的车站建筑既能为乘客提供安全、便捷、舒适的乘降条件，又能吸引更多的客流，同时还可以美化城市景观，以取得经济、社会和环境的综合效益。

车站的设置，一方面要考虑客流的吸引，站距不能过长；另一方面要考虑保持一定的行驶速度，站距不能过短。因此，线路的站距一般在1000～1500m之间，其中市区的站距应当小一些，市郊可以相对大一些。

车站的规模必须满足远期预测客流集散量的需求，并设置与之相适应的出入口，以方便乘客出入。

车站是轨道交通客流的集散地，一般由出入口及通道、站厅、站台、设备与管理用房等部分组成。站厅一般分为非付费区和付费区，站厅非付费区是指乘客自由通行、聚集、购票及置商铺、银行等物业的区域；站厅付费区是指乘客在闸机检票后进入站台候车前的缓冲区域。

2. 站台

站台主要供乘客候车和乘降使用，管理及设备区是指用于布置车站管理和设备用房的区域。

站台的宽度设计是根据车站远期预测高峰小时客流量、行车间隔、结构横断面形式、站台形式、楼梯/扶梯位置等因素确定，按照《地铁设计规范》(GB 50157—2013)的规定，如表8-1所示。

站台最小宽度设计 表8-1

序号	站台形式		站台最小宽度(m)
1	岛式站台		8.0
2	岛式站台的侧站台		2.5
3	侧式站台(长向范围内设梯)的侧站台		2.5
4	侧式站台(垂直于侧站台开通道口设梯)的侧站台		3.5
5	站台计算长度不超过100m且楼梯、扶梯不伸入站台计算长度	岛式站台	6.0
		侧式站台	4.0

3. 出入口及通道

出入口是车站的门户，主要作用是集疏客流，供乘客换乘其他交通或有轨交通之间的换乘。车站出入口位置一般选择在城市主干道两侧、十字路口或容纳大量人流的建筑物的出口附近，以最大限度地吸引乘客。出入口相连通道一般兼作过街通道或连通大型地下建筑，节约公共资源并方便乘客。为方便乘客及疏散客流，一个车站都有多个出入口，一般不少于2个。出入口和通道的宽度在设计时根据远期客流确定，按照《地铁设计规范》(GB 50157—2013)的规定，每米净宽的通过能力如表8-2所示。

出入口 通道每米净宽的通过能力 表8-2

通行方式	每小时通过人数(人)	通行方式	每小时通过人数(人)
单向通行	5000	双向通行	4000

4. 楼梯和自动扶梯

城市轨道交通车站一般为浅埋或高架，地面站由站厅和站台分层而设，以达到用地最省的目的，故需设置多处楼梯和自动扶梯。按照《地铁设计规范》(GB 50157—2013)的规定，每米净宽的楼梯/扶梯通过能力如表8-3所示。

楼梯 扶梯通过能力 表8-3

部位名称		最大通过能力(人次/h)
1m宽楼梯	下行	4200
	上行	3700
	双向混行	3200
1m宽自动扶梯	输送速度0.5m/s	6720
	输送速度0.65m/s	不大于8190
0.65m宽自动扶梯	输送速度0.5m/s	4320
	输送速度0.65m/s	5265

5. 自动售检票设备

车站自动售检票设备的实物照片如图 8-1 所示。

图 8-1　某车站自动售检票设备实物照片

车站的选址、规模在规划建设时已经确定，一般不能再改变，出入口及通道宽度、站厅及站台的规模一般在建设时根据预测客流量确定。在运营管理中如何正确设置售检票设备、合理布置付费区、设置正确的导向对客流组织起着很重要的作用。在布置时要以符合运营的最大客流量、保持客流的畅通为原则，同时也要考虑车站管理人员对设备的检查管理能力，因此一般按以下要求进行布置：

(1)售检票设备位置与出入口、楼梯应保持一定的距离。一般不设置在出入口、通道内，并尽量保持与出入口、楼梯有一定的距离，从而保证出入口和楼梯的畅通。

(2)保持售检票设备前空间宽敞。售检票设备一般选择设置在站厅内较宽敞的位置上，以便于客流的疏导。售检票设备之间也应适当保持一定距离，避免乘客排队时拥挤。

(3)售检票设备根据出入口数量尽量集中布置。车站一般设多个出入口，为了减少乘客进入车站后的走行距离，一般设置多组闸机组、TVM 组，但过多设置容易造成设备使用的不均衡，降低设备使用率，并且不利于管理，因而应根据车站客流的大小相对集中布置。

(4)应尽量避免客流的交叉对流。客流的交叉对流会减缓乘客出行的速度，造成局部秩序混乱，不利于车站的管理。因此，车站应对进出客流进行分流，进出车站检票位置应分开设置，以避免发生交叉对流。较理想的自动售检票设备布置如图 8-2 所示。

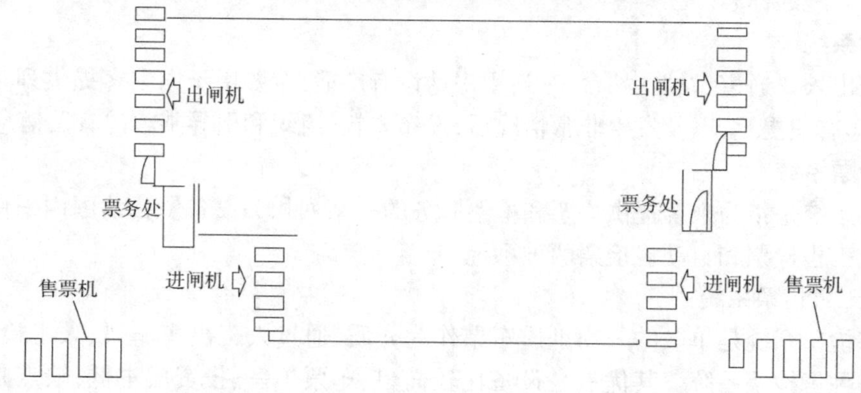

图 8-2　自动售检票设备布置图

边门、出闸机最靠近票亭(票务处)，以便于票亭岗人员对出站乘客进行引导、监督和稽查,对设备进行监视和管理。TVM 布置靠近进闸机组,可以减少乘客在车站购票进闸的走行距离,同时 TVM 也邻近站厅两端的出入口。

二、运营服务的设备系统

城市轨道交通是一个庞大且复杂的技术系统,其运营设备系统包括轨道、车辆、供电系统、通信系统、信号系统、屏蔽门系统、导向和预报系统、机电设备等。为了确保城市轨道交通系统安全、可靠、高效地运行,采用了大量自动化系统,如使用 ATC 系统实现列车自动保护、自动驾驶、自动监控;使用信号联锁系统(如 SICAS 系统)实现行车进路微机联锁功能;使用电力监控系统(SCADA)实现主变电站、牵引变电站及降压变电站等系统设备的远程监督和控制;使用机电设备监控系统(BAS/EMCS)及防火报警系统(FAS)实现环境控制和消防控制自动化;使用自动售检票系统(AFC)实现售检票和数据采集分析的自动化,并在调度控制中心设置中央级计算机实行统一指挥,分级控制,一旦发生意外情况,调度控制中心可即时得到信息,进行正线运营应急处理。各设备系统的具体构成及功能见参考文献相关章节的叙述。

本知识点简单介绍车站用于服务乘客的主要设备系统。车站内服务于乘客的设备系统主要有导向系统、广播系统、售检票系统、电梯/扶梯系统、车站站台屏蔽门/安全门系统、照明系统、火灾防护系统、车站通风与噪声控制系统以及车站空调系统。

1. 导向系统

导向系统包括各类导向标志、禁令标志及其他设备设施标志。

(1)导向标志

导向标志是引导乘客乘坐列车或向乘客指示服务设施所设置的各类标志,主要有示意各出入口、公交站点的标志,自动或人工售票的标志,进出计费区的标志,乘客方向及站点分布的标志,紧急出口标志,公用电话标志及车站周边示意图等。

(2)禁令标志

禁令标志是指限制乘客某些行为的标志。主要有禁止吸烟标志,禁止携带危险品标志,严禁跳下站台、进入隧道的标志等。

(3)其他设备设施标志

其他设备设施标志是指导向标志、禁令标志以外的标志,包括服务于普通乘客的自动扶梯标志,为盲人提供方便的盲道及供残疾人专用的电梯与楼梯升降机的标志;公用电话、公共卫生间等设施的标志。

2. 广播系统

车站在出入口通道、站厅、站台、车站用房处设有广播,主要用于向乘客提供列车运行有关信息、乘车有关提示,以及发生非常情况后,发布安抚、组织和引导乘客的有关信息。

3. 售检票系统

售检票系统是指为乘客提供售票和检票服务的一系列相关设备。目前国内采用的售检票设备有人工售检票和自动售检票两种系统。

(1)人工售检票系统

人工售检票系统是单一的采用纸质车票作为介质,通过人工出售车票、人工检验票、人工统计的一种售检票系统。其优点是设备比较简单、车票单一、投资成本低;缺点是分段计费效果差,不利于在复杂的轨道交通网络中应用,运营管理成本大,不利于统计和分析。随着轨道交通的发展,人工售检票将逐步被自动售检票代替。

(2)自动售检票系统

自动售检票系统是通过计算机集中控制的,以磁卡及非接触器或 IC 卡为介质的一种售检票方式。

自动售检票设备通常由自动售票机、半自动售票机、自动检票闸机(进闸机、出闸机、双向闸机)、车站和中央控制计算机组成。有的轨道交通收费系统为方便乘客购买车票,还使用了具有良好图像界面,可以接受硬币、纸币、信用卡和 IC 卡等多种支付手段的接触式自动售票机。

4. 电梯/扶梯系统

电梯/扶梯作为轨道交通车站内疏散乘客的重要工具,对客流的及时疏散起到了至关重要的作用。车站根据预期客流量配备了足够数量的自动扶梯,以保证车站的正常运作。

为保证残疾人乘客的正常出行,车站内还设置了残疾人电梯、楼梯升降机以满足特殊人群的需要。

系统由电梯、自动扶梯及楼梯升降机组成。

(1)电梯

电梯主要指车站内的液压电梯和无机房电梯。

(2)自动扶梯

自动扶梯指带有循环运动梯路向上或向下倾斜运送乘客的固定电力驱动设备。一般是设置于站厅与站台之间、出入口与站厅之间,供乘客上下使用。

(3)楼梯升降机

楼梯升降机是一种较新颖的设备,安装在车站站台到站厅和地面到站厅步行楼梯一侧,提供给坐轮椅的残疾人或乘客上下楼梯使用,弥补了车站现有液压梯不能到达地面的不足。

在升降机的上端和下端均设有对讲机,只要按下对讲机上的白色按钮,即可与车站控制室对话,要求工作人员开梯使用。

5. 车站站台屏蔽门/安全门系统

该系统是设在站台边缘,把站台区域与列车运行区域相互隔开的设备。其中屏蔽门是由屏封和门组成,将车站站台与站台轨道间分隔开,使站台成为封闭式,如图 8-3 所示;安全门是设在高架车站,安装在站台边缘,在轨道与站台公共区域之间提供安全可靠的具有防护功能的非密闭设备,如图 8-4 所示。

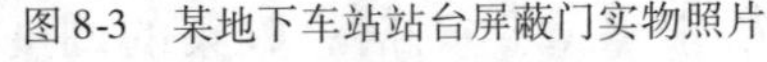
图 8-3 某地下车站站台屏蔽门实物照片

图 8-4 某高架车站站台安全门实物照片

当隧道无车及列车进站时,屏蔽门/安全门处于关闭状态。列车停稳后,同时开启列车门及屏蔽门/安全门。乘客上下车完毕后,车门与屏蔽门/安全门同时关闭。

屏蔽门/安全门的优点:首先,保证候车乘客的人身安全,最大限度地防止可能出现的各类人员意外伤亡;其次,节省了人力资源,减免站台接发列车人员的设置;最后,节约了车站空调能源,降低了列车噪声对乘客的干扰,给乘客提供了一个良好的候车环境。

6. 照明系统

照明系统通常包括正常照明系统和应急照明系统。

由于轨道交通车站大部分为地下车站,且运营时间较长,因此,地下车站及地面车站的夜间照明均由车站正常照明系统提供照明。应急照明系统是车站正常照明发生故障时,为疏散乘客而提供的照明,通常由蓄电池供电。当正常照明系统失电时,应急照明系统立即启动,一般可持续供电 0.5h 左右。

7. 火灾防护系统

火灾防护系统由火灾监控系统、自动报警系统和自动灭火系统组成。

火灾监控系统是由灵敏的光感、温感、烟感、红外线传感器和自动巡检及显示元件组成。它主要是在第一时间内,将探测器检测到的火灾情况及时传输给报警系统和自动灭火系统。自动报警系统以灯光信号和报警铃声及时反映到控制面板上,提示值班人员。而自动灭火系统在得到信号后,会切断所有可能有助于燃烧的工作设备,如空调、通风机组的电气线路等。同时,接通消防专用设备的工作电路,启动有关消防设备,如排烟风机、防烟垂壁、管道排烟阀等;关闭电动防火门、防火卷帘门,接通火灾事故照明灯、疏散标志灯等。

火灾防护系统在最大程度上减少了火灾带来的财产损失和人员伤亡,是城市轨道交通车站必不可少的设备设施。

8. 车站通风与噪声控制系统

地下车站无法采用自然通风,为了满足人们在车站内正常活动的环境需要,地下车站必须设置车站通风系统。其主要作用是为车站提供足够的新鲜空气、排除废气和有害气体,改善车站的乘车环境,为乘客创造一个舒适的空间。

噪声是轨道交通的一大缺点。列车在高速运行时,车轮对于钢轨的摩擦是主要噪声源,尤其是高架轨道交通噪声影响更为突出。目前,除了对车辆构造及轮轨作用体系方面做出改进以外,地下轨道交通采取的主要措施是在站台顶部、车站范围的隧道侧墙、站台下部轨道旁设置吸声板以及安装站台屏蔽门;而高架轨道交通主要是在线路沿线布置防噪墙等。

9. 车站空调系统

为了使地下车站有一个较舒适的乘车环境,除了配备必要的通风设备以外,还必须设置车站空调系统装置。车站空调能为车站内部不断地输送经过降温、除湿处理的空气,保持车站内稳定的湿度和温度。

任务二　运营控制中心

一、概述

1. 运营控制中心的功能

(1)运营控制中心是轨道交通运营管理,行车、电力、环控、维修、信息收集的调度指挥中心。

(2)运营时控制中心担负着轨道交通运营日常工作,按照列车时刻表的要求实现安全、准点、舒适、快捷的运输服务。

(3)运营控制中心负责监督、调节环控和供电系统的运作,负责组织处理在轨道交通运作过程中发生的各种故障、事件、事故情况下的降级运营。

(4)控制中心同时是轨道交通系统的信息收发中心、通信联络中心,在日常的工作中担负着与外界的协调、联络工作。

2. 运营控制中心的构成方式

运营控制中心的构成方式按中央调度实施地点的不同,可分为分散式、集中式和区域式运营控制中心。

(1)分散式控制中心

在每条或两条线路上设置运营控制中心,负责本线的中央调度监控指挥,同时把运营信息上报有关部门。

(2)集中式控制中心

集中式控制中心是指轨道交通所有线路的运营监控、指挥集中到一个统一的控制中心,负责全部线路的协调指挥工作。

(3)区域式控制指挥中心

在轨道交通网络中,区域式控制指挥中心负责其中几条线路的运营监控、指挥,一般几条线设立区域运营控制指挥中心,负责这几条线的运营调度监控指挥工作,并接受线网指挥中心的统一指挥。

3. 运营控制中心的架构

(1)组织架构

运营控制中心的组织架构简要如图 8-5 所示。

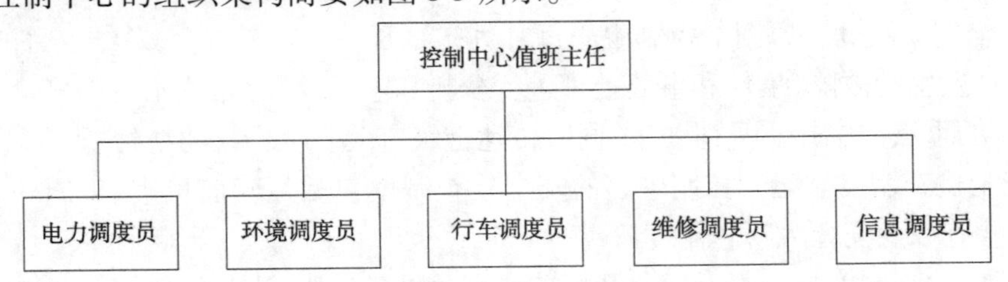

图 8-5　运营控制中心的组织架构

(2)运营控制中心调度指挥分布

某运营控制中心调度指挥分布的实物照片如图 8-6 所示。

(3)运营控制中心各岗位主要工作

①控制中心值班主任:控制中心调度指挥当班负责人,负责协调当班行车、电力、环控等调度员的工作。

②行车调度员(简称行调):负责行车指挥工作的专职人员。

③电力调度员(简称电调):负责供电系统的管理和调度的专职人员。

④环控调度员(简称环调):负责环境控制

图 8-6　某运营控制中心调度指挥分布的实物照片

系统的管理和调度的专职人员。

⑤维修调度员(简称维调):负责除车辆外的所有设备的维修、检查、施工的组织实施专职人员。

⑥信息调度员:负责控制中心信息收集与发布工作的人员。

二、运营控制中心管理

1. 运营控制中心日常工作制度

运营控制中心日常工作制度主要包括交接班制度、安全管理制度、运营信息管理制度、统计工作制度等。

1)交接班制度

交接班会在调度工作中具有承上启下的作用,接班的调度人员必须提前到岗。接班调度员要收集上一班的工作情况,检查调度记录是否齐全,记录填写是否规范;了解所有被监控设备的运行状态、故障状态以及故障处理情况;了解施工作业情况,明确有待跟进处理的问题。

交接班以调度日志和各种记录为依据。因交班内容错漏而造成的后果,由交班者负责;若已有记录,接班后遗漏处理而发生责任问题,则由接班者负责。调度员在处理故障时,原则上不进行交接班,待故障处理完毕或告一段落后,方可交接班。由接班值班主任主持召开交接班会,听取各岗位的汇报,传达上级的指示和文件,布置本班的工作重点,分配工作任务,并制定完成工作任务的具体措施。

2)安全管理制度

运营控制中心的安全管理制度包括安全例会制度、安全检查制度、安全演练制度和事件/事故分析制度。

(1)安全例会制度。原则上控制中心每月月初召开一次安全例会,总结上月的安全工作情况,对上月发生的故障、事件和事故处理进行分析和学习,同时布置本月的安全工作任务,对安全工作的重点内容提出具体要求,同时传达上级有关安全会议的精神。

(2)安全检查制度。运营控制中心的安全检查制度包括运营前检查、每周一查、消防日查、非正班检查以及安全大检查制度。

①运营前检查制度——每天运营开始前对有关设备设施、线路使用情况、施工作业等进行全面检查。

②每周一查制度——安全员每周检查安全培训记录、设备运行的安全、调度日志(交接班簿)、调度命令、线路施工登记表记录情况、故障及延误报告的填写等,发现问题及时提出整改措施。

③消防日查制度——每天夜班值班主任按要求与环调共同检查消防线路(通道)及消防器材的安全,并登记确认,发现隐患时要提出整改措施。

④非正班检查制度——在非正班时间段控制中心或上级部门领导不定期对控制中心进行突击抽查,检查各班组的“两纪一化”(劳动纪律、作业纪律和标准化作业)和安全运作情况。

⑤安全大检查制度——逢节假日或大型活动,在节假日或大型活动到来前进行一次安全大检查,检查内容除了日常的安全检查内容外,还包括节假日或大型活动的准备工作、运营组织补充方案和运作命令等。

(3)安全演练制度。为使调度员熟练掌握各种应急方案,提高调度指挥水平,各班组每月至少进行一次安全演练。此外,各班组还需参加上级部门组织的突击演练。

(4)事件/事故分析制度。发生事件/事故后,当班班组要进行全面分析,查找不足,总结经验,编写事件/事故处理报告,由控制中心上报部门安全网络;控制中心视情况召开全体成员的分析会,对事故的责任进行内部分析,制订防范措施,教育广大员工,防止出现类似事故;调度员应协助有关部门组织事故调查分析、现场勘察、取证等活动,并向有关部门提供与事故有关的材料,如调度值班记录、调度命令记录和调度电话记录、设备检修申请等。

3)运营信息管理制度

必须严格执行轨道交通有关信息管理的规定,做好运营信息保密工作。运营信息收集及发布必须贯彻“及时、准确”的原则,将准确、有效的运营信息提供给有关部门和人员,为其决策、指挥和控制提供依据。严格按照运营信息发布的要求,及时、快捷地收发运营信息。本线内的运营信息,除了对本线有关运营单位发布外,如果影响邻线时,同时还要向邻线发布运营信息。邻线调度按照信息内容采取有针对性的措施。

4)统计工作制度

运营指标统计包括客车运行统计、客运量统计、工程车统计、检修施工作业及统计、电量统计、设备故障情况统计等。

运营信息原始记录,必须按《统计工作管理制度》相关要求,由各区域控制中心统计责任人做好收集以及存档工作。区域控制中心统计负责人必须定期进行检查。

原则上,各区域控制中心负责收集本区域控制中心管辖范围内的运营信息,负责编写本区域控制中心所辖线路的“运营日报”,换乘站的客流数据由相应线路的 AFC 轮值人员负责传真给区域控制中心。各区域控制中心原则上在次日的 7:45 以前完成当天的“运营日报”的编写工作。

值班主任每日编写“运营日报”后,必须严格执行双人审核制度,保证“运营日报”中运营信息及数据准确无误。

2. 调度标准用语及发布命令的要求

(1)调度标准用语

调度员在日常工作中,为了确保进行安全、高效地调度指挥,提高各调度的沟通技巧、工作效果,确保调度指令能够迅速准确地下达和执行,必须使用标准调度用语。

调度用语要求:调度工作用语使用标准普通话;受话者必须复诵,严禁使用“明白”代替;说话者吐字要清晰,语速适中;发令完毕后,发令人应说“完毕”,再给出调度代码。

(2)调度命令

调度员对发布调度命令的正确性负责。发布命令前应详细了解现场情况,听取有关人员意见。同时向几个单位或部门发布调度命令时,调度员应指定其中一人复诵,其他人核对,确保无误。书面命令要填写“调度命令登记簿”。

所有调度命令需使用调度电话或调度命令发布系统发布,接令人必须按照调度命令及时执行。调度员发布口头命令,发令和接令双方必须做好记录。

发布调度命令的时机按各线路的《行车组织规则》中的有关规定执行。调度命令应先拟后发,控制中心常用调度命令见各调度手册。掌握好发布调度命令的时机,为缩短抄送命令的时间,可先发内容、号码,后发发令时间、调度代码。过线调度命令由列车始发线路行调统一发布。发布命令前,相关线路行调要事先做好布置沟通,根据不同线路不同信号特点,在命令中明确相应线路的行车凭证。列车走行路径中所包含线路的值班主任及行调均要在行车凭证上签名确认。

三、线网控制中心的协调管理

1. 管理原则

(1)由线网控制指挥中心负责各区域控制中心之间的总体协调指挥工作。

(2)当某一线路发生的故障/事件/事故对其他区域控制中心管辖的线路运营造成严重影响时,由线网控制指挥中心值班主任负责总体协调处理。

(3)各区域控制中心应根据有关管理规定,结合本区域的具体情况,制定相应岗位的调度工作手册。

(4)区域控制中心应积极开展管辖线路与邻线有接口联系的调度安全管理工作,总结交流调度安全管理工作经验,搞好调度指挥工作。

2. 调度组织的协调管理

每月按专业分别召开一次行车、供电、环控和维修调度专业会,调度专业会由部门负责人主持,各区域控制中心分管主任和专职调度负责人参加。内容主要有业务讨论、工作总结、经验介绍、检查劳动竞赛开展情况等。会议主要听取各区域控制中心对有关生产情况的汇报,分析存在的问题和提出整改措施,同时听取各区域控制中心负责人的情况反映、提出的问题和要求,并针对这些问题的性质和对运营组织的影响制定、落实有关处理措施。

3. 施工组织的协调管理

时间、空间利用上应安全、合理、高效,即在确保安全的前提下,充分合理、高效地安排时间、空间,完成检修施工和维修任务。

行车设备的施工与列车运行秩序和行车安全密切相关,必须坚持"安全第一、预防为主"的方针,严格执行规章制度,规范管理,确保施工和行车安全。行车设备施工计划是施工管理的重要依据,生产管理部门要认真研究,统筹安排施工计划,周密编制施工计划,及时组织实施。区域控制中心所辖线路间的联络线分界点施工,日补充计划和临修计划由两个区域控制中心协商、审定。

影响两个区域控制中心以上所辖的线路的月计划、周计划施工,由施工计划编制部门统筹安排。不影响其他区域控制中心管辖线路的施工,日补充计划和临修计划由所属区域控制中心自行管理。区域控制中心所辖线路、车站、通信联闭设备及接触网等临时故障进行抢修的施工,由区域控制中心有关调度处理。

4. 客运组织的协调管理

(1)客运组织的目标

科学合理、灵活地运用线网提供的客运服务设备、设施,以保证安全、准点、舒适、快捷地完成乘客运输任务。

(2)客运组织协调内容

事故、事件、故障等情况下的客运组织必须遵循有关规定执行。需要邻线或相邻区域控制中心配合的和影响邻线或相邻区域控制中心的客运组织的,必须按照要求进行运营信息的通报和运营信息共享。各区域控制中心必须根据信息的内容,按照事故、事件和故障对运营组织的影响和对邻线服务的影响有针对性地制订应急预案和处理方法,尽可能减少事故、事件和故障对客运服务的影响。

各区域控制中心和各线路必须严格控制尾班车的开行情况，按要求组织好乘客尾班车的换乘工作。区域控制中心应积极开展对本线和与邻线客运组织协调的研讨工作，总结交流客运组织协调工作经验，做好客运组织协调工作。

轨道交通沿线有大型活动时，直接受影响的线路必须按照运输方案做好客流疏导工作，换乘线路和有关线路要做好配合工作。

有接待任务，按接待任务方案的要求，落实运营组织相关配合工作。对相邻区域控制中心有影响的接待任务，在执行前通报相关值班主任。需要紧急疏导乘客时，各线路必须按照既定的疏导方案执行，做好有关行车组织、客运疏导工作。对相邻区域控制中心有影响的疏导任务，在执行前须通报给相关值班主任。

5. 区域控制中心故障/事件/事故的应急处理

(1)正线列车、车站发生故障/事件/事故，影响相邻区域控制中心所辖线路运作时的应急处理。

当某线路的列车、车站发生故障事件/事故时，行调立即将故障信息/事件/事故通报值班主任，并按既定的分工和相应的处理程序进行处理。值班主任会同相关受影响区域控制中心调整行车、客运组织，配合事发线路的运营和抢险工作。

值班主任接报信息后，立即监控列车运行情况，对该线路进行监控处理，尽快恢复正常运营。值班主任按“先通后复”的原则并结合各项规章制度，制定灵活处理措施和小交路运营方案指挥行调执行。

本区域控制中心信息调度或其他线路的行调根据具体情况，及时向本线车站发布故障信息，要求车站、司机做好乘客服务。电调、环调、维修调度则按相应故障/事件/事故的处理程序进行处理，或按值班主任指令执行。

(2)供电、环控设备故障的应急处理。

当某线路的供电、环控设备发生故障时，电调、环调或维修调度立即将故障信息/事件/事故通报值班主任并按相应的应急处理程序进行处理。

值班主任接报信息后，立即了解具体情况，监控电调或环调处理，督促维修调度，并立即组织相关技术人员抢修。

区域控制中心其他线路的电调或环调协助故障处理，并监控好本线设备运行情况。

四、控制中心的设备功能

1. 中央监控设备

(1)行车调度系统

正常情况下，列车的运行处于控制中心的信号设备自动监控状态。联锁系统根据自动列车监控系统的指令自动设置进路，列车在自动列车保护系统的安全保护下，按照自动列车监控系统的指令由自动列车驾驶系统自动驾驶列车，满足设计的行车、折返间隔及列车出入段线等作业要求，并实现列车运行的自动调整。行车调度人员负责监督列车及设备的运行，当运行被打乱而不能自动处理或遇其他特殊情况时，可人工介入进行联锁控制、调度调整和运行图数据应用等功能。信号系统设备故障无法实现中央监控时，行车设备控制权下放到车站级控制；当车站级信号设备无法控制现场设备时，采用就地级控制，并按有关规定处理。

(2)电力调度系统

电力调度系统对轨道交通各变电所、接触网设备进行实时监控和数据采集，使调度人员通过监控系统实时监控供电系统设备的运行情况,及时掌握和处理供电系统的各种故障、警报事件,准确实施调度指挥、事故抢修和故障处理,保证供电的可靠性、安全性。系统具有完成控制范围内的所有断路器、电动隔离开关的控制操作功能、完成控制范围内数个开关的倒闸作业功能、完成信息采集和处理功能、完成数据归档和统计报表功能,并且系统有自检和维护扩展功能。

(3)环控调度系统

火警监控系统主要对轨道交通车站(站厅、站台、设备房)、变电所、控制中心大楼、车辆段等监管场所进行消防监控,为运营安全提供有力的保障。根据通风与空调系统提供的环控工艺要求,下达区间隧道通风系统设备的运行模式指令到车站级,由车站级对区间隧道通风系统设备进行控制,监视全线各车站的通风与空调系统、给排水系统、自动扶梯、防淹门、屏蔽门的运行状态,监视、记录各车站主要设备的运行状态,如典型区域测试点的温度、湿度和 CO_2 浓度等环境参数,并统计设备累计运行时间,并将操作信息、报警信息进行记录和分析,自动生成日、周、月报表。接收信号系统发来的列车在区间阻塞的信息,控制区间隧道通风系统设备按预定模式运行。在灾害的状态下,控制区间隧道通风系统设备在灾害模式下的运行。

(4)维修调度系统

维修调度系统设有维修调度台,配备维修信息处理计算机以及有线、无线维修调度电话、中央广播终端。维修调度一方面负责各系统设备故障信息的收集,组织指挥大型故障的抢修和抢险工作;另一方面制订设备计划性维修计划,组织实施预防性维修工作。

(5)天气情况监测设备

地面站、高架站设置风速和雨量监测装置,以便于中央调度员在强风或暴雨天气下进行运营模式决策。

2. 中央通信设备

(1)调度电话

调度电话是为列车调度、电力调度、维修调度等提供指挥命令传递的工具。调度电话分为有线和无线两种,具有对本系统的用户进行单呼、组呼、全呼和紧急呼叫、各调度总机间通话和实时录音功能。

(2)广播系统

控制中心的广播系统,可在事故抢险时组织指挥、疏导乘客和工作人员安全撤离时使用。

(3)闭路电视监视系统

闭路电视监视系统是轨道交通运营管理现代化的配套设备,可供控制中心调度员实时监视车站客流、列车出入站、旅客上下车及设备运行等情况,以提高运营组织管理效率,保证列车安全、正点运送乘客。闭路电视监视系统在控制中心须有录像、放像功能。

3. 信息收发设备及安全保障系统

(1)信息收发设备

①运营信息收集。通过内部通信设备获得运营口头信息、设备状态信息和图像信息。

②运营信息发布。可利用中国移动通信网,按组别向组内成员(领导)发布手机短信。

(2)安全保障系统

安全保障系统包括消防监控系统、可视对讲门铃、门禁系统。

①消防监控系统。线网控制中心设立独立的消防监控系统，由本线的消防监控系统集中管理，控制中心首层设消防控制室，并由控制中心的保安人员兼管。

②可视对讲门铃。进入调度大厅之前设置可视对讲门铃，以方便其他工作人员（非中央调度员）联系调度员或进入调度大厅。

③门禁系统。按门禁系统设置的原则，在首层大门和各设备房、维修值班房、调度大厅和调度办公管理用房的门上设置门禁系统，员工按允许的级别进入到相应的房间。门禁系统须满足消防逃生的要求。

任务三 行车组织

一、列车运行图

1. 基本概念

(1)运营时刻表

“运营时刻表”是列车在车站(车辆段)出发、到达(或通过)及折返时刻的集合。

(2)列车运行图

列车运行图是利用坐标原理表示列车运行状况的一种图解形式，是根据“运营时刻表”铺画的。

(3)行车时间

行车时间以北京时间为准，从零时起计算，实行 24h 制。行车日期的划分是以零时为界，零时以前办妥的行车手续，零时以后仍视为有效。

2. 列车运行图的作用

(1)列车运行图是组织列车运行的基础

列车运行是一个很复杂的环节，它要求各个部门、工种、作业之间相互协调配合，才能保证列车安全和提高运输效率。列车运行图规定了各次列车占用区间的顺序、列车在一个车站到达和出发(或通过)的时刻、列车在区间的运行时分、列车在车站的停站时分、折返站列车折返作业时间及出入段时刻。列车运行图在保证城市轨道交通运营各部门的相互配合协调动作上起到了重要的组织作用。

(2)列车运行图是运行组织的一个综合性计划

运营生产是一个统一的整体，涉及城市轨道交通运营的各业务部门都需要根据列车运行图所规定的要求来安排工作。例如，车站根据运行图所规定的列车到达和出发时刻，安排本站行车和客运组织工作；车辆维修部门每天运营前要整备好运营需求的列车数；车辆运转部门要根据列车运行图的要求确定列车的派出时刻和乘务员的作息计划；工务、通信、信号、供电、机电等部门也要求根据列车运行图的规定来安排施工计划和维修计划。因此，列车运行图是城市轨道交通运行组织的一个综合性计划。

3. 列车运行图的图解表示要素

列车运行图(图 8-7)是表示列车在各站和区间运行状态的二维线条图，能直观地显示各次列车在时间上和空间上的相互位置和对应关系。

在图 8-7 中，各部分的含义说明如下：

(1)横坐标。表示时间，按要求用一定的比例进行时间划分。

（2）纵坐标。表示距离，根据区间实际里程，采用规定的比例，以车站中心线所在位置进行划分。

（3）垂直线。是一簇平行的等分线，表示时间等分段。

（4）水平线。是一簇平行的不等分线。表示各个车站中心线位置，一般叫作站名线。它的确定主要有以下两种方法：

①按区间实际里程比率确定。即按照整个区段各个车站实际里程的比例来确定站名线的位置。采用这种方法，列车运行图上的站间距能完全反映实际情况，能明显表示出站间距的大小。但是由于各区间线路和横纵断面的不同，列车运行的速度也不相同，列车在整个区段的运行线是一条折线。这样画出来的列车运行图非常不美观，并且不利于发现区间运行时分上的差错，所以一般不采用此种方法。

②按区间运行时分比率确定。即按照整个区段内各车站间列车运行时分的比例来确定站名线的位置。采用这种方法，虽然不能表示出站间距的大小，但是在列车运行图上的运行线基本上是一条斜直线，这样既美观，又可以直观地发现列车在区间运行时分上的差错，因此大多数企业采用此种方法。

（5）斜线。即运行线，是列车运行的轨迹。一般以下斜线表示下行列车，上斜线表示上行列车。

（6）车次。列车运行图上每次列车都规定有特定的车次。一般来说，上行车次为偶数，下行车次为奇数。

根据横纵坐标表示的变量不同，城市轨道交通企业所运用的运行图主要有两种形式，不同的企业根据实际情况会采用不同形式的运行图。一种是横坐标表示时间，纵坐标表示距离（图8-7）的运行图。目前，大多数城市轨道交通的运行图都采用这种形式。另一种是横坐标表示距离，纵坐标表示时间的运行图。这时，运行图上横线表示时间，竖线代表车站中心线。有个别城市的轨道交通企业采用此种类型的运行图（图8-8）。

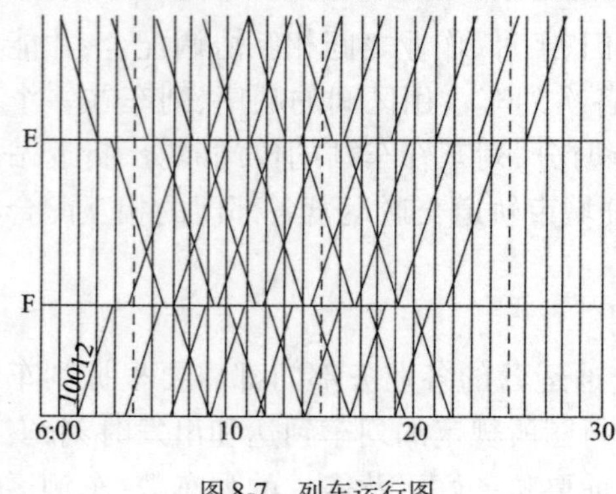

图8-7　列车运行图

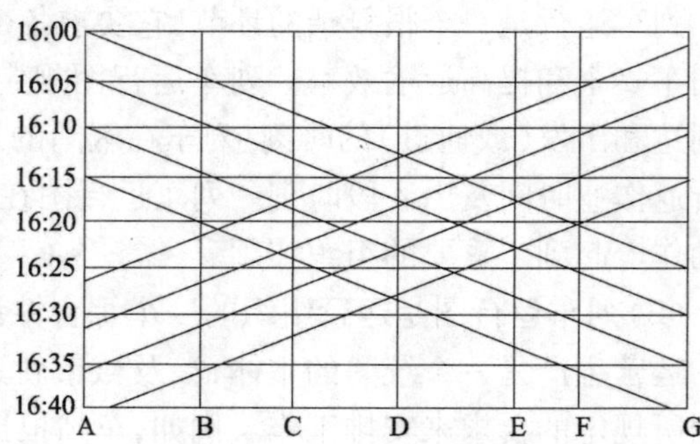

图8-8　横坐标表示距离、纵坐标表示时间的运行图

4. 列车运行图的格式

为了适应不同的需要，列车运行图按照时间段划分的不同，可以有以下四种基本格式：

（1）一分格运行图（图8-9）

它的横轴以1min为单位用竖线进行等分。此种运行图主要在地铁、轻轨线路采用。

（2）二分格运行图（图8-10）

它的横轴以2min为单位进行等分。此种运行图主要在市郊铁路线路采用。

（3）十分格运行图（图8-11）

它的横轴以10min为单位用竖线进行等分，并且在运行图上需标注10min以下的数字。

此种运行图主要在铁路运输企业采用。

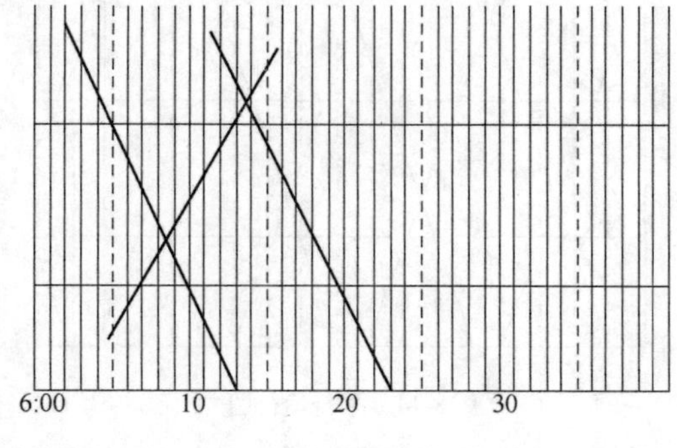

图 8-9 一分格运行图

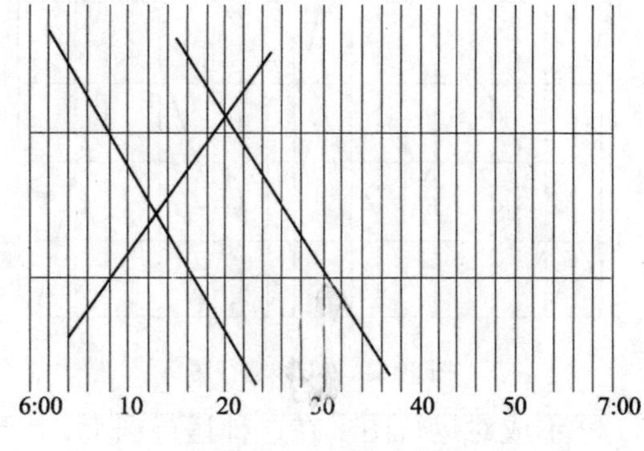

图 8-10 二分格运行图

(4) 小时格运行图(图 8-12)

它的横轴以 1h 为单位用竖线进行等分,并且在运行图上标注 60min 以下的数字。此种运行图主要在编制旅客列车方案图、机车周转图时采用。

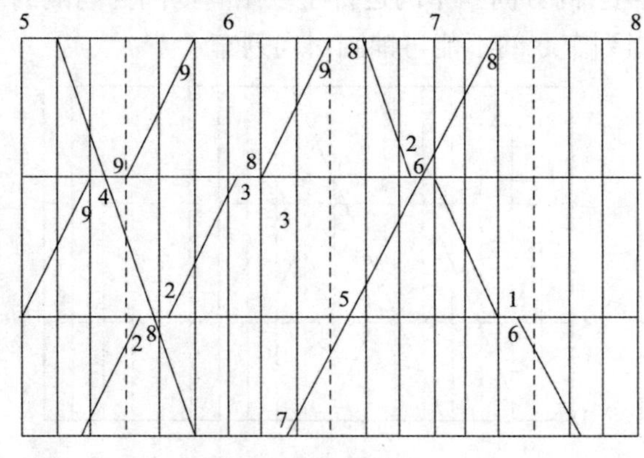

图 8-11 十分格运行图

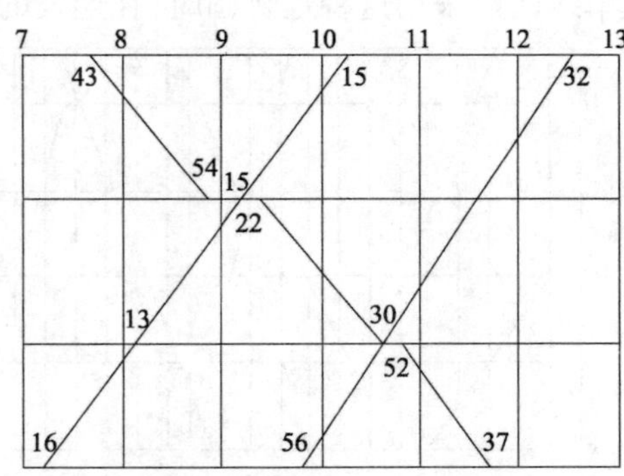

图 8-12 小时格运行图

5. 列车运行图的分类

(1)按区间正线数目不同分类

①单线运行图。在单线区段上,上下行方向的列车都在同一正线上运行,两个方向的列车必须在车站进行交会。单线运行图多数在运量不大的市郊铁路采用。

②双线运行图。在双线区段上,上下行方向的列车分别在各自的正线上运行,两个方向的列车运行互不干扰。绝大多数地铁、轻轨都采用此种类型的运行图。

③单双线运行图(图 8-13)。单线区段和双线区段分别按照单线和双线运行图的特点铺画的运行图。

(2)按列车的运行速度不同分类

①平行运行图(图 8-14)。在同一区段内,同一方向的列车运行速度相同,因此运行图中列车运行线是相互平行的,并且在该运行图中列车运行线是相互平行的,并且在该区段内列车无越行。一般地铁、轻轨所用的运行图都是此种类型。

②非平行运行图(图 8-15)。列车运行图中铺画有不同速度和不同类型的列车,因此运行图中的运行线相互不平行。在城市轨道交通系统中,市郊铁路会采用此种类型的运行图。

(3)按上下行列车数量不同分类

①成对运行图。在这种运行图上,上下行两个方向列车的数目是相等的。

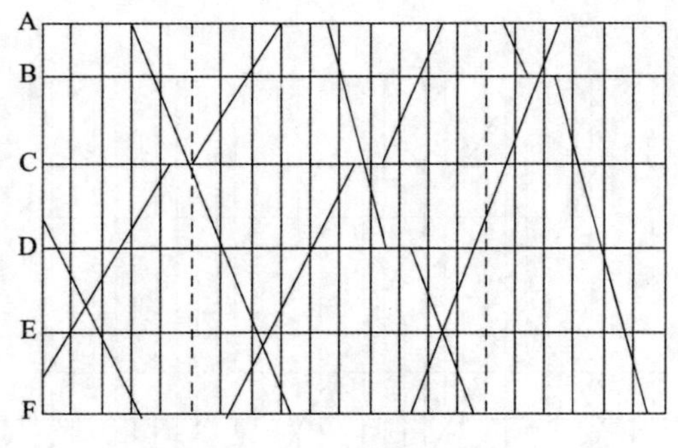

图 8-13　单双线运行图

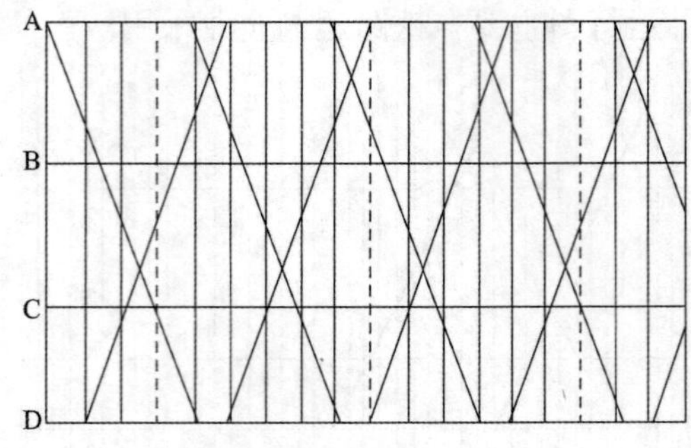

图 8-14　平行运行图

②不成对运行图。在这种运行图上,上下行两个方向列车的数目是不相等的。城市轨道交通上下行列车数目基本相等,大都采用成对运行图,只有在上下行方向运量不相等的个别区段,才采用不成对运行图。

(4)按列车运行方式不同分类

①连发运行图(图 8-16)。在这种运行图上,同方向列车的运行是以站间区间为间隔的。在单线区段采用这种运行图时,在连发的一组列车之间不能再铺画对向列车。

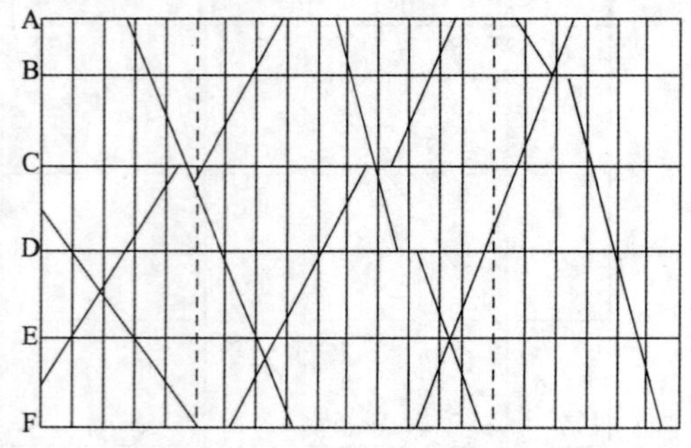

图 8-15　非平行运行图

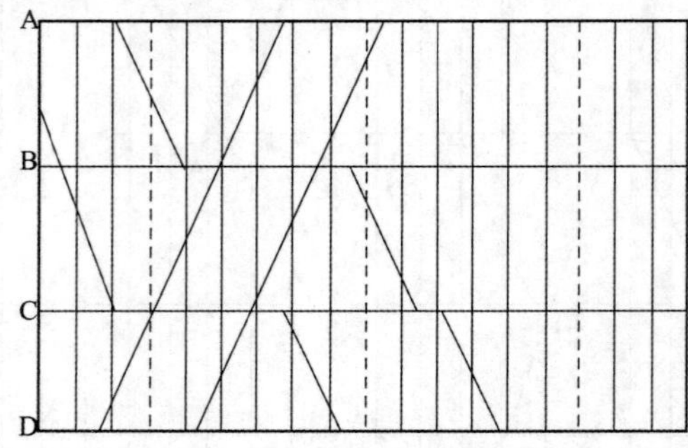

图 8-16　连发运行图

②追踪运行图(图 8-17)。在这种运行图上,同方向列车的运行是以闭塞分区为间隔的,一个站间区间内允许几列列车同时运行。目前,大多数地铁、轻轨采用这种追踪运行图。

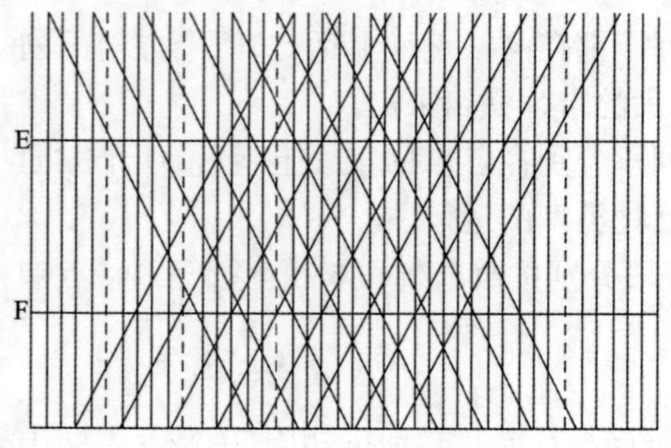

图 8-17　追踪运行图

以上分类,都是针对列车运行图的某一特性进行区分的。实际上,在每张列车运行图都有若干方面的特点。例如图 8-17,它是双线、平行、成对和追踪运行图。

城市轨道交通系统的列车运行图因其系统特征所致,一般均为双线成对追踪平行运行图。

6. 列车运行图的要素

根据列车运行图的特殊性,可以将列车运行图分为不同的种类。而列车运行图的共性,则是组成列车运行图的各项基本的要素。这些要素的实质就是把列车在运行过程中按空间或时间上衔接的特征划分为若干单项作业。在编制列车运行图之前,我们首先要确定这些基本要素。

列车运行图包含的要素很多,主要包括列车区间运行时分、列车停站时分、列车折返时分、调车时分和追踪列车间隔时间等。

二、行车调度指挥

城市轨道交通行车调度指挥工作由调度控制中心实施,实行高度集中统一指挥,以使各个环节紧密配合,协调工作,保证列车安全、正点运行。行车调度工作是城市轨道交通系统的核心,它的好坏直接影响乘客运输任务的完成情况。

1. 基本任务

(1)组织指挥各部门、各工种严格按照列车运行图工作。

(2)监控列车到达、出发及途中运行情况,确保列车正常运行秩序。

(3)当列车运行秩序不正常时,及时采取措施,尽快恢复正常运行秩序。

(4)及时、准确地处理行车异常情况,防止行车事故的发生。

(5)随时掌握客流情况,及时调整列车运行方案。

(6)检查监督各行车部门执行运行图情况,发布调度命令。

当发生行车事故时,按规定程序及时向上级主管部门汇报,并采取措施防止事故扩大,积极参与组织救援工作。

2. 调度指挥机构及流程

为统一指挥,有序组织运输生产活动,城市轨道交通系统设立调度控制中心。调度控制中心实行分工管理原则,按业务性质划分若干部分,设置不同的调度工种,如在控制中心通常设有行车调度、电力调度和环控调度等调度工种。

按运营调度指挥的层级关系,控制中心的行调、电调和环调在值班主任的统一指挥下,按调度流程发布调度命令,组织车站/车辆段、供电、机电值班人员按正常运营的工作流程开展工作。其运营调度指挥层次架构如图 8-18 所示。

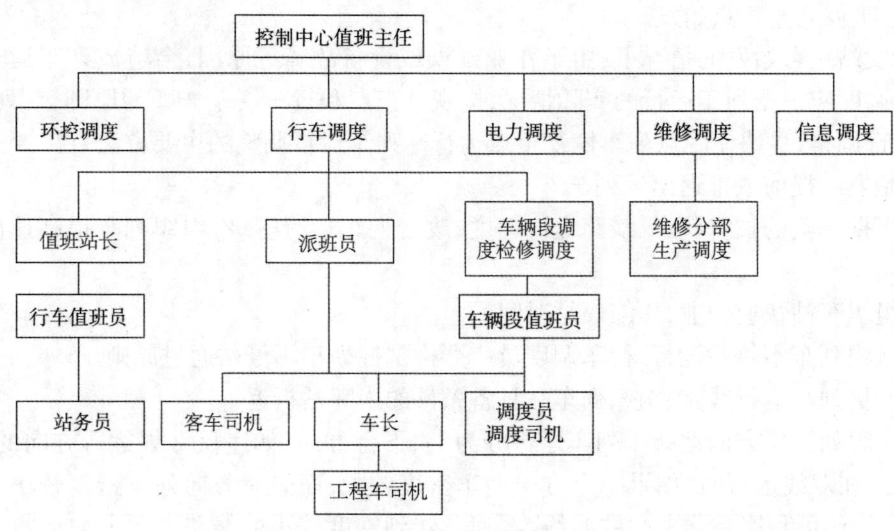

图 8-18 运营调度指挥层次架构

3. 行车调度命令

在组织指挥列车运行过程中,行车调度员按规定在进行某些行车作业时需发布调度命令,行车调度命令是指行车调度员在指挥列车运行过程中发布的对行车作业具有严肃性和强制性的指令。行车调度员在发布调度命令前,应详细了解现场情况,并听取有关人员的意见;调度命令发布后,有关行军人员必须严格执行。

(1)行车调度命令的分类

①口头命令。在无线录音设备正常状态时,行车调度员发布的行车调度命令均以口头命令下达。

②书面命令。在录音设备故障停用时,遇列车救援、反方向运行及 ATP 切除运行均需发布书面命令。

③口头通知。在日常运行调整时,行车调度员以口头通知下达,口头通知无需命令号,只下达通知内容及受通知人。

(2)下达行车调度命令的作业要求

①调度命令须由行车调度员发布。

②下达命令时,命令号每天由 1~100 顺序循环使用,每一个循环期间不得漏号、跳号及重号使用。

③若下达命令单位为沿线各站及运转部门,填写时应采用标准缩写站名。

④受令人、发令人、复诵人均须填写全名。

⑤发令日期、发令时间应填写正确无误。

⑥命令内容中空缺的内容应正确填写,做到不随意涂改。

⑦发布调度命令后,应及时将命令表按命令号顺序装订成册,做到不遗漏、不颠倒顺序。

⑧在日常运行过程中,如无法及时将书面命令传递给司机时,应适时完成命令的补交手续。

4. 列车运行调整

为实现按图行车,行车调度员要努力确保列车正点运行,而组织列车正点始发又是列车正点运行的基础。对始发列车,行车调度员应在列车出厂、列车折返方式、客流组织等方面进行组织,确保列车正点始发。

在始发站正点始发的情况下,由于作业延误或设备故障等原因,会造成列车运行晚点。此时行车调度应根据列车运行的实际情况,按恢复正点和行车安全兼顾的原则,对列车的运行等级进行调整,尽快使晚点列车恢复正点运行。列车运行调整的主要方法有:

(1)始发站提前或推迟出发列车。

(2)根据车辆的技术状态、线路允许速度,改变列车运行等级,组织列车提高速度,恢复正点。

(3)组织车站快速作业,压缩停站时间。

(4)组织列车不停站运行,行车调度员应严格掌握列车不停站通过原则。

(5)变更列车运行线路,组织列车在具备条件的中间站折返。

(6)组织列车反方向运行。列车运行分为上、下行方向,如违反常规运行方向的称为反方向运行。在双线运行时,如果一个方向列车密度较大,而另一方向列车密度较小,为恢复列车正点运行,可利用有岔车站的渡线,将列车转到密度较小的线路上反方向运行;当一个方向由于列车故障救援等原因可能造成大间隔时,可利用有岔车站的渡线,将列车转到另一条线路上反方向运行,以缩小列车间隔,均衡运行。

(7)扣车。当一条线路的列车由于车辆或其他设备故障引起运行不正常,造成乘客拥挤时,调度员可采取扣车措施,将列车扣在附近车站,以缓和压力确保列车间隔。

(8)停运列车。当线路某区段中断已不能满足在线列车运行时,调度员可适当抽调部分列车下线,拉大列车运行时间间隔。

三、列车运行组织

1. 列车交路计划

列车交路计划是根据运营组织的要求及运营条件的变化，按运行图或由调度台/员指挥列车按规定的区间运行、折返的列车运行计划。

(1)列车的行车概念

在介绍列车交路计划中，涉及以下几个行车概念：

①调车。它是指除列车在正线运行，车站(车辆段)到发以外的一切机车、车辆或列车有目的地移动。

②列车折返。它是指列车通过进路改变、道岔的转换，经过车站的调车进路由一条线路至另一条线路运营的方式。

③折返站。它是指具有列车折返能力的车站。

④列车清客。它是指列车在运行途中，由于某种原因不能将乘客送达目的地，中途要求所有乘客离开车厢的行为。

(2)列车的折返方式

列车折返有站前折返和站后折返两种方式。

①站前折返。列车在中间站或终点站利用站前渡线进行折返作业，如图 8-19、图 8-20 所示。站前折返方式由于渡线设置在站前，可以在一定程度上减少项目建设的投资，缩短列车走行距离，但列车折返会占用区间线路，从而影响后续列车闭塞，并且对行车安全保障要求较高。城市轨道交通行车组织中较少采用这种折返模式，特别是当行车密度高、列车运行间隔短的条件下，一般不会采用站前折返方式。

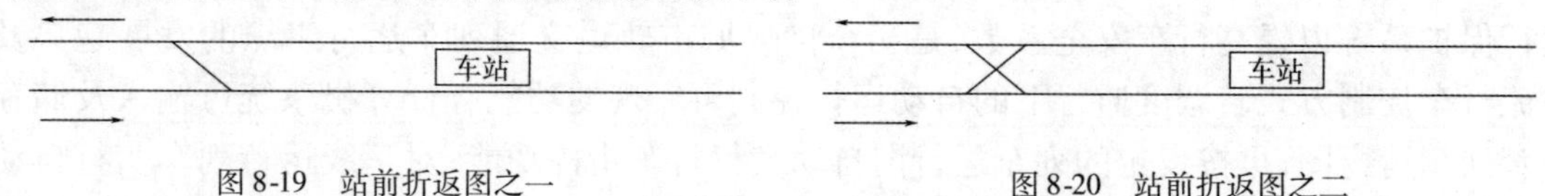

图 8-19　站前折返图之一　　图 8-20　站前折返图之二

②站后折返。列车在中间站、终点站利用站后渡线进行折返作业，如图 8-21、图 8-22 所示。站后折返方式车站接发车采用平行作业，不存在进路交叉，行车安全，有利于提高列车的行进速度，国外城市轨道交通通常采用这种折返方式。

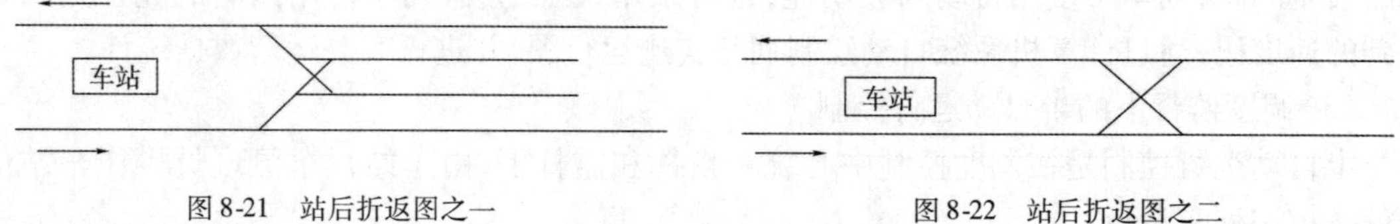

图 8-21　站后折返图之一　　图 8-22　站后折返图之二

(3)列车交路的种类

列车交路一般可分为长交路、短交路和长短交路三种。长交路是指列车在两个终点站进行折返运行。短交路是指列车在指定的折返站折返，在一段区间内运行。长短交路是指列车在线路运行中结合了长交路和短交路两种情况的运行模式。

(4)列车交路计划的确定

列车交路计划的确定应建立在对线路各区段客流量进行统计分析的基础上，充分考虑行车组织和客运组织的条件，进行可行性研究后加以确定。

区段客流分析是列车交路计划确定的主要因素之一。根据客流在时间上、空间上所表现出的不均衡性加以研究分析,作为列车交路计划确定的依据。

行车条件决定了交路计划实现的可能性。城市轨道交通的线路设置由于其运营特点,不可能采取每个车站都具备调车作业功能线路的设置方式,交路计划的实现只能在两个设有调车或折返线路的车站之间进行,同时还必须注意列车交路是否会影响到行车组织的其他环节。

客运组织是列车交路计划确定的必要客观条件。由于列车交路计划的实现可能导致列车终到站的变化,相关车站的乘客乘降作业、列车清客、客运服务工作都会随之不断调整,对客运组织水平的要求比较高,但由于客运组织的不力可能会直接影响到列车运行图的执行情况。

2. 正常情况下的列车运行组织

正常情况下根据信号设备所能提供的运行条件,按照不同的行车控制方式和运行图规定的行车计划开行列车,进行列车运行组织。基本行车控制方式有调度集中控制、调度监督下的自动运行控制和半自动运行控制。

(1)调度集中控制

在行车调度员的统一指挥下,利用行车设备对列车的到、发、折返等作业进行人工控制及调整。调度集中控制的行车组织的指挥人是行车调度员,车站不参与行车组织的工作。

调度集中控制应实现的功能有:应具有电气集中联锁设备,实现远程控制功能,并从设备方面提供列车运行安全保障;通过控制屏或显示器可监护全线列车运行状态、信号显示、道岔位置及区间、线路占用的情况;利用电气集中联锁设备转换道岔、排列进路、开放信号,指挥和调整列车运行;自动或人工绘制列车实迹运行图。

(2)调度监督下的自动运行控制

自动运行控制是利用计算机技术对列车运行实行自动指挥和自动运行监护,并有列车运行保护系统以提高行车安全系数,是当今世界城市轨道交通列车运行组织的发展趋势及主流行车控制方式。调度监督下的自动运行控制可实现的功能有计算机系统可输入及储存多套列车运行图,可按设定的列车运行图自动实行行车指挥功能;对正线运行列车实行自动跟踪,显示进路、道岔位置、区间及线路占用情况;可自动或人工对列车运行进行调整,可使用人工对进路排列、信号开放、道岔转换进行控制;提供中央及车站两级运行控制模式,可根据需要进行控制权转换;列车运行自动保护系统对列车运行设定防护区段,控制前后列车运行的安全间距;列车可使用自动驾驶功能,也可采用人工驾驶,列车占用区间的凭证是列车收到的速度码;通过计算机系统自动绘制列车实迹运行图,并进行有关运营数据统计。

(3)调度监督下的半自动运行控制

半自动运行控制是在调度控制中心统一指挥和监督下,由车站行车值班员操作车站信号设备控制列车运行。

调度监督下的半自动运行控制可实现的功能有:车站信号控制系统具有联锁功能,对进路排列、道岔转换、信号开放实行人工操作;中央调度可实时反映进路占用、信号及道岔等工作状态,对线路上的列车运行进行监护;中央调度可储存信号开放时刻、道岔动作、列车运行等各类运行资料,并根据需要可调用;车站根据中央调度指令对列车运行进行调整;计算机自动绘制或人工绘制列车实迹运行图。

3. 非正常情况下的列车运行组织

非正常情况下的列车运行组织是指由于信号、道岔故障等原因而不能继续采用原行车控制方式的情况下的列车运行组织。电话闭塞法是在非正常情况下所采取的基本行车组织方法。电话闭塞法是指车站车辆段之间利用电话办理区间闭塞,用电话记录号码作为承认闭塞的依据,按一定区间间隔的要求组织行车。

在非正常情况下改用电话闭塞法行车,应有行车调度员发布调度命令,车站行车值班员严格按照规定的作业办法办理行车业务,行车调度员对列车运行状态进行监控。使用电话闭塞法行车,占用区间的凭证是路票,列车的发车凭证是车站行车人员的手信号。路票标明了列车运行的方向、列车车次、路票的编号、日期及电话记录号码。

电话闭塞法组织行车的作业程序如下:

(1)办理闭塞。发车站在确认区间空闲、发车进路准备好以后,用电话向前方接车站请求闭塞。接车站接到后方站的闭塞请求后,确认接车区间空闲、道岔位置正确、进路准备妥当,然后向后方站发出电话记录号码承认闭塞并填写"行车日志"。

(2)发车。发车站在得到前方站闭塞承认后,填写"行车日志"及路票将路票交列车司机并显示发车手信号发车。列车出发后,发车站行车值班员填写"行车日志",并向接车站及行调报点。

(3)接车。接车站接到后方站的列车报开点后,填写"行车日志",向列车显示停车手信号。列车整列到达后,向司机收取路票并核对路票。

(4)闭塞解除。接车站在确认列车整列由本站出发或进入折返线后,填写"行车日志"并向后方站报点及发出电话记录号码,闭塞解除,同时向行调报点。

四、车站行车组织

1. 列车运行控制

车站的列车运行控制是由整个系统的列车运行控制方式所决定的。

(1)在调度集中控制方式下,车站行车组织的主要工作是监护列车运营状态,行车值班员可兼做其他工作。

(2)在自动运行控制方式下,车站除了对列车的运营状态进行监护外,如中央因故放权由车站进行控制,则有集中控制设备的车站应负责进行列车的折返、进路排列等人工作业。

(3)在半自动运行控制方式下,车站负责列车运行控制的工作,人工操作信号设备进行接发车、调车等行车作业,并根据行调指令对列车运行进行调整。

(4)非正常情况下,车站根据调度指令,按规定的作业办法要求,负责列车在车站接、发、调车等作业。

2. 正常情况下的行车组织

在调度集中控制和自动运行控制下,车站行车组织的主要工作是通过车站行车控制台对列车的运行情况进行监护,并在调度不能实施行车组织的情况下,根据调度指令,利用车站的设备、线路实施车站的行车作业。

在半自动运行控制下,每个车站设有行车控制设备,具有联锁功能,列车的运行由车站通过人工操作进行控制,调度控制中心只能监督现场设备和列车的运行状态。

3. 信号系统故障时的行车组织

(1)站间电话联系法组织行车

站间电话联系法是指当正线联锁故障时,车站间执行行调调度命令,列车凭调度命令和车站的发车手信号占用区间的一种行车方法。其组织办法为:

①由值班站长在车控室组织车站行车作业,并根据行调发布的命令亲自组织行车,安排

值班员到站台接发列车，通知相邻车站采用站间电话联系法组织行车，并把调度命令内容通知司机。值班站长是车站当班负责人，下设行车值班员、客运值班员、站务员等。

②每一站间区间及其前方站内相应线路，同一时间内只允许一列车占用。

③值班站长要与行调及前方车站的值班站长共同确认第一趟发出的列车运行前方的区段空闲。

④接车站值班站长确认站内接车线路及发车站间的区间线路空闲后，方可同意发车站发车。发车站值班站长接到接车站同意发车的通知后，方可通知站台值班员向司机显示发车指示信号。

⑤故障联锁站正线上的道岔均要开通正线，并使用钩锁器锁定；两端站的折返道岔在确认位置正确后，使用钩锁器，但只挂不锁。

⑥发车指示信号显示时机。站台值班员接到车控室值班站长同意发车的命令并复诵正确，确认乘客上下完毕后，向司机显示发车指示信号。

⑦当列车动车时，立即向前方站报开点；当列车出清站内线路后，再向后方站报线路开通点（列车开点）。

⑧值班站长要通过闭路电视（CCTV）加强对站台值班员工作的监控，防止错误办理发车手续。

（2）电话闭塞法组织行车

电话闭塞法是指当信号联锁故障或信号不具备联锁功能时，车站/车辆段人工办理相关区段内列车进路、钩锁进路上的相关道岔，与邻站/段之间以电话记录作为同意占用区间的凭证，填写路票交司机，司机凭车站/段发出的路票行车的一种行车方法。其组织方法为：

①行调向车站/车辆段发布执行电话闭塞法的口头命令后，车站或车辆段通知司机调度命令的内容，由车站值班站长/值班员与信号值班员共同确认第一趟发出的列车运行前方的区段空闲。

②每一闭塞区段内只允许一趟列车占用，列车占用闭塞区段的行车凭证为路票。

③接车站（车辆段）确认闭塞区段内线路空闲后，方可给发车车辆段（站）承认发车闭塞号。发车车辆段（站）接到接车站（车辆段）同意发车的承认闭塞号，填写路票并自检后交值班员，值班员逐字逐项复诵，核对无误后，复诵传达并交给司机。

④值班员交接路票时，必须核对的内容有日期、车次、区间、闭塞号、行车专用章、签名等。

⑤值班员接车从司机处回收路票后，须及时做标记（“×”）并上交。

练习与思考

1. 运营管理工作主要由哪些部分组成？
2. 什么叫作线路满载率？
3. 什么是列车交路？有哪几种？各自的特点是什么？
4. 简述列车周转时间的定义及计算方法。
5. 列车运行图的内涵是什么？要素有哪些？如何确定？
6. 城市轨道交通系统的调度工作有哪几种？各自的职责范围是什么？
7. 试述特殊情况下的列车运行组织方法。
8. 简述城市轨道交通客运服务的主要内容。

参考文献

[1] 何宗华.城市轻轨交通工程设计指南[M].北京:中国建筑工业出版社,1993.
[2] 博世善.铁路信号显示[M].北京:中国铁道出版社,2001.
[3] 李伟章,徐幼铭,林瑜筠,等.城市轨道交通通信[M].北京:中国铁道出版社,2008.
[4] 何宗华,汪松滋,何其光.城市轨道交通运营组织[M].北京:中国建筑工业出版社,2003.
[5] 何宗华,汪松滋,何其光.城市轨道交通车站机电设备运行与维修[M].北京:中国建筑工业出版社,2005.
[6] 孙有望,李云清.城市轨道交通概论[M].北京:中国铁道出版社,2000.
[7] 张国宝.城市轨道交通运输组织[M].北京:中国铁道出版社,2000.
[8] 肖萍挥,周芳.SDH 原理与技术[M].北京:北京邮电大学出版社,2002.
[9] 郑祖辉,鲍智良.数字集群移动通信系统[M].北京:电子工业出版社,2002.
[10] 林康琴,叶奕亮.程控交换原理[M].北京:北京邮电大学出版社,2000.
[11] 张凡,钱传贤.城市轨道交通概论[M].成都:西南交通大学出版社,2007.
[12] 孙章,何宗华,徐金样,等 .城市轨道交通概论[M].北京:中国铁道出版社,2005.
[13] 谭复兴,高伟君.城市轨道交通系统概论[M].北京:中国水利水电出版社,2007.
[14] 刘利芝.城市轨道交通概论[M].北京:中国劳动社会保障出版社,2009.
[15] 李建国.城市轨道交通概论[M].北京:机械工业出版社,2009.
[16] 毛保华,姜帆,刘迁,等.城市轨道交通[M].北京:科学出版社,2001.
[17] 张庆贺,朱合华,庄荣,等.地铁与轻轨[M].北京:人民交通出版社,2001.
[18] 毛保华.城市轨道交通规划与设计[M].北京:人民交通出版社,2006.
[19] 赵时旻.轨道交通自动售检票系统[M].上海.同济大学出版社,2007.
[20] 何宗华,汪松滋,何其光,等.城市轨道交通车辆运行与维修[M].北京:中国建筑工业出版社,2007.
[21] 曾青中,韩增盛.城市轨道交通车辆[M].成都:西南交通大学出版社,2006.
[22] 徐安.城市轨道交通电力牵引[M].北京:中国铁道出版社,2007.
[23] 张振淼.城市轨道交通车辆[M].北京:中国铁道出版社,2007.
[24] 吴汶麒.城市轨道交通信号与通信系统[M].北京:中国铁道出版社,2005.
[25] 林瑜筠.城市轨道交通信号设备[M].北京:中国铁道出版社,2006.
[26] 何宗华,汪松滋,何其光,等.城市轨道交通通信信号系统运行与维修[M].北京:中国铁道出版,2007.
[27] 刘金虎.铁路专用通信[M].北京:中国铁道出版社,2005.
[28] 毛保华,李夏苗,王明生,等.城市轨道交通系统运营管理[M].北京:人民交通出版社, 2006.
[29] 罗云,程五一.现代安全管理[M].北京:化学工业出版社,2004.
[30] 黄典剑,李传贵.突发事件应急能力评价——以城市地铁为对象[M].北京:冶金工业出版社,2006.

[31] 何宗华,汪松滋,何其光,等. 城市轨道交通运营组织[M]. 北京:中国建筑工业出版社. 2003.
[32] 张国宝. 城市轨道交通运营组织[M]. 上海:上海科学技术出版社. 2006.
[33] 北京市公共交通总公司,北方交通大学. 城市公共交通服务管理[M]. 北京:中国铁道出版社,2001.
[34] 周平. 铁路旅客运输服务[M]. 北京:中国铁道出版社. 2006.
[35] 费安萍. 城市轨道交通行车组织[M]. 成都:西南交通大学出版社,2007.
[36] 季令,张国宝. 城市轨道交通运营组织[M]. 北京:中国铁道出版社,2005.
[37] 彭义,赵金峰. 浅谈城市地铁车辆段总平面布置[J]. 铁道标准设计,2001(3).
[38] 张雄. 论地铁车辆段总平面设计的特点及优化[J]. 铁道工程学报,1999(3).
[39] 张雄. 地铁车辆段总平面设计特点及优化[J]. 铁道标准设计,1999(1).
[40] 王粉线,汪履直. 城市轨道交通车辆段出入段线的设置[J]. 现代城市轨道交通,2006(2).
[41] 朱蓓玲. 对地铁车辆段及停车场布点的认识[J]. 铁道工程学报,1998(9).
[42] 陈杰. 卡斯柯信号有限公司研发全套列车自动监控(ATS)系统[J]. 现代城市轨道交通,2005(3)
[43] 周剑斌. 地铁列车时刻表编辑器的编译功能及其改进[J]. 城市轨道交通研究,2001(5).
[44] 梁晓东. 跨坐式单轨交通系统——车辆段站场设计[J]. 现代城市轨道交通,2005(4).
[45] 刘金瑞,陈燕. 城市轨道交通车辆段信号及其显示设计方案的比选[J]. 铁道标准设计,2004(6).
[46] 张雄,李剑虹. 论地铁车辆段试车线的功能及设计要求[J]. 铁道工程学报,2008(6).
[47] 林建志,许勇华. 广州地铁 2 号线试车线信号系统[J]. 都市快轨交通,2005(6).
[48] 刘辉. 浅埋暗挖法修建地下工程应用分析[J]. 铁道工程学报,2005(2).
[49] 冯云. 上海市轨道交通 7 号线陈太路停车场的布局方案[J]. 都市快轨交通,2007(8).
[50] 张雄,李剑虹. 论地铁车辆段洗车线布置型式及能力分析[J]. 铁道工程学报,2007(6).
[51] 赵惠祥,谭复兴,叶霞飞,等. 城市轨道交通土建工程[M]. 北京:中国铁道出版社,2000.
[52] 练松良. 轨道工程[M]. 上海:同济大学出版社,2006.
[53] 陈兴华. 地铁设备监理[M]. 北京:中国铁道出版社,2007.
[54] 吴汶麒. 轨道交通系统运行控制与管理[M]. 上海:同济大学出版社, 2005
[55] 魏晓东. 城市轨道交通自动化系统与技术[M]. 北京:中国铁道出版社, 2004
[56] 曾小清,王长林,张树京. 基于通信的轨道交通运行控制[M]. 上海:同济大学出版社, 2007
[57] 刘冰. 地铁车辆段与综合基地段型设计初探[J]. 铁道运输与经济,2005(7).
[58] 中华人民共和国国家标准. GB 50157—2013 地铁设计规范[S]. 北京:中国建筑工业出版社, 2014.
[59] 中华人民共和国行业标准. 建标 104—2008 城市轨道交通工程项目建设标准[S]. 北京:中国计划出版社,2008.
[60] 中华人民共和国国家标准. GB 50490—2009 城市轨道交通技术规范[S]. 北京:中国建筑工业出版社,2009.